RUND UMS ERZGEBIRGE

Olaf Kretschmar
Frank-Michael Lange

RUND UMS ERZGEBIRGE

Unterwegs im traditionsreichen Bergland

mit Fotos von Michael Schneeberger

SCHELZKY & JEEP BERLIN

Titelei S. 1-3 bereits belichtet

Alle Angaben in diesem Reiseführer wurden mit äußerster Sorgfalt recherchiert. Neue Informationen werden in den jeweils aktuellen Auflagen berücksichtigt. Wir können jedoch nicht haften für Änderungen, die den rasanten Entwicklungen in den neuen Bundesländern geschuldet sind. Bitte schreiben Sie uns und teilen Sie Ihre Beobachtungen und Erfahrungen mit. Wir aktualisieren unsere Reiseführer regelmäßig.

Die Deutsche Bibliothek – CIP-Einheitsaufnahme

Kretschmar, Olaf:
Rund ums Erzgebirge : unterwegs im traditionsreichen Bergland / Olaf Kretschmar ; Frank-Michael Lange. Mit Fotos von Michael Schneeberger. - Erstausg., 1. Aufl. - Berlin : Schelzky und Jeep, 1994
(Rund um ... ; 11)
ISBN 3-923024-65-7
NE: Lange, Frank-Michael:; GT

Postfach 61 04 04, D-10927 Berlin
Erstausgabe
1. Auflage 1994

Umschlag: Uwe Lorenz, DESIGN 17, Berlin
Belichtung: SATZART, Berlin
Farbreprographie: SAKAI Lithocolor, Hong Kong
Druck: Oktoberdruck, Berlin
Bindung: Hentsch, Berlin
Kartographie: Elsner & Schichor, Karlsruhe
Lektorat: Gregor Strick, Berlin

Printed in Germany
ISBN 3-923024-65-7

INHALTSVERZEICHNIS

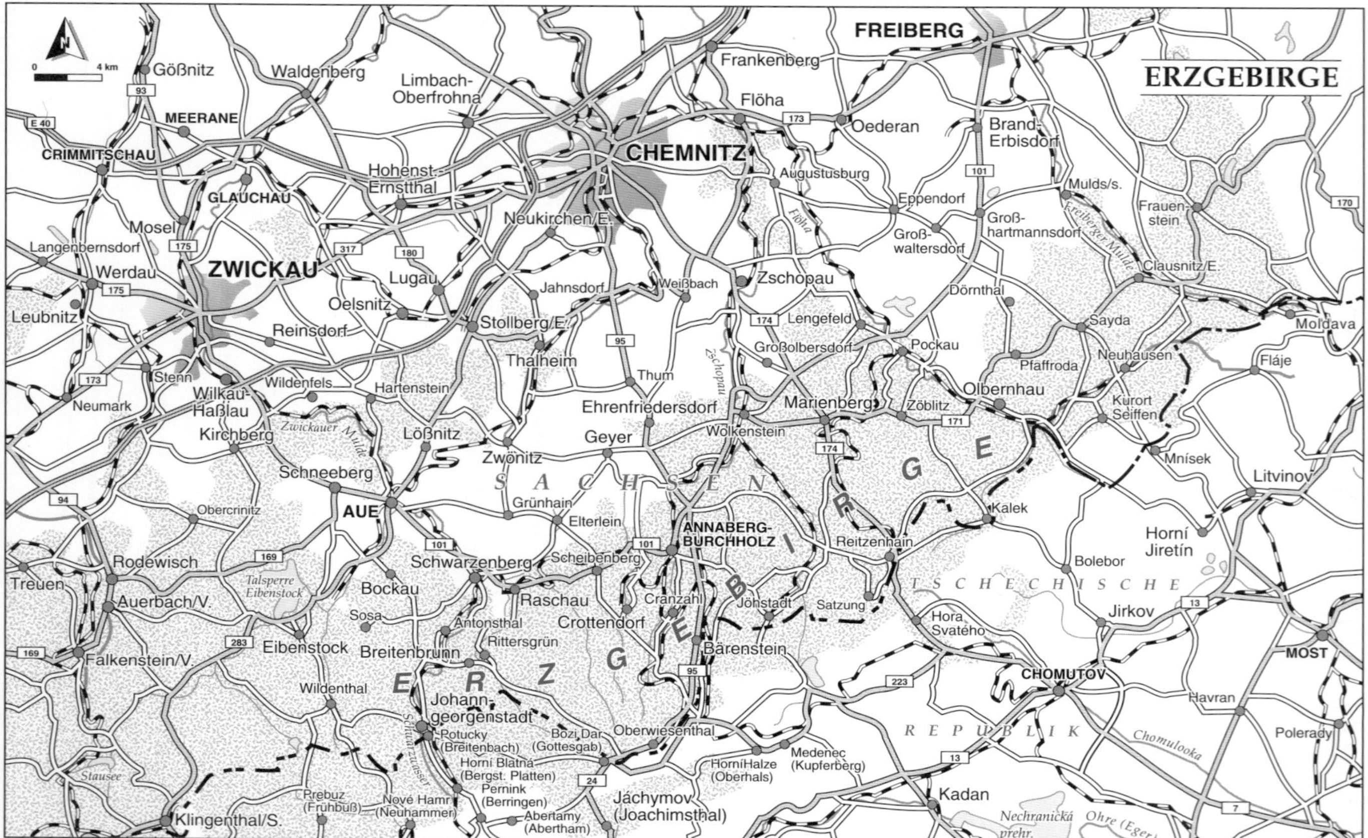

ERZGEBIRGE
0
4 km
FREIBERG
CHEMNITZ
ZWICKAU
MEERANE
CRIMMITSCHAU
GLAUCHAU
AUE
ANNABERG-
BURCHHOLZ
CHOMUTOV
MOST
Gößnitz
Waldenberg
Limbach-
Oberfrohna
Frankenberg
Flöha
Oederan
Brand-
Erbisdorf
Frauen-
stein
Hohenst.-
Ernstthal
Augustusburg
Eppendorf
Groß-
hartmannsdorf
Mulds/s.
Groß-
waltersdorf
Clausnitz/E.
Mosel
Langenbernsdorf
Werdau
Neukirchen/E.
Lugau
Oelsnitz
Jahnsdorf
Weißbach
Zschopau
Dörnthal
Sayda
Moldava
Leubnitz
Reinsdorf
Stollberg/E.
Lengefeld
Großolbersdorf
Pockau
Pfaffroda
Neuhausen
Fláje
Thalheim
Thum
Stenn
Wilkau-
Haßlau
Wildenfels
Hartenstein
Neumark
Ehrenfriedersdorf
Marienberg
Zöblitz
Olbernhau
Kurort
Seiffen
Kirchberg
Lößnitz
Wolkenstein
Mnísek
Geyer
Zwönitz
Schneeberg
Litvinov
Grünhain
Elterlein
Kalek
Obercrinitz
Horní
Jiretín
Reitzenhain
Rodewisch
Schwarzenberg
Scheibenberg
Bolebor
Treuen
Bockau
Raschau
Cranzahl
Jöhstadt
Satzung
Auerbach/V.
Sosa
Antonsthal
Crottendorf
Hora
Svatého
Jirkov
Eibenstock
Rittersgrün
Bärenstein
Falkenstein/V.
Breitenbrunn
Wildenthal
Johann-
georgenstadt
Havran
Potucky
(Breitenbach)
Bozi Dar
(Gottesgab)
Oberwiesenthal
Medenec
(Kupferberg)
Polerady
Horní Blatná
(Bergst. Platten)
HorníHalze
(Oberhals)
Pernink
(Berringen)
Kadan
Prebuz
(Frühbuß)
Nové Hamr
(Neuhammer)
Abertamy
(Abertham)
Jáchymov
(Joachimsthal)
Klingenthal/S.
Zwickauer Mulde
Freiberger Mulde
Flöha
Zschopau
Talsperre
Eibenstock
Schwarzwasser
Stausee
Chomulooka
Nechranická
prehr.
Ohre (Eger)
S A C H S E N
E R Z G E B I R G E
T S C H E C H I S C H E
R E P U B L I K
E 40
93
175
317
180
173
101
170
174
95
171
94
169
283
24
13
223
7

I EINLEITUNG

Ein Buch über das Erzgebirge zu schreiben, scheint ein gewagtes Unterfangen – zumal es den Leser einlädt, die eigenen vier Wände zu verlassen und einige Tage in den ehemals berühmten Bergstädten oder den verlassenen Winkeln auf dem Gebirgskamm zu verbringen. Wer sollte sich schon auf ein solches Abenteuer einlassen? Die Ostler dümpeln in Hotelbars auf Mallorca oder St.Moritz herum – die rückerkämpfte Freiheit genießend – die Westler begegnen dem Erzgebirge mit Vorurteil oder Unkenntnis.

Dieses an einer der ältesten Grenzen Europas gelegene Bergland ist gleichwohl die Wiege für eine ganze Reihe deutscher Sitten und Zeremonien. Nußknacker und Räuchermann, Schwibbogen, Lichterengel, Kurrendesänger und Weihnachtspyramide sind die Objekte, die es in den Wohnstuben von Saarbrükken bis Frankfurt/Oder weihnachtlich werden lassen. Der Lichterkult der erzgebirgischen Bergleute prägte die deutschen Weihnachtsriten der letzten hundert Jahre. Nicht zu unrecht bezeichnet man das Erzgebirge deshalb als das **Weihnachtsland**. Auch anderes, was uns heute selbstverständlich ist, hat seinen Ursprung hier. So etwa der Name der Leitwährung des 20. Jahrhunderts. Der Dollar stammt über den deutschen Taler von einer Münze ab, die im Erzgebirge geprägt wurde: dem Joachimsthaler.

Das »silberne Gebirgsland« hat eine ausgespochen bewegte Vergangenheit. Relativ spät besiedelt, avancierte die Gegend im 15. und 16. Jahrhundert zu einem kulturellen und wirtschaftlichen Zentrum in Mitteleuropa. Der sagenhafte Erzreichtum bescherte den Bergstädten Wohlstand und Kultur, sie zählten in dieser Zeit zu den reichsten und schillerndsten Städten Europas. – Noch ein zweites Mal sollte das erzhaltige Grenzland zum Eldorado der Glücksjäger werden. Die SDAG Wismut eröffnete 1945 ein Berggeschrei, das dem mittelalterlichen kaum nachstand und für die pietistische DDR-Moral unvorstellbare Exzesse schuf. Ein Stück Geschichte, das – jahrelang tabuisiert – heute nur noch in den Geschichten der Gebirgler existiert. Ob in Annaberg, Marienberg, Schneeberg, Freiberg oder Johanngeorgenstadt, dieser Geschichte begegnet der aufmerksame Besucher auch heute noch auf Schritt und Tritt. Und wer es versteht, in »dor Hutz'nstub« beim Bier die Gebirgler zum Plaudern zu bewegen, dem öffnet sich ein unerschöpflicher Fundus unerhörter Begebenheiten und merkwürdiger Vorfälle aus dieser bewegten Zeit.

Den Menschenschlag des Erzgebirglers kennenzulernen – allein dies rechtfertigt eine Reise in das Weihnachtsland. In kaum einem anderen Gebiet haben die Menschen ein solch ungebrochenes Verhältnis zu ihrer Heimat und deren Geschichte. Die Leute sind in ihrer Gemeinde und in ihrem Gebirge verwurzelt, sie pflegen eine enge Beziehung zu Landschaft, Tradition und Sprache. Die »Kleinerzgebirge« und »Weihnachtsberge« – miniaturisierte Nachbildungen von Orten und Begebenheiten aus dem Erzgebirge – zeugen davon. Nichtzuletzt jedoch lohnt eine Reise in das Erzgebirge wegen seiner landschaftlichen Reize und natürlichen Schätze. Inmitten einer wunderschönen Bergwelt stößt der Wanderer auf seltene Pflanzen und gottverlassene Winkel. In den Kammlagen betritt man plötzlich Orte, in denen die Zeit stehengeblieben scheint.

Das Erzgebirge ist maßgeblich durch den **Bergbau** geprägt – bis hin zu den kulturellen Handlungen seiner Bewohner. Wie anhand der Weihnachts- und Spielwarengestaltungen zu zeigen sein wird, ist das bergmännische Denken hier von solch elementarer Natur, daß selbst alltägliche Äußerungen davon beeinflußt wurden. Unser Anliegen ist es, gemeinsam mit dem Leser Zeugnisse und Spuren des Bergbaus zu finden und sie lesen zu können. Unser Buch soll den Reisenden auf dieser Spurensuche begleiten, ihm zugleich aber auch eine genüßliche Lektüre liefern. Außerdem wollen wir den Besucher jenseits der ausgetretenen Touristenpfade zu den kleinen und geheimen Attraktionen führen, an wenig bekannte Orte, zu stillen, verlorenen Winkeln und zu Naturschönheiten, die ein Verweilen erfordern. Sie halten also keinen Wanderführer in den Händen, obwohl die Routen in erster Linie als Wanderrouten ausgelegt sind. Neben Touren für Auto, Bahn oder Fahrrad finden Sie Tips für kurze Spaziergänge ebenso wie Hinweise für Skitouren.

Gemeinhin wird das Erzgebirge in Westerzgebirge, Mittleres Erzgebirge und Osterzgebirge gegliedert. Uns geht es darum, weniger, dies aber ausführlich behandeln. Aus diesem Grunde haben wir uns zu einem durchaus riskanten Schnitt entschlossen: das idyllische Osterzgebirge wie auch das im Westen angrenzende wildromantische Vogtland werden in diesem Buch nicht zu finden sein. Das **Kerngebiet** des Erzgebirges ist der Bereich von Carlsfeld und Schneeberg im Westen und Seiffen im Osten. Innerhalb dieses Abschnittes haben wir **Regionen** ausgewählt, die vom Landschaftstyp und dem kulturellen Ambiente her ein relativ eigenständiges Gebilde darstellen.

Unser Anliegen ist es, den jeweiligen Landstrich plastisch vor dem Auge des Wanderers erstehen zu lassen. Zum Sichtbaren gesellt sich Gewesenes und seine Spuren. Das Leben und Handeln der heutigen Bewohner hängt mit dem der Ahnen zusammen. Die rauschenden Wälder sind ebenso von Menschenhand geprägt wie die tiefen Stollen der alten Gruben. Wir sind beileibe keine Aufklärer, die jede romantische Sehnsucht und jede Regung des Gemütes durch dürre Fakten und Erläuterungen zu vermiesen trachten. Im Gegenteil.Aber nur einem solch universellen Blick wird dieses silberne Land seine vielfältigen Schätze preisgeben. Unternehmen Sie mit uns eine Reise in eine dieser Regionen. Hier können Sie in einem hübschen Fremdenzimmer für einige Tage Quartier beziehen und von da aus in aller Ruhe die nähere und fernere Umgebung erkunden. Oder Sie tingeln zwischen den Bergstädten, suchen sich die Regionen heraus, die für Sie von besonderem Interesse sind und fahren nacheinander Ihre Ziele an. Wir hoffen, daß unser Buch für beide Varianten ein nützlicher Begleiter wird.

Olaf Kretschmar Frank-Michael Lange

II ZUR GESCHICHTE DES ERZGEBIRGES

In grauer Vorzeit war unser Reisegebiet von einem undurchdringlichen Gebirgswald bedeckt. Kleinere menschliche Ansiedlungen gab es um 1000 v. Chr. vermutlich nur an den Nordausläufern des Erzgebirges. Hierbei dürfte es sich um westslawische und sorbische Siedlungen gehandelt haben. Die ersten Urkundenerwähnungen stammen aus fränkischer Zeit. So ist der Bischof Anno von Würzburg um 892 v. Chr. mit seinen Kriegern in der Nähe des Chemnitzflusses von Sorben erschlagen worden. In der Chronik des Merseburger Bischofs Thietmar wird der Erzgebirgswald im Jahre 1004 erstmals als »Miriquidi« erwähnt. Diese Erwähnung steht in Zusammenhang mit dem dramatischen Übergang des deutschen Heeres unter König Heinrich II. über den Kulmer Paß gegen den Widerstand des Polenkönigs Boleslaw Chrobry.

Zu einer wirklichen Besiedlung des Erzgebirges kam es erst im 12. Jh., nachdem sich östlich der Elbe der deutsche Feudalismus voll entwickelt hatte. Dies war mit einem Aufschwung in Handel und Handwerk, mit der Ausdehnung landwirtschaftlicher Nutzflächen und mit Stadtgründungen verbunden. In diese Zeit fällt ein Ereignis, das die nächsten Jahrhunderte des Erzgebirges prägte und ihm seinen heutigen Namen eintrug. 1168 fand man in der Nähe des heutigen Freiberg Silber. Dies war der Beginn der ersten großen Bergbauperiode. Dem großen Berggeschrei folgten vor allem Bergleute aus dem Harz, aus Franken und aus Böhmen. Zwischen 1186 und 1188 bekam Freiberg vom Markgrafen Otto das Stadtrecht. Bis in das 15. Jh. hinein galt Freiberg als Zentrum des sächsisch-meißnischen Territoriums. Das Freiberger Bergrecht wurde zum Vorbild für alle anderen europäischen Bergbaugebiete. Im 13./14. Jh. entwickelten sich im Erzgebirge auch andere Bergbaugebiete, so in der Gegend um Ehrenfriedersdorf, Thum und Geyer. Wurde zunächst nur nach Silber geschürft, so bekam der Bergbau auf Zinn, Kupfer und Eisen ebenfalls Bedeutung. In diese Zeit fällt auch der erste Abbau von Steinkohle in der Zwickauer Gegend.

Ausschlaggebend für den wirtschaftlichen Aufschwung war neben dem Bergbau die Tucherzeugung. Sie gewann in der Gegend des damaligen Klosters Chemnitz rasch an Bedeutung und dürfte als Erwerbszweig nicht ohne Einfluß auf die nördliche Erzgebirgsgegend gewesen sein. Beim Landesausbau spielten im westlichen Teil des Erzgebirges königliche Ministeriale eine führende Rolle, im mittleren Teil die Klöster Chemnitz und Ossegg (Osek, CSR), im östlichen Teil die Markgrafen von Meißen. Nach dem Niedergang der deutschen Zentralgewalt Ende des 13. Jh. kam der größte Teil des sächsischen Erzgebirges mehr und mehr unter die Herrschaft der Wettiner.

Durch neue große Silberfunde wurde gegen Ende des 15. Jh. eine zweite bedeutende Bergbauperiode eingeleitet. Damit verbunden waren die Gründungen der Bergstädte Schneeberg (1477), Annaberg (1496), Buchholz (1501),

Joachimsthal (1516) und Marienberg (1521), um nur die wichtigsten zu nennen. In einem Zeitraum von 60 Jahren entstanden auf einem relativ kleinen Territorium insgesamt 11 neue Bergstädte – eine beeindruckende Zahl. Bemerkenswert ist auch die Begeisterung der erzgebirgischen Bergleute für Martin Luthers Reformationslehren. Im Jahre 1485 kam es in Leipzig zur sächsischen Landesteilung in die albertinischen und ernestinischen Gebiete der Wettiner. So wurden die Bergstädte Schneeberg und Buchholz evangelisch, da sie unter der Herrschaft des Ernestiners Friedrich des Weisen standen. Für albertinische Bergstädte – wie Freiberg und Annaberg – blieb unter Georg dem Bärtigen der katholische Glaube Staatsreligion, bis nach Georgs Tod sein Bruder Heinrich die Reformation 1541 auch in die albertinischen Landesteile brachte. Der erneute Aufschwung des Bergbaus führte zu bedeutenden Fortschritten sowohl im technischen als auch im intellektuellen Bereich. Es entwickelten sich zahlreiche Neuerungen im Bergbau und in der Verhüttung. In dieser Zeit entstand eine spezielle Bergbauliteratur. Allen voran sei hier der Chemnitzer Arzt und Bürgermeister Georgius Agricola (1494 -1555) mit seinen zwölf Büchern des Berg- und Hüttenwesens (De re metallica libri XII) genannt. In diesen Büchern ist der mittelalterliche Bergbau mit vielen Holzstichen dokumentiert.

Neben den Bergstädten entwickelten sich zahlreiche der Versorgung der Bergstädte dienende Bergbauerndörfer, so etwa Crottendorf und Jöhstadt. Da durch den Grubenausbau und die Verhüttung der Erze ein enormer Holzbedarf bestand, setzte im Mittelalter die große Rodung der Wälder ein. Es entstanden Orte wie Holzhau, für die die Waldarbeit die Lebensgrundlage darstellte.

Die im europäischen Maßstab ausgesprochen hochentwickelte Erzgebirgsregion war nicht frei von sozialen Spannungen. Dies ist an größeren Bergarbeiteraufständen, vor allem in Annaberg und Schneeberg, zu sehen. Die Aufstände richteten sich in der Hauptsache gegen die schlechte Entlohnung der Bergleute. Auch der Bauernkrieg hinterließ seine Spuren im Erzgebirge. So wurde von Zwickau ausgehend das Kloster Grünhain sowie das Amt Wolkenstein von rebellierenden Bauern heimgesucht. Die schönburgischen Herren spielten bei der Unterdrückung der Aufstände eine unrühmliche Rolle. Die Grafen und Fürsten von Schönburg waren Verwalter reichsunmittelbarer Lehen entlang der Zwickauer Mulde. Sie unterstanden allerdings den Wettinern. Die Niederlage der frühbürgerlichen Revolution setzte dem Wirtschaftswachstum zunächst ein Ende, auch verringerten sich die Erzerträge in der zweiten Hälfte des 16. Jh., weil mit der damaligen Technik Bergbau nur bis zu einer bestimmten Teufe (bergmännischer Begriff für Tiefe) möglich war. Besonders die Wasserhaltungsprobleme waren nicht zu bewältigen. Auch der Verfall der Erzpreise durch außereuropäische Konkurrenz (Mexiko, Peru) spielte eine nicht unwesentliche Rolle. Für die Bewohner des Erzgebirges begann eine bittere Zeit. Bei der Suche nach neuen Erwerbsquellen tat sich die Annaberger Bürgerin Barbara Uttmann hervor. Sie gilt als die Begründerin der erzgebirgischen Klöppelei.

Der Dreißigjährige Krieg zog das Erzgebirge schwer in Mitleidenschaft. Städte und Dörfer wurden verwüstet und geplündert; Seuchen, Hungersnöte und Krieg verringerten die Bevölkerung um die Hälfte. Der Bergbau kam fast vollständig zum Erliegen. Die Hammerwerke lagen in Schutt und Asche. Trotz allem erholte sich das Erzgebirge im Gegensatz zu anderen deutschen Gebieten relativ schnell. Begünstigend wirkte der Umstand, daß sich viele böhmische Exulanten im sächsischen Erzgebirge ansiedelten, um ihren protestantischen Glauben aufrechterhalten zu können. Als Paradebeispiel sei hier die Stadtgründung von Johanngeorgenstadt im Jahr 1654 genannt. Diese nach dem sächsischen Kurfürsten Johann Georg benannte Stadt ist hauptsächlich eine Gründung von Exulanten aus dem nahegelegenen Platten (Horni Blatna, CSR). Das gewerbliche Potential erhöhte sich durch die neuen Bewohner beträchtlich. Es wurden völlig neue Gewerbe eingeführt.

Ende des 18. Jh. erlebte das Erzgebirge einen neuen wirtschaftlichen Aufschwung. Sachsen avancierte zum zweiten Male zur wirtschaftlich führenden Region in Deutschland. »In Sachsen war es zuerst gelungen, in einem Produktionszweig – in der Baumwollspinnerei – den Kernprozeß der Industriellen Revolution, die totale Mechanisierung der Hauptfertigungsprozesse, durchzusetzen und zu vollenden« (Rudolf Forberger). Chemnitz wurde zum Zentrum der sächsischen Baumwollindustrie. Zur Baumwollspinnerei gesellten sich die Weberei und die Strumpfwirkerei. Die in England erfundenen mechanischen Webstühle wurden im Erzgebirge weiterentwickelt, und so entstanden erste größere Manufakturen. Im oberen Erzgebirge erlangte in der Gegend um Eibenstock das Tambourieren, eine Art Stickerei, wirtschaftliche Bedeutung. Für das Klöppeln wurden Maschinen erfunden, das manuelle Klöppeln entwickelte sich stärker zur künstlerischen Tätigkeit. In diese Zeit fällt die Entstehung der Seiffener Spielzeugindustrie, die das Erzgebirge weltberühmt machte. Im Gebiet um Freiberg erlangte der Bergbau zunehmend an Bedeutung, die fortgeschrittene Technik ermöglichte Förderung aus größeren Teufen. Minder reiche Erze konnten mit neuentwickelten metallurgischen Verfahren verhüttet werden. Einen wesentlichen Anteil daran hatte die Gründung der Bergakademie Freiberg im Jahre 1765, die Bergbau und Metallurgie zur anerkannten Wissenschaft erhob. Die Bergakademie Freiberg war die erste montanwissenschaftliche Hochschule der Welt und vielleicht die folgenreichste.

Die Palette der geförderten Erze erweiterte sich mit zunehmender Industrialisierung. Standen im Mittelalter Silber, Zinn, Kupfer und Eisen im Mittelpunkt des Abbaus, so förderte man nun auch Kobalt und Nickel. Diese Elemente waren für die Erzeugung von Farben wie Kobaltlasur unter anderem für die Porzellanveredelung wichtig. So entstanden um Schneeberg und Johanngeorgenstadt die berühmten Blaufarbenwerke – fast Monopolisten ihrer Branche. Im Zwickau-Oelsnitzer Gebiet wurde der Steinkohlenbergbau in großem Stil vorangetrieben, finanziert über die Bildung von Aktiengesellschaften.

Durch die großen Kohlevorkommen im Zwickauer Revier begünstigt, setzte gegen Ende des 19. Jh. der Siegeszug der Dampfmaschine auch im Erzgebirge ein. Das Zwickauer Kohlerevier stand in voller Blüte, das Lugau-Oelsnitzer Revier wurde erschlossen, da der Bedarf nach dem Energieträger Kohle mit zunehmender Industrialisierung weiter wuchs. Da die rasche wirtschaftliche Entwicklung gute Transportmöglichkeiten forderte, wurde seit Mitte des 19. Jh. in Sachsen der Eisenbahnbau vorangetrieben. Nachdem 1839 zwischen Leipzig und Dresden die erste sächsische Fernverbindung auf Schienen fertiggestellt war, wurde ab 1858 auch das Erzgebirge für den Schienenverkehr erschlossen. Die Lokomotiven lieferte seit 1848 die Chemnitzer Maschinenfabrik Hartmann. Mächtige Schornsteine rauchten über den sächsischen Städten, die Gründerjahre begannen. Seit 1871 wurde das südsächsische Industrierevier zu einem deutschen Industriestandort ersten Ranges. Chemnitz war bis zum Ende des 19. Jh. das bedeutendste Zentrum der deutschen Maschinenindustrie.

Das obere Erzgebirge, das bis dahin als Notstandsgebiet galt, wurde jetzt voll in die industrielle Entwicklung einbezogen. Mit immer besserer Technik entwikkelten sich maschinell gefertigte Posamente aus Annaberg, Glacéhandschuhe aus Johanngeorgenstadt oder Strumpfwaren aus dem unteren Erzgebirge in aller Welt zu begehrten Waren. Zu diesem Zeitpunkt begann sich das Erzgebirge in ein beliebtes Ausflugsziel für Sommerfrischler und Wintersportler zu verwandeln, sicherlich auch ein Verdienst des 1880 gegründeten Erzgebirgsvereins. Den enormen wirtschaftlichen Aufschwung bezeugen imposante Fabrikanlagen und Villen, wenn auch leider oft in schlechtem Zustand erhalten. Die Widersprüche der zunehmenden Kapitalisierung führten schon vor dem 1. Weltkrieg dazu, daß im südsächsischen Industrierevier die Sozialdemokratie großen Zulauf erhielt. Bei den Reichstagswahlen 1903 siegten sie in 22 von 23 Wahlkreisen.

Nach 1918 waren Kommunisten wie Fritz Heckert und Clara Zetkin ausgesprochen populäre Personen des öffentlichen Lebens. Der KPD, der USPD und anderen kommunistischen Organisationen gelang es in Sachsen stärker als anderswo, sich auf der politischen Bühne zu etablieren und Rückhalt in der Bevölkerung zu finden. Zur Klientel dieser Parteien zählten keineswegs nur Arbeiter, sondern auch viele Intellektuelle. Lediglich die Bauernschaft blieb, bedingt durch die ignorante Politik der KPD, vom umstürzlerischen Gedankengut weitgehend unbeeinflußt. 1929 erschütterte die Weltwirtschaftskrise den Freistaat Sachsen. Angesichts der desolaten politischen Situation und der ungeheuren Massenarbeitslosigkeit erlangten die kommunistischen Utopien und die stramm organisierten Kommunisten eine beträchtliche Anziehungskraft. Bei den Reichstagswahlen 1933 bekannten sich in Chemnitz 50 000 Bürger zur kommunistischen Partei – und das bei 306 000 Einwohnern.

Nach Hitlers Machtergreifung stabilisierte sich scheinbar die wirtschaftliche Lage durch Arbeitsdienst und Zentralwirtschaft, und wie überall in Deutschland gingen auch die Erzgebirgler auf den politischen Kuhhandel ein. Preisgabe der Demokratie für den Mythos einer überschaubaren und beherrschbaren Welt; Respektierung des Tyrannen, wenn er nur für »Ordnung« sorgt. Grotesk wirken heute die Fotos, auf denen die klägliche Schar der Einwohner eines Gebirgsdorfes – brav im Karree angetreten – Führers Geburtstag gedenkt. Die Kollaboration mit den großen und kleinen Führern endete auch für das Erzgebirge in einem Fiasko. Ganze Jahrgänge junger Männer wurden dezimiert, materielle, kulturelle und geistige Ressourcen in nicht gekanntem Ausmaß vernichtet. Anglo-amerikanische Bomber zerstörten 1945 Chemnitz und Plauen fast vollständig. Das kollektive Bewußtsein der Deutschen ist bis heute neurotisiert; heimat-, gemeinschafts- und traditionsorientierte Werte sind mit einem schalen Beigeschmack versehen.

Nach Kriegsende wurde das Erzgebirge von Osten her von sowjetischen Besatzungstruppen und von Westen her von den Amerikanern eingenommen. Dabei entstand ein historisches Kuriosum. Im Machtvakuum der noch nicht kontrollierten Gebiete der Kreise Schwarzenberg, Aue und Stollberg konstituierte sich bis zum 11. bzw. 20. Juni 1945 eine aus Antifaschisten und Demokraten bestehende unabhängige Regierung. Die »Freie Republik Schwarzenberg« ist Gegenstand eines Romans von Stefan Heym. Nach dem Potsdamer Abkommen fiel das gesamte sächsische Erzgebirge bis zur Gründung der DDR im Jahr 1949 unter sowjetische Herrschaft.

Durch die amerikanischen Atombombenabwürfe provoziert, setzte Stalins Sowjetunion alles daran, ebenfalls zur Atommacht zu werden. Dies bescherte dem Erzgebirge seine bisher letzte und vielleicht intensivste Bergbauperiode. Erzgebirgische Uranpechblende eignete sich als spaltbares Material hervorragend zum Bau der Bombe. Dieses Mineral war den Bergleuten schon seit dem Mittel-alter bekannt. Da man aber bis zum 19. Jh. keine Verwendung dafür hatte, wanderte es auf Halde. In geringem Umfang diente die Pechblende danach in der Farbenindustrie als fluoreszierender Stoff bei der Herstellung grüner Gläser.

Die Uranpechblende stand also in großen Mengen zur Verfügung. Die nach dem Krieg gegründete sowjetisch-deutscheAktiengesellschaft Wismut wurde sehr bald zum Arbeitgeber für Hunderttausende. Für viele Flüchtlinge aus Schlesien, Sudetendeutschland und anderen ehemals deutschen Gebieten wurde das Erzgebirge zur neuen Heimat. Die Wismut war für viele attraktiv, da sie hohe Löhne zahlte und Vergünstigungen wie Deputatschnaps und extra Lebensmittelrationen bot. Die Bevölkerungszahlen in den Bergbauzentren Aue, Schneeberg, Annaberg und Marienberg erhöhten sich um ein Vielfaches, in Johanngeorgenstadt verzehnfachte sich gar die Einwohnerzahl. Weit über 100 000 Bergleute arbeiteten im Johanngeorgenstädter Revier. Im Zuge des unkontrollierten Raubbaus wurde die Johanngeorgenstädter Altstadt fast vollständig abgetragen.

Die sowjetischen Besatzungstruppen lancierten wirtschaftliche Veränderungen, die bei der Bevölkerung nicht immer auf Ablehnung stießen. So enteigneten sie mit einer Bodenreform Großbauern und Landadel. Das Land wurde kleinen Bauern zur Nutzung übertragen. Später mußten diese sich allerdings zu »Landwirtschaftlichen Produktionsgenossenschaften (LPG)« vereinigen lassen. Ebenfalls enteignet wurden Banken, Versicherungen und größere Fabriken. Die durch aberwitzige Reparationszahlungen an die Sowjetunion katastrophal geschwächte Wirtschaft erholte sich auch nach Gründung der DDR im Jahre 1949 nur langsam, erreichte aber einen gewissen Aufschwung. Mit dem 17. Juni 1953 kollidierten sowjetische Reparationsforderungen und ostdeutsches Wirtschaftspotential derart eklatant, daß die Sowjetführer mit ihrem deutschen Zögling ein gewisses Einsehen hatten. Daher konnte sich in den 50er und 60er Jahren ein bescheidener, aber ausreichender Lebensstandard entwickeln. Nach der Konsolidierung ging der kühle Stratege Ulbricht daran, bürgerliche Wirtschaftsformen in kleinen Schritten systematisch aufzulösen. Jetzt wurden auch Kleinbetriebe, Hotels und Gaststätten enteignet oder »halbstaatlich«. Nicht wenige Besitzer flohen bis 1961 in die Bundesrepublik – das Aus für viele renommierte erzgebirgische Firmen.

Die Entwicklung vom Mauerbau bis zur Wende 1989 stand ganz im Zeichen sozialistischer Planwirtschaft. Trotz politischer und wirtschaftlicher Abschottung behaupteten sich erzgebirgische Unternehmen auf dem Weltmarkt. So die Obererzgebirgischen Posamenten und Effektenwerke (OPEW) Annaberg, die Strumpfwerke Esda Thalheim oder die Zschopauer Motorradwerke. Die arbeitende Bevölkerung hatte »ihr Auskommen«. Frustration erzeugte insbesondere die Einschränkung elementarer bürgerlicher Freiheiten und die Bevormundung in allen politischen und wirtschaftlichen Belangen durch die Zentralkommunisten in Berlin. Unerträglich wurde die zunehmend fadenscheiniger werdende politische Repräsentation einer Gesellschaft, der angeblich die Zukunft gehörte. Das Ende ist bekannt.

Die gegenwärtige Arbeitslosigkeit erzeugt bei vielen Depression und Verzagtheit. Auf der anderen Seite bewiesen Firmen wie das Waschgerätewerk Schwarzenberg mit einem weltmarktfähigen Toplader oder das Kühlgerätewerk Foron in Scharfenstein mit dem ersten FCKW- und CKW-freien Kühlschrank der Welt Courage und Kreativität. Konfrontiert mit einer Welt voll blumigster Versprechungen und hinterhältigster Widerstände, trotzten Sie der Resignation. Das gelobte Land zeigte sich den gutgläubigen Gebirglern als höchst irdisches Treiben voll unvorstellbarer Bigotterie. »Dugechn war dor Hunnegger ä Wais'nknab«, sagen die Leute in der Schänke. Die Treuhandanstalt gilt als feiste Kupplerin. Denkt man nur an die Schmiergeldaffären der feinen Staatsanstalt oder an das Explosionsgerücht, publiziert von den PR-Abteilungen der Kühlgerätekonkurrenz, wird die Verbitterung plausibel. Die Industriegeschichte Ostdeutschlands der Jahre 1989 bis 1993 ist eine schaurige Kriminalstory. Drei Jahre nach der Wende Bilanz zu ziehen, kann nicht unsere Aufgabe sein. Wir hoffen, daß sich die Gebirgler ein weiteres Mal in ihrer wechselvollen Geschichte aus einer schwierigen Lage befreien können.

III DAS REISEGEBIET

1 ANREISE

Das Erzgebirge ist mit dem **Auto** relativ gut zu erreichen. Von Norden, Westen und Süden führen Autobahnen an das Reisegebiet heran. Wer aus Richtung Hamburg oder Berlin anreist, fährt auf der A 4 über Dresden bis nach **Chemnitz**. Von Westen kommt man ebenfalls auf der A 4 über Erfurt und Gera nach Chemnitz. Aus Richtung Nürnberg gelangt man über Hof und Plauen auf der A 72 nach Chemnitz. Um in den westerzgebirgischen Raum zu gelangen, empfiehlt es sich, bei Wildenfels oder Hartenstein die A 72 zu verlassen.

Von Chemnitz aus führen strahlenförmig drei gut ausgebaute Bundesstraßen in das Gebirge: die B 174 über Zschopau nach Marienberg; die B 95 über Ehrenfriedersdorf und Annaberg nach Oberwiesenthal und nach Joachimsthal (Jachymov) in Böhmen; die B 169 über Stollberg nach Aue und von da aus die B 101 weiter nach Schwarzenberg. Auf diesen Straßen kann man in der Regel bequem und zügig fahren und zudem einen herrlichen Blick auf das Erzgebirge genießen.

Abenteuerlich ist zuweilen die Reise auf den Landstraßen. Schlaglöcher, Umleitungen und schlechte Ausschilderung fordern Fahrzeug und Insassen heraus. Im Winter, der im Erzgebirge recht früh und manchmal sehr plötzlich beginnt, sind Winterreifen und Schneeketten unverzichtbar.

Auch die **Bahn** bietet günstige Verbindungen von Berlin, Dresden, Leipzig und Erfurt nach Chemnitz. Das Erzgebirge selber ist bahntechnisch eher schlecht erschlossen. Die Ausnahme ist die Flöhatalbahn, deren Benutzung wir auch für einige Ausflüge empfehlen.

Von Chemnitz gibt es gute **Busverbindungen** in alle größeren Städte des Erzgebirges. Unweit des Bahnhofes in Chemnitz befindet sich der Busbahnhof, von dem aus Sie etwa Olbernhau, Marienberg, Annaberg, Oberwiesenthal, Aue und Schwarzenberg relativ problemlos erreichen können.

2 *SCHNEEBERG – DIE WILDE BERGSTADT*

Kurzbeschreibung

Das zweite große Berggeschrei im Erzgebirge hob hier an. Im 15. Jh. ohne jede Planung buchstäblich aus dem Boden gestampft, weist die Stadt nicht die symmetrische Bebauung der anderen großen Bergstädte auf. 1946 bis 1958 kehrte die Wismut hier mit einem chaotischen Bergwesen das Unterste zuoberst.

Schneeberg ist heute das Volkskunstzentrum des Westerzgebirges. Vor allem in der Weihnachtszeit erstrahlt die alte Silberstadt im Glanze tausender Lichter und Kerzen. Doch nicht nur am zweiten Advent, sondern auch am Bergstreittag, dem 22. Juli, findet in der westlichsten Bergstadt der Silberstraße die traditionelle Bergparade statt.

ANFAHRT	• mit dem Auto: von Zwickau B 93, von Chemnitz/ Aue B 169, vom Vogtland B 169, von Annaberg B101 • mit der Bahn: die nächsten Bahnhöfe befinden sich in Aue und Schlema (Linie Zwickau-Aue), von diesen Orten problemlose Busanschlüsse • mit dem Bus: von Schneeberg gibt es Busverbindungen nach Zwickau und Aue
AUSKÜNFTE	• Stadtverwaltung Bergstadt Schneeberg, Tourist-Information, Markt 1 (Rathaus), 08289 Schneeberg, Tel. 037 72/22 51 • Stadtverwaltung Hartenstein, Marktplatz 9, 08118 Hartenstein, Tel. 037 605/251
UNTERKUNFT	• Das Gastgeberverzeichnis (DZ ab 40 DM) kann bei der Tourist-Information angefordert werden.
CAMPING	• Camping SN 180 Gemeindeverwaltung, Forststr. 3, 08289 Lindenau, Tel. 037 72/81 02 od. 23 12 • Wohnmobile: Gertraude Puschbeck, Höhenblick 16, 08289 Schneeberg, Tel. 037 72/28 96
SEHENSWÜRDIGKEITEN	• St. Wolfgangkirche • Museum für bergmännische Volkskunst, Oberer Zobelplatz 1, (Di-Do, Sa-So 9-17 Uhr, 12.30-13 Uhr geschlossen, Fr 13-17 Uhr)
AKTIVITÄTEN	• Sternwarte/Planetarium, Heinrich-Heine-Straße, (Beobachtungsabende Fr 19 Uhr); • Bergbaulehrpfad • Strandbad • Filzteich

SCHNEEBERG – DER AUFTAKT DES GROSSEN BERGGESCHREIS

Schneeberg verdankt seine Gründung dem Silberbergbau. Eine Sage berichtet:

Zu dem Rittergut Neustädtel bei Schneeberg gehörte ein ungeheurer großer Wald, in dem sich außer wilden Tieren kein lebendes Wesen aufhielt. Ausgenommen davon war lediglich eine von Schlema aus betriebene Eisenzeche. Dorthin verirrte sich um 1470 ein böhmischer Hausierer, Sebastian Romner aus Crems. Er ließ sich vom dortigen Steiger auf den rechten Weg zurückführen. Dabei klagte ihm dieser, daß jetzt sein Gestein zu sehr an Eisengehalt abnehme. Romner aber nahm in der Meinung, das Erz könne etwas anderes Gutes enthalten, einiges davon mit nach Jörkau und Nürnberg. Daselbst erklärten es die Probierer für das reichste Silbererz. Romner kehrte nun nach Sachsen zurück, um diese Entdeckung auszubeuten. In Zwickau wurde er jedoch wegen Trunkenheit festgenommen. Dabei ließ er vor dem Hauptmann Mülich von Carlowitz die Worte fallen, daß er in der Nähe einen Schatz wisse, der einen wohl zum Herrschaftsbesitzer machen könne. Als der Hauptmann dies hörte, ließ er sich von Romner nach jener Eisengrube, die sein eigenes Besitztum war, führen, und beide begannen zusammen den Silberbergbau. Romner verheiratete sich bald darauf mit Anna von Bünau, einer Muhme jenes Hauptmannes, und gründete so das Geschlecht der Römner auf Neumark.

Ob sich der erste Silberfund tatsächlich so zugetragen hat, ist fraglich. Erwiesen ist, daß der Eisenbergbau im Schlematal schon sehr früh begann. Als Gründungstag Schneebergs gilt der 6. Februar 1471. 1481 erhielt sie die Rechte einer freien Bergstadt. Im Gegensatz zu den später gegründeten Bergstädten Annaberg und Marienberg kann man in Schneeberg keine geregelte Stadtplanung erkennen, eine Stadtmauer fehlt ganz. Das Ausbringen von Silbererz stand vermutlich so sehr im Vordergrund, daß die Stadt buchstäblich aus dem Boden gestampft wurde. Schneeberg hatte eine eigene Silbermünze, den »Schnieber« Groschen.

Als 1477 Herzog Albrecht von Sachsen auftauchte, um sich vom Silberreichtum ein Bild machen zu können, konnten die reichen Fundgrübner triumphieren. Berauscht von ihrem Reichtum, bugsierten die übermütigen Herren ihren hohen Gast untertage. In der St.-Georgen-Zeche hat der couragierte Landesfürst dann am berühmten »Silbertisch« gespeist – einer Erzstufe aus massivem Silber. Sie soll zwei mal zwei Meter breit und einen Meter hoch gewesen sein. Beim Ausmünzen ergab sie 80 000 Gewichtsmark Feinsilber. Am Marien-Magdalenen-Tag des Jahres 1496 blieb den hohen Schneeberger Herren die Rebhuhnkeule im Halse stecken: die Schlägelgesellen der ganzen Stadt legten die Arbeit nieder, weil ihnen die Bergherren einen Groschen vom kargen Lohn abziehen wollten.

Mit der vielgepriesenen sächsischen Obrigkeitsliebe war es in manchen

Die St. Wolfgangskirche in Schneeberg

Zeiten offenbar nicht weit her. 1496 folgten die Annaberger Knappen dem Schneeberger Beispiel, 1517 die Joachimsthaler, 1521 die Geyerschen. 1525 – im Jahr des Deutschen Bauernkrieges – kommt es zum Höhepunkt. Nach dem Sturm auf das Kloster Grünhain rollt ein stetig anwachsendes Volksheer durch das Erzgebirge. Herzog Heinrich schreibt an seinen Bruder: »*Wir wären wohl geneigt zu ernster Gegentat ... nachdem auf einen Wolfsbraten eine hundene Salze gehört ... damit sie aufgehalten, daß der Haufe nicht gemehret und wir mittler Zeit geschickt werden mögen, unseres Willens an ihnen zu erlangen*«. Dem Herzog gelingt es schließlich, den Aufständischen einen Waffenstillstand aufzuschwatzen. Das Strafgericht folgt ihm auf den Fuße. Der 22. Juli jedoch wird bis heute als Ehrentag der Bergleute, als Bergstreittag gefeiert.

Von 1483 bis 1485 wurde der Filzteich als erster Stausee Sachsens gebaut. Er diente der Wasserversorgung für die Grubentechnik. Ein anderer wassertechnischer Bau erfolgte 1556 bis 1559. Im 16 km langen Floßgraben wurde das für den Grubenausbau benötigte Holz herangeflößt.

Das Wahrzeichen der Stadt, die **St. Wolfgangskirche**, wurde von 1516 bis 1540 erbaut. Mitte des 16. Jh. gingen in Schneeberg die Silberfunde zurück. Der Dreißigjährige Krieg bedeutete für die Stadt einen ungeheuren Rückschlag. Durch Plünderungen, Überfälle und Epidemien verlor sie fast die Hälfte ihrer Einwohner. Seit dem 17. Jh. erlangte der Bergbau auf Wismut und Kobalt immer mehr Bedeutung. Die aus Kobalterzen gewonnene blaue Farbe, Smalten genannt, wurde u.a. für die Porzellanlasur unentbehrlich. Die weltberühmten holländischen »Delfter Kacheln« wurden mit Schneeberger Blaufarben bemalt. Zu dieser Zeit galt Schneeberg als das größte Kobaltbergbaugebiet Europas und wurde schließlich Sitz des mächtigen »Blaufarben-Kartells«. Als die Weißblechverarbeitung aufkam, verlegte 1678 die »Obergebirgische Blechcompanie zur festen Hand« ihre Repräsentanz in die Stadt. In dieser frühkapitalistischen Vereinigung wurden unter Hans Schnorr d.J. die kurfürstlichen Blechhämmereien zusammengefaßt. Bereits 1690 zerfiel dieser Verband wieder. Die englische Konkurrenz verursachte den Niedergang des Industriezweiges. Die Stadt erlangte jedoch als Sitz des Bergamtes und 1692 durch die erste Posthalterei des Westerzgebirges Bedeutung. 1719 verlor Schneeberg durch einen Stadtbrand 400 Häuser. Die danach im Hochbarock entstandenen Bürger- und Patrizierhäuser bestimmen teilweise heute noch die Gegend um den Marktplatz.

1823 erfand der Schneeberger Chemiker und Arzt Dr. Ernst Geitner die als Neusilber bekannte Legierung Argentan. Da diese Legierung in hohem Maße Nickel enthielt, forcierte man den Bergbau auf dieses Element. Der Bergbau bestimmte die Wirtschaft weiter bis um 1870. Ungünstige Standortfaktoren behinderten einen industriellen Aufschwung, wie er etwa in Annaberg stattfand. Schneeberg entwickelte sich mehr und mehr zu einer Schulstadt. So wurden dort zwischen 1808 und 1905 elf Schulen gegründet. Neben Realschule, Gymnasium und Handelsschule waren ein Lehrerseminar und die »Zeichenschule für Textilindustrie und Gewerbe« zu finden. Die bedeutendste dürfte die 1879 gegründete Spitzenklöppelmusterschule sein. Nach dem 2. Weltkrieg trat die später namhafte »Fachschule für Angewandte Kunst« das Erbe der ehrwürdigen Bildungsstadt an.

In den Jahren von 1946 bis 1958 feierte die alte Bergstadt ein strahlendes Comeback. Die Atomgier der Sowjets bescherte Schneeberg eine wahre Bergbauorgie. Schächte und Stollen mitten in der Stadt, Halden zwischen den Häusern, die Straßen voller fremder, verwegener Figuren, Skandale, Visionen und Gerüchte kursierten – das Geschehen schien ständig auszuufern, man glaubte sich im Banne einer dunklen Macht, aus deren Turbulenz es kein Entrinnen gab. Erst Mitte der 50er Jahre nahm der Bergbau in der Schneeberger Umgebung geordnetere Formen an.

WEIHNACHTEN IM ERZGEBIRGE

Das Erzgebirge ist weithin als Weihnachtsland bekannt. Und wenn Sie in der Weihnachtszeit hier weilen, so werden sie sehen, was es damit auf sich hat. Die tief verschneiten Gebirgsdörfer, die dunklen, sturmzerzausten Wälder, die in tausend Lichtern erstrahlenden Bergstädte bilden eine Kulisse, bei derem Anblick sich weihnachtliche Gefühle wie von selbst in unser Herz schleichen. Jede Region, jede Stadt, jede Gemeinde hat ihre eigenen

Traditionen. Schneeberg ist für das Turmsingen auf dem 72 m hohen Turm der St. Wolfgangskirche berühmt. Seit 1673 lassen am Christmorgen um vier an die 200 Sänger, von Pauken und Trompeten begleitet, Weihnachtslieder erklingen. Anschließend findet die große Christmette in der Kirche statt.

Der »*Heilge Obnd*« wurde im Erzgebirge von alters her mit großer Hingabe gefeiert und mit noch größerer vorbereitet. Für die bergmännischen und bäuerlichen Vorfahren der heutigen Erzgebirgler hatte der Lichterkult eine große Bedeutung. Es war ihre persönliche Auferstehung aus der Finsternis des Berges und des alltäglichen Lebens. Das ganze Jahr über wurde das Fest vorbereitet: man sparte Speisen auf für das Festmahl, das erzgebirgische *Neunerlei,* man schnitzte *Raachermannln* und bastelte am Weihnachtsberg, der fast in jeder Familie vorhanden war, man strich die große *Peremett* mit frischer Farbe und holte die *Kurrendemännln* und den Nußknacker aus der Kiste. Gestaltet als *Kenich, Färschter* oder *Bargverwaller* karikierten die mürrischen Figuren die allmächtige Obrigkeit für die armen Gebirgler, beim Nüsseknacken nicht nur ein Spaß für die Kinder. Wochen vor dem Fest begann das Stollenbacken, den Teig bereitete jede Familie zu Hause und dann ging es zum *Bäck* zum Backen. Am *Heilgen Obnd* sangen alle das berühmte Lied der Amalie von Elterlein: »Na, saht när die sechs Butterstolln, su lang wie de Ufenbank! Und wenn mer die gegassen hobn, do sei mer alle krank.«

Das *Neinerlaa* am Weihnachtsabend ist ein Ritual. Bei dem Mahl hat jeder der neun Gänge eine spezielle Bedeutung. Die Zusammenstellung wie die Bedeutung variiert regional, in der Regel sind folgende Gerichte dabei:

1. Linsen mit Bratwurst oder Schweinebraten – die Linsen müssen fein abgeschmeckt sein, sonst wird einem auch das Leben in die eine oder andere Richtung entgleiten;
2. Sauerkraut mit Bratwurst – damit die Arbeit leichter von der Hand geht;
3. Rotrübensalat oder Kartoffelsalat – damit man gesund und stark bleibt;
4. Klöße – symbolisieren die Taler, die ins Haus kommen sollen;
5. Quark mit Leinöl – bringt Kraft;
6. Hering mit Apfelsalat – bringt Hoffnung und Zuversicht für das kommende Jahr;
7. Hirsebrei und gebackene Pflaumen – macht froh und heiter;
8. Karpfen – symbolisiert den Wohlstand;
9. Semmelmilch – bringt Schönheit;

Zum Abschluß gibt es Schnaps, er symbolisiert bekanntlich den Zusammenhalt.

In Elterlein ist außerdem vorgeschrieben, daß man von jeder Speise mindestens drei Löffel essen muß, jedoch keine vollständig verzehren darf – nur so habe man immer eine volle Küche und genug zu essen im Haus. In vielen Orten muß ein Gedeck mehr als nötig aufgedeckt werden, für den fremden Gast, der noch kommen könnte.

STREIFZÜGE DURCH SCHNEEBERG UND UMGEBUNG

Der Besucher der Bergstadt Schneeberg wird schon von weitem vom Bergmannsdom, der **St. Wolfgangskirche**, begrüßt. Die Kirche gilt als zweitgrößte spätgotische Hallenkirche Sachsens. Amerikanische Tiefflieger zerstörten sie 1945 fast vollständig. Ihr wertvollstes Inventar, ein elfteiliger Flügelaltar aus der Werkstatt Lukas *CRANACH* d.Ä., konnte gerettet werden. Er wurde in der kleineren Hospitalkirche aufbewahrt. Nach Abschluß der gegenwärtigen Restaurierungsarbeiten an der Kirche – in Schneeberg hofft man auf das Jahr 2000 – wird der Altar wieder an seinem angestammten Platz zu besichtigen sein.

Nicht weit von dort befindet sich am Zobelplatz das **Bortenreutherhaus**. Dieses 1724/25 von Joh. Christoph Naumann für den Spitzenhändler Bortenreuther erbaute Haus dient heute als **Museum für bergmännische Volkskunst**. Hier ist eine der schönsten Volkskunstsammlungen des Erzgebirges zu besichtigen. Wollen Sie einen Einblick in die Innenwelt dieses Landstrichs erhalten, die Mentalität seiner Bewohner aus ihrer Geschichte begreifen, so sollten Sie einen Besuch dieses Hauses nicht versäumen. Im Erdgeschoß sind Figuren, Bilder, Mineralien und andere Exponate zur Stadt- und Bergbaugeschichte untergebracht. Im ersten Stock kommen Volkskunstfreunde auf ihre Kosten. Herrliche Pyramiden zeugen vom handwerklichen Geschick der Erzgebirgler. Kinder werden vor allem bei der Betrachtung der mechanischen Weihnachtsberge große Augen bekommen. Sie zeigen bewegte Szenen aus dem bergmännischen Leben über und unter Tage. In weiteren Räumen wird der Nachlaß des 1958 verstorbenen Erzgebirgsschnitzers Emil Teubner gezeigt und die historische Entwicklung des Spitzenklöppelns dokumentiert. In der dritten Etage kann man noch einmal mechanische Weihnachtsberge bestaunen. Die berühmtesten warten jedoch in der letzten Etage auf den Besuch: der Schneeberger und der Neustädtler Weihnachtsberg. Diese fast 10 m langen Giganten stellen biblische, regionale und bergmännische Motive dar.

Schneebergs historische Gebäude wurden von prominenten Persönlichkeiten beehrt. Im Gebäude Kirchgasse 4 betrieb Robert Schumanns Bruder eine Druckerei. Eine Tafel erinnert an den Besuch des großen Zwickauer Komponisten. Der jetzige Zustand dieses Hauses ist allerdings erbärmlich. Im ehemaligen Gasthof Zum Ring (jetzige Stadtbücherei) soll 1787 Goethe mit Charlotte von Stein zusammengetroffen sein. Sehr aristokratisch ging es im Fürstenhaus am heutigen Ernst-Schneller-Platz zu. Das barocke Gebäude wurde 1651 von einem reichen Blaufarbenwerksbesitzer an den Kurfürsten Johann Georg II. vererbt. Der verkaufte es 1687 unter der Auflage, es als fürstliches Gästehaus offenzuhalten, an den Schneeberger Bürger Schreiber. Der Herr beherbergte 1707 den schwedischen König Karl XII. und 1710 den russischen Großfürsten Alexius Petrowitsch. Die einfachen Bürger hatten andere Sorgen, als berühmten Besu-

Förderturm des Türkschachtes

chern zu huldigen. So weist das **Brotmännelhaus** (Markt 23) auf die große Hungersnot von 1771/72 hin. Angeblich ist dieses Gebäude in diesen Jahren für 2 Brote verkauft worden. Ursache für die große Hungersnot, der im Schneeberger Raum weit über tausend Menschen zum Opfer fielen, waren zwei Mißernten. Von den Schulgebäuden ist das ehemalige Königlich Sächsische Lehrerseminar oberhalb der Hospitalkirche das auffälligste. Es dient jetzt als Gymnasium.

Das **Umland** von Schneeberg ist auch heute noch bergmännisch geprägt. So ist beispielsweise das Gelände des Schachtes Weißer Hirsch Sitz eines Bergsicherungsunternehmens, das sich um die Verwahrung alter Stollen kümmert. Das Huthaus der Grube, aus der weltweit einmalige Mineralien – wie etwa Roselith – gefördert wurden, ist in gutem Zustand erhalten. In das Schneeberg-Neustädtler Bergbaurevier führt ein ausgezeichneter **Bergbaulehrpfad**. Ausgangspunkt ist das technische Denkmal Siebenschlehener Pochwerk. Die Kobaltaufbereitungsanlage wird zur Zeit renoviert. Von dort führt der Weg zum Filzteich und wieder zurück. Auf der Route, für die der interessierte Besucher ca. 5 Stunden benötigt, kann man zahlreiche bergbaukundliche Objekte besichtigen. Die Tourist-Information im Rathaus stellt Ihnen gern den Plan für den Rundgang zur Verfügung. Hier können Sie sich auch einen sachkundigen Führer vermitteln lassen. Zu empfehlen ist außerdem eine Besichtigung des stählernen Förderturmes des **Türkschachtes** aus den 30er Jahren. Er befindet sich zwischen Schneeberg und Zschorlau und liegt etwas außerhalb des Bergbaulehrpfades.

Dem bergbaulich weniger interessierten Besucher wird eine Wanderung zu einem der beiden **Berggasthäuser** Freude bereiten. Zum nördlich gelegenen Keilberg (552 m) benötigt man ca. 45 Minuten. Der Blick vom Aussichtsturm reicht nach Norden bis Zwickau. Die Gaststätte, in der man sich erzgebirgische Spezialitäten munden lassen kann, ist Mi-So 11-23 Uhr geöffnet (037 72/80 85). Den östlich gelegenen Gleesberg mit dem Köhlerturm erreicht man zu Fuß in einer Stunde. Die Gaststätte ist ab 12 Uhr, am Wochenende ab 11 Uhr geöffnet (Mo, Di geschlossen), Tel. 037 72/24 53.

Dem Bau der beiden Türme gingen heftige Kämpfe innerhalb des hiesigen Erzgebirgszweigvereins voraus. Der Zweigverein Schneeberg-Neustädtel hatte 1879 auf dem Gleesberg ein hölzernes Aussichtsgerüst errichtet, das aber leider *»der Zerstörungswut unverständiger Bergsteiger nicht standzuhalten vermochte«* wie in einer Festschrift des Erzgebirgsvereins bedauernd vermerkt wurde. Darauf folgte das Debakel: Die Schneeberger wollten einen neuen Turm auf dem Keilberg und die Neustädler einen auf dem Gleesberg. Mit der wundervollen Vereinsidylle war es vorbei. Nach großen Tumulten im Vereinslokal spalteten sich die Bergfreunde in zwei Fraktionen, und der Wettlauf begann. Nach zwei Sammelaktionen – »Kommerzienrat Schwabe/Leipzig schenkte den Baugrund und 200 Mk. in bar« – konnte die kommunalpolitische Prestigeschlacht beginnen. Das Finish: 1893 öffnete der 22 m hohe Keilbergturm; am 2. Oktober 1898 wurde der leider nur 18 m hohe Köhler-Turm auf dem Gleesberg eingeweiht. Das Defizit des Gleesbergturmes gegenüber dem Keilbergturm in Eröffnung und Höhe kompensierten die pfiffigen Neustädtler jedoch mit einer symbolischen Nachrüstung: Des Turmes Prestige wurde durch seinen Namenspatron, Dr. Köhler, ins Unermeßliche gesteigert. Seminaroberlehrer Dr. *KÖHLER* war der rührige Gründer und Vorsitzende des Erzgebirgsgesamtvereins von 1878 bis 1899 – eine sächsische Lokalgröße, auf die wir im Zusammenhang mit Wildenthal noch zu sprechen kommen. Doch die Schneeberger parierten 1899 ungerührt. Zu Ehren des 1898 verstorbenen Reichskanzlers wurde ihr Turm der »Fürst-Bismarck-Turm«. Warten heißt Siegen!

VON SCHNEEBERG ÜBER SCHLEMA NACH HARTENSTEIN

UNTERWEGS AUF DEN SPUREN DER LEGENDÄREN SDAG WISMUT, EINES PRINZENRÄUBERS UND DES BERÜHMTEN NICOL LIST

Wenn man Schneeberg in nordöstlicher Richtung verläßt, so kommt man nach **Schlema**. Dieser nicht gerade anmutig wirkende Ort ist mehr als alle anderen erzgebirgischen Ortschaften vom Uranbergbau geprägt. Am Beispiel von Schlema wollen wir dem Erzgebirgsreisenden ein Stück Geschichte vermitteln, das die Gemüter über Jahrzehnte bewegte und noch heute aktuell ist.

Das 1798 von dem Berliner Apotheker *KLAPROTH* entdeckte Element Uran wurde in nahezu allen westerzgebirgischen Bergbaugebieten in Form seines pechschwarzen Oxides, der Uranpechblende, und einigen anderen gelbgrünen Mineralien gefunden. Bei den Bergleuten war die Pechblende unbeliebt, weil ihr Auftreten oftmals ein Zeichen für die Verarmung von Silbererzgängen war. Zwischen 1820 und 1830 entdeckte man die Fähigkeit von Uranoxiden, Glasschmelzen gelbgrün zu färben. Das sogenannte Kanarienglas wurde auf diese Weise hergestellt. Der Bedarf an Uranerzen konnte aufgrund der großen Vorkommen leicht gedeckt werden. Zwischen 1870 und 1906 wurden aus sächsischen Lagerstätten 120 Tonnen Uranerz im Wert von 480 000 RM in den Handel gebracht. Als um die Jahrhundertwende durch die Forschungsarbeiten der Curies das Radium in Joachimsthaler Uranerzgängen entdeckt wurde, stieg die Nachfrage nach diesen Erzen sprunghaft an. 1908 erklärte die sächsische Staatsregierung alle Funde an radioaktiven Mineralien zu Staatseigentum. Inspiriert durch das Joachimsthaler Radiumbad im böhmischen Erzgebirge forcierte man in Sachsen die Suche nach radioaktiven Wässern. Die Forschungsarbeiten führten Geologen der Bergakademie Freiberg durch. Dabei erwiesen sich die Grubenwässer des in das Schlematal mündenden Markus-Semmler-Stollens als besonders radioaktiv. An einigen Grubenorten war die Strahlung so stark, daß das Gestein sich meßbar erwärmte.

Im Rahmen der damaligen Forschungen stellte man die Ursache für die sogenannte Schneeberger Krankheit, einer speziellen Form von Lungenkrebs, fest. Diese Krankheit, die über Jahrhunderte unzählige Opfer forderte, wird durch eingeatmetes Radon ausgelöst. Das radioaktive Edelgas zerfällt aufgrund seiner kurzen Halbwertszeit in feste radioaktive Elemente, die von der Lunge nicht mehr ausgeatmet werden können. Andererseits konnten mit Behandlung durch radioaktive Wässer Rheumaleiden gezielt therapiert werden.

Wegen der positiven Bilanz der Forschungsarbeiten wurde 1918 das **Radiumbad Oberschlema** eröffnet. Dieses mit Joachimsthal konkurrierende Bad behauptete, das stärkste Radiumbad der Welt zu sein. Die Bedeutung des Kurbades nahm immer weiter zu; kamen anfangs um die 400 Kurgäste, so waren es 1944 schon 17 000. 1946 wurde der Kurbetrieb jäh abgebrochen. Von nun an stand das Schlemaer Uran im Zeichen der Weltpolitik. Aus dem ruhigen Kurort wurde über Nacht eine der größten Bergbausiedlungen des Erzgebirges. Das hektische Bergwesen der SAG Wismut (später SDAG Wismut) überrollte den Ort in Windeseile, die Kurgäste fanden keine Zeit für die rechtzeitige Abreise. In der Bibliothek wurden die Feingeister von ohrenbetäubendem Lärm überrascht – direkt unter dem Ort der Musen hatten die Repräsentanten der Weltgeschichte den Kompressorraum installiert!

Das gesamte Schlematal wurde mit Schachtanlagen und riesigen Halden

Schacht 371

überzogen. Der heutige Reisende wird angesichts der bizarren Überreste dieser Aktivitäten eine gewisse Ergriffenheit nicht unterdrücken können. Die Kommunalverwaltungen bemühen sich, die ärgsten Folgen des Uranbergbaus zu sanieren. Ob angesichts der Unmenge von Halden – teilweise bereits abgetragen oder rekultiviert – Schlema jemals wieder Kurort werden kann, ist mehr als ungewiß. Ein ausgesprochen beeindruckendes Geschichtsdenkmal stellt die Gemeinde auf jeden Fall dar.

Sind Sie im Muldental angekommen, wird die Landschaft nach Norden hin wieder freundlicher. Hier können Sie sich an schönen Buchenwäldern erfreuen. Lediglich auf der rechten Seite des Muldentals werden Sie noch einmal mit dem Bergbau konfrontiert. Von der Straße aus sieht man die riesige Schachtanlage des ehemaligen **Wismutbergwerkes 371**. Dieses bis 1989 betriebene Uranbergwerk besitzt den tiefsten Schacht Europas. Was zu DDR-Zeiten als Staatsgeheimnis gehütet wurde, ist heute Besucherbergwerk. Vor der Wende wäre eine Besichtigung dieses Schachtes, wie überhaupt aller Einrichtungen der SDAG Wismut, durch normalsterbliche westeuropäische Touristen noch um einiges weniger wahrscheinlich gewesen als der Besuch eines Ostdeutschen in Westeuropa. Die SDAG Wismut hatte eine eigene Stasiabteilung, die ihre Belegschaft peinlich genau auf mögliche Westkontakte überprüfte.

Der Besuch der Schachtanlage ist hochinteressant. Sachkundige Führer erläutern dem Besucher den Uranbergbau unter Tage in all seinen Einzelheiten. Die Führungen finden März bis Oktober von Mo-Fr jeweils 7 und 13 Uhr statt, samstags ab 8.30 Uhr nach Voranmeldung. Von November bis Februar findet die Befahrung der Grube zur selben Zeit von Mi-Fr statt. Reisegruppen und wissenschaftliche Führungen können auch außerhalb der regulären Besuchszeit einfahren (Wismut GmbH, Sanierungsbetrieb Aue, Schlemaer Straße 47, 08280 Aue, Tel. 037 71/21 22 15 od. 21 22 23). Die Zufahrt zur Schachtanlage ist ausgeschildert, sie zweigt von der Straße nach Hartenstein rechts ab.

Einige Meter oberhalb der Einfahrt ist ein Parkplatz. Von diesem aus kann man eine kleine Wanderung zur Prinzenhöhle unternehmen. Sie folgen dem ausgeschilderten Wanderweg bergauf durch schönen Buchen- und Mischwald, und nach etwa 15minütigem Marsch erreichen Sie das Forsthaus »Prinzenhöhle«(Mo, Di, Fr 11-20 Uhr, Mi 11-14 Uhr, Sa 10-22 Uhr, So 10-20 Uhr, Do Ruhetag). Das Wirtshaus, das sogar von einem Gourmetführer empfohlen wird, verfügt über einen ausgezeichneten Biergarten. Von hier aus hat man einen schönen Ausblick in das südliche Muldental.

10 Minuten entfernt liegt die **Prinzenhöhle**. Mit diesem alten Stollen ist ein Stück sächsischer Geschichte verbunden, dem wir – etwa beim Wandern durch das Oswaldtal – noch mehrmals begegnen werden.

Die Verbündeten des sächsischen Prinzenräubers Kunz von Kaufungen, die Ritter von Mosen und von Schönfels, verbargen sich 1455 mit ihren Knechten und dem geraubten Prinzen Ernst in dieser Höhle. Da die Entführung angesichts eines Großaufgebotes von Verfolgern zu scheitern drohte, waren die edlen Ritter nur noch um die Rettung ihrer Haut bemüht. Über einen Boten ließen diese dem Burgherrn vom 4 km entfernten Schloß Stein, Friedrich von Schönburg, einen Reuebrief zukommen. Der Schönburger solle sich beim Kurfürsten um Gnade bemühen, als Gegenleistung boten sie den unverletzten Prinzen. Das Vorhaben gelang; im Gegensatz zu dem in Freiberg enthaupteten Kunz von Kaufungen kamen beide Ritter ungeschoren davon.

Burg Stein

Der Stollen wurde 1799 geräumt und begehbar gemacht. Ein Schild erinnert an die Geschichte des mittelalterlichen Kidnappings. Wieder am Parkplatz im Muldental angelangt, fährt man ca. 4 km in nördliche Richtung. Jetzt erreichen wir den Hartensteiner Ortsteil Stein. Auf einem Felsvorsprung über der Mulde liegt die malerische **Burg Stein**. Der Bau der Burg geht in das 12. Jh. zurück. Die Oberburg läßt romanische Züge erkennen. Der Aufbau auf dem Bergfried stammt aus dem 16. Jh., der Rundturm in der südwestlichen Burgecke soll im 14. Jh. erbaut worden sein. Nachdem die Burg im frühen Mittelalter verschiedenen Rittergeschlechtern als Behausung diente, fiel sie 1632 direkt an das Haus Schönburg, dessen Abkömmlinge sie bis 1945 bewohnten.

Als altes sächsisches Adelsgeschlecht regierten die Schönburger ausgedehnte Ländereien entlang der Mulde bis in die Gegend von Penig, nördlich von Chemnitz. In mehreren Seitenlinien hatten sie bedeutenden politischen Einfluß, in ihrem Herrschaftsgebiet lagen Städte wie Waldenburg, Lichtenstein, Hartenstein und Glauchau. In Österreich, Preußen und Bayern besaßen sie große Ländereien. Wurde der politische Einfluß auch durch den sächsischen Staat bis Ende des 19. Jh. eingeschränkt, so blieb ihre wirtschaftliche Vormachtstellung als Großgrundbesitzer erhalten. Trotz der Enteignung nach 1945 meldete sich kürzlich der Adel wieder zurück. Ein Nachfahre der Schönburger, Johannes von Schönburg-Glauchau, ist als CDU-Abgeordneter nach Glauchau zurückgekehrt. Freunden der Klatschpresse dürfte die Medienhochzeit zwischen Graf von Thurn und Taxis und der Schönburger Prinzessin Gloria Ende der 80er Jahre nicht entgangen sein. In der Burg ist ein **Heimatmuseum** untergebracht. Neben Exponaten zur Stadt- und Feudalgeschichte wird die Geschichte des Prinzenraubes dokumentiert. Eine eigene Abteilung beschäftigt sich mit dem Leben des 1609 in Hartenstein geborenen Dichters und Arztes Paul *FLEMING*. Von ihm stammen die ersten Reiseberichte aus Rußland.

Gegenüber der Burg Stein liegt inmitten großer Parkanlagen ein nicht weniger interessantes Schloß. Das nach seinem ersten Besitzer, dem Hauptaktionär des Lugau-Oelsnitzer Steinkohlenbergbaus, Karl Georg Wolf, benannte **Schloß Wolfsbrunn** ist ein bedeutender Spätjugendstilbau von 1911/12. Entworfen hat es der Münchener Architekt Emanuel von Seidl. Von den Resten der Innenausstattung – namhafte Künstler der Münchener Schule (Prof. Julius Diez, Fritz Erler u.a.) sowie Dresdener Künstler (Fritz Behn und Georg Wrba) wirkten dabei mit – ist nicht allzuviel übriggeblieben. Hartnäckige Kunstfreunde können unter Umständen Wand- und Deckengemälde (u.a. ein Deckenbild von Julius Diez) und Parkplastiken besichtigen. Allerdings warnen schon am Parkeingang Verbotsschilder vor dem Betreten des Geländes. Wir erlangten 1992 mit Hilfe der ehemaligen Wirtschaftsleiterin der nach dem Krieg im Gebäude ansässigen Pionierleiterschule Zutritt. Für Jugendstilfreunde ist der Schloßbesuch ein Traum.

Gegenwärtig gehört das Schloß einer Holding, die das Anwesen als Hotel nutzen will. Vielleicht wird über diese Herrschaften ein Besuch möglich sein.

Um in das Städtchen **Hartenstein** zu gelangen, müssen Sie sich noch einen Kilometer bergauf quälen. Sehenswert ist hier vor allem der Marktplatz mit dem **Paul-Fleming-Denkmal** und dem Fachwerkbau des Gasthofes **Weißes Roß**. Auf dem Renaissanceportal lesen Sie die Jahreszahl 1625. Als aufmerksamer Besucher werden Sie auch an manch anderem Gebäude hübsche Fachwerkdetails finden.

Hartenstein ist kaum vom Bergbau geprägt, dafür von Handwerk, Kleinindustrie und Ackerbau. Vom schönburgischen Schloß, dem dritten herrschaftlichen Anwesen auf Hartensteiner Flur, ist nach einem Beschuß durch amerikanische Flieger bei Kriegsende nicht viel übrig geblieben. Der letzte Herrscher, Alexander von Schönburg-Hartenstein, verließ das zerbombte Schloß 1945 und siedelte mit seiner Familie nach Wien über. In dem unversehrt gebliebenen Teil befinden sich heute Wohnungen. Im Sommer lädt ein Freibad zum Besuch ein. Rund um die Stadt sind ca. 60 km ausgeschilderte Wander- und Skiwege zu finden.

Wer an dem netten Städtchen Gefallen findet, der kann bei der Stadtverwaltung (Marktplatz 9, 08118 Hartenstein, Tel. 037 605/251) ein Zimmerverzeichnis anfordern. Die Gegend um Hartenstein ist noch in vielerlei Hinsicht interessant. Hier einige Tips für kleinere Ausflüge.

Die Gegend westlich von Hartenstein

Fährt man vom Ortsteil Stein in westlicher Richtung weiter, so kommt man in die Gemeinden **Grünau** und **Schönau**. Schon seit dem Mittelalter wurde hier Kalkstein in Steinbrüchen abgebaut. Jetzt ist dieses Thema wieder aktuell geworden. Nach Plänen der Landesregierung soll dem Kalksteinabbau ein ganzer Berg geopfert werden. Auf zahlreichen Transparenten wie »Hier beginnt nicht der wilde Osten« oder »Natur statt Profit« kommt der Unmut der Bevölkerung zum Ausdruck. In diesem Zusammenhang muß erwähnt werden, daß Steinbruchunternehmen aus der ganzen Welt auch für die westerzgebirgischen Granitvorkommen Nutzungsrechte beantragt haben.

Nordöstlich von Schönau liegt die Stadt **Wildenfels**. Hier befindet sich das gräfliche Schloß derer von Wildenfels-Solms, das heute als Wohnraum genutzt wird. Wildenfels hat zwei berühmte Söhne. Der Maler Christian Leberecht *VOGEL* lebte 24 Jahre hier, bevor er als Professor 1804 an die Dresdener Kunstakademie berufen wurde. Sein Sohn, Christian *VOGEL VON VOGELSTEIN*, kam als königlich sächsischer Hofmaler zu noch größeren Ehren. Er war Mitglied zahlreicher europäischer Akademien.

Die Thierfelder Kirche nördlich von Hartenstein

Diese Kirche ist eine der ältesten und eigentümlichsten Dorfkirchen des Westerzgebirges. An dem seit dem 15. Jh. als Altarstelle dienenden Platz stand ursprünglich eine Barbarakapelle aus der Zeit der Besiedlung des Erzgebirges.

Thierfelder Kirche

Bei einer Restaurierung im Jahre 1896 sind Fresko-Malereien entdeckt worden, die vermutlich aus dem ausgehenden 12. Jh. stammen. Die Fresken stellen 12 Apostelfiguren sowie 13 gekrönte Häupter dar. In einer davon glauben Kunsthistoriker Kaiser Barbarossa erkennen zu können. Die Arbeiten stammen vermutlich von Naumburger Mönchen. Außerdem sind Kunstwerke aus verschiedenen Zeiten, u.a. ein Bornkindl aus dem 17. Jh., sehenswert. Neben der Kirche finden wir ein Grabmal mit Obelisken des aus Irland stammenden Patricius Baron von Flemming. Der Baron, der ein reges Landsknechtleben geführt hat, diente zuletzt unter August dem Starken.

Die Dörfer Raum und Beutha östlich von Hartenstein – Heimat des legendären Räubers Nicol List

Bevor wir den Hartensteiner Raum verlassen, wollen wir uns mit der Person des Räubers *NICOL LIST* beschäftigen. In ihm glauben einige Literaturwissenschaftler das Vorbild für Karl Moor in Schillers »Räuber« zu erkennen. Auf dem Beuthaer Dorffriedhof künden drei Steine von des Räubers ebenso grausigen wie populären Untaten. Auf dem mittleren Stein an der Friedhofsmauer steht folgende kaum noch leserliche Inschrift:

An diesem Ort hat gewohnt der weltbekannte Dieb, Kirchenräuber und Mörder Nicol List, welcher in der Johannisnacht 1696 von einer nach ihm geschickten Folge

den eigenen Landschöppen Christoph Kneufflern und noch einen Bürger, Gottfried Eckarden, jämmerlich erschossen und darauf die Flucht ergriffen. Auf der Gnädischen Herrschaft Befehl ist das hier gestandene Listsche Haus niedergerissen und wider dem flüchtigen Mörder mit der Acht versehen worden. Nachdem nun Nicol List den 5. November wegen der beiden hier begangenen Mordtaten zu Hartenstein in die Acht erklärt worden, ist er wegen anderer Übeltaten zu Greiz gefänglich eingekommen und von da nach Hof geführet, hier nächst aber, ob ihm schon daselbst ein scharfes Todes-Urteil gesprochen worden, dennoch als ein Miträuber der kostbaren güldenen Tafel zu Lüneburg erst nach Celle gebracht, allwo er wegen bekannten vielen wichtigen Beuten, 9 Kirchenrauben und dieser Mordtaten willen den 23. Mai 1699 seinen Lohn empfangen, da er von unten auf mit 8 Schlägen zerschmettert, ihm noch lebend, der Kopf mit einem Beil abgehauen, selbigen auf den Pfahl genagelt, der Körper aber auf einem Scheiterhaufen zu Pulver verbrennet worden.

Nicol List führte zur Tarnung in Beutha ein unbescholtenes Dasein als Pferdehändler. Als sein Doppelleben durchschaut worden war, erschoß der Räuber seine Verhafter. List, der in Norddeutschland zahlreiche Kirchen ausgeraubt hatte, nannte sich Freiherr von Mosen und umgab sich mit einem eigenen Hofstaat. Von dessen sagenhaften Ausschweifungen schwärmten noch Generationen frustrierter Ehemänner. Nach seiner erneuten Gefangennahme wurde List und seinen Räubergesellen der Prozeß gemacht. Die zwei anderen Steine an der Friedhofsmauer tragen die Lebensdaten der ermordeten Hartensteiner Bürger.

Fährt man von Hartenstein Richtung Beutha, so kommt man zu dem **Dorf Raum**. Hier finden wir ein sehr schönes Fachwerkgebäude: das Gasthaus »Grüne Tanne«. Dieses Gebäude aus dem Jahr 1652 wurde von den Schönburgern verpachtet. Einige Jahre soll Nicol List Pächter gewesen sein. Bis Anfang der 80er Jahre war die Grüne Tanne eine beliebte Traditionsgaststätte mit historischem Flair. Aber wie so oft im Erzgebirge hat sich der Charakter der Gaststätte durch den Umbau nicht erhalten können. Eine Einkehr lohnt sich aber heute noch, nicht zuletzt, um etwas historischen Räuberwind zu atmen.

3 »IN SCHWARZENBERG IS' WEIHNACHTSMARKT«

Kurzbeschreibung

Schwarzenberg bezeichnet sich selbst gern als Perle des Erzgebirges. Vom zweiten Advent an verwandeln sich die winkligen Gassen und Plätze der Altstadt in einen riesigen Weihnachtsmarkt. Strenggenommen ist Schwarzenberg keine Bergstadt, obwohl die Geschichte dieser kleinen, am Schwarzwasser gelegenen Stadt in engem Zusammenhang mit dem Eisenbergbau steht. In Schwarzenberg und Umgebung wird der Reisende viele historisch interessante Details entdecken können. Die Landschaft bietet trotz Industrialisierung einige Reize.

ANFAHRT	• von Chemnitz: B 169 bis Aue, dann B 101 von Annaberg: B 101 • mit der Bahn: Schwarzenberg liegt an der Strecke Zwickau-Johanngeorgenstadt. Auch nach Annaberg unt. Bhf. besteht ein Eisenbahnanschluß. • mit dem Bus: Von Schwarzenberg gibt es Busanschlüsse nach Chemnitz, Aue und Annaberg sowie in die nähere Umgebung.
AUSKÜNFTE	• Schwarzenberginformation, Oberes Tor 5, 08340 Schwarzenberg, Tel./Fax 037 74/225 40
UNTERKUNFT	• Das Verzeichnis der Fremdenzimmer kann von der Schwarzenberginformation angefordert werden. Die Preise liegen zwischen 15 und 30 DM pro Person mit Frühstück.
SEHENSWÜRDIGKEITEN	• Schloß Schwarzenberg, Museum »Erzgebirgisches Eisen und Zinn«, Obere Schloßstr. (Di-So geöffnet 13-17 Uhr, von Mai bis Okt. zusätzlich 10-12 Uhr) • Kirche Sankt Georgen neben dem Schloß
AKTIVITÄTEN	• Parkgelände Rockelmannpark: Freibad und Tennisplätze • Schwarzenberger Weihnachtsmarkt (vom zweiten zum dritten Advent) mit Märchenumzug und Bergparade

SCHWARZENBERG – DIE WEIHNACHTSSTADT

Die Burg Schwarzenberg hatte schon zu Zeiten Kaiser Friedrich I. – bekannt als Barbarossa – als Bindeglied zwischen den Reichsgutsbezirken Pleißenland und Egerland reichspolitische Bedeutung. Die erste urkundliche Erwähnung im Jahre 1212 hängt mit der Schenkung der Burg durch Kaiser Friedrich II. an den böhmischen König Otokar Premysl zusammen. Da die Lehnsherren deutsche Adlige waren, kam es nicht zu einer eigentlichen böhmischen Herrschaft. 1533 gelangte Schwarzenberg durch Kauf in den Besitz der wettinischen Kurfürsten. Zu dieser Zeit wurde in der Umgegend (Pfarrgut, Bermsgrüner Hänge, Graul bei Wildenau und Rothenberg bei Erla) reger Bergbau auf Eisen betrieben. In der Nähe des Erzes entstanden entlang des Pöhl-, Schwarz- und Muldenwassers eine Vielzahl von kleinen Hammerwerken und Hochhöfen. In Schwarzenberg eröffnete 1539 der erste Kugelhammer und 1574 der erste urkundlich erwähnte Waffenhammer. Während des Dreißigjährigen Krieges wurde Schwarzenberg mehrmals von verschiedenen Kriegsparteien besetzt und hatte schwer unter Brandschatzungen zu leiden. Das eisenverarbeitende Gewerbe stabilisierte sich nach Ende des Dreißigjährigen Krieges wieder und nahm erste industrielle Formen an. Um 1774 war Schwarzenberg das Zentrum der sächsischen Drahtindustrie.

1858 bekam die Stadt einen Eisenbahnanschluß nach Zwickau. Dies förderte erneut einen wirtschaftlichen Aufschwung; der Bahnanschluß gewann aber auch für den Fremdenverkehr Bedeutung. Reisende aus Norddeutschland fuhren von hier aus auf der neuen Karlsbader Straße mit dem Pferdewagen in den beliebten böhmischen Badeort. Die hochwertigen Eisenerzvorkommen aus dem Schwarzenberger Revier wurden ab 1830 seltener, so daß 1881 der Versuch, den Hüttenzweig mit einer neuen Eisenhütte zu beleben, 1884 an der Minderwertigkeit der einheimischen Erze scheiterte. Von nun an wurde die Emailwarenindustrie neuer und wichtigster Industriezweig im Schwarzenberger Raum. Die Kraußwerke exportierten u.a. eine 1895 erfundene Badewanne erfolgreich. Diese Firma bildete für die spätere DDR-Industrie den Grundstock der Waschgeräteherstellung, die vor der Wende in großem Umfang für den Export arbeitete.

Nach dem 2. Weltkrieg entstand im Kreis Schwarzenberg eine historisch einmalige Situation. Aus bis heute nicht geklärten Ursachen wurde der Kreis nach Hitlers Kapitulation bis zum 26. Juni 1945 weder von amerikanischen noch von sowjetischen Truppen besetzt. Am 12. Mai Juni 1945 riefen Antifaschisten und Demokraten die »Freie Republik Schwarzenberg« aus. Die Ereignisse dieser Zeit bilden den Anlaß von Stefan *HEYMS* Roman »Schwarzenberg«.

Kleiner Altstadtrundgang

Das Ensemble der Schwarzenberger Altstadt mit Schloß und Sankt-Georgen-Kirche, auf einem Felsen über dem Schwarzwasser gelegen, bildet eine eindrucksvolle Silhouette. Sie erreichen die **Altstadt** vom Bahnhof aus über die Bahnhofstraße in einem steilen Aufstieg. Durch das untere Tor gelangen Sie auf den **Marktplatz**, der vom ehemaligen Rathaus, einem Jugendstilbau (1907) der Dresdener Architekten Julius Gräbner und Rudolf Schilling, beherrscht wird.

Das älteste erhaltene Bauwerk am Markt ist das ehemalige **Gasthaus zur Sonne**, im Torbogen zur Einfahrt trägt es die Jahreszahl 1677. Bemerkenswert ist die alte Engelsapotheke an der Westseite des Marktes. Nach einem Stadtbrand von 1824 wurden barocke Mansarddächer auf die alten Mauern aufgesetzt.

Durch die Obere Schloßstraße kommt man zum Schwarzenberger Schloß. Die schlichten Häuser dieser Straße entstanden nach 1824. In der Oberen Schloßstraße 5 stoßen Sie auf den kleinen Kulturladen der Familie Bayer. Im Erdgeschoß befindet sich die »Galerie S.«, in der Gegenwartskunst ausgestellt wird. Im Cafe »Piano« im ersten Stock kann man bei irischem Schwarzbier und scharfen Speisen eine erzgebirgische Szenekneipe erleben. Wer es etwas romantischer mag, kann mittwochs und samstags im Weinkeller »Drachen« im gleichen Gebäude internationale Weine »unter der Altstadt« verkosten. Im Hausflur hängen die von Herrn Bayer gesammelten und gerahmten Stasiunterlagen über seine Familie. Die aus heutiger Sicht lächerlich wirkenden Dossiers bieten einen Einblick in die Arbeit von Provinzspitzeln. Rache ist süß.

Dem Schloß vorgelagert ist die **Sankt-Georgen-Kirche**. Baumeister dieser 1690-1699 entstandenen Kirche war Johann Georg Roth aus Lößnitz. Die schöne barocke Inneneinrichtung demonstriert das große technische und künstlerische Können des Ratszimmermeisters Samuel Georg. Ein schmiedeeisernes Altargitter des Schwarzenberger Meisters Zacharias Georgi – es kam 1721 nachträglich in die Kirche – zählt nach Ansicht von Kunsthistorikern zu den besten Schmiedearbeiten jener Zeit.

Gleich hinter der Kirche steht das **Schwarzenberger Schloß**. Von der alten Burganlage kündet nur noch der Bergfried. Die heutige Grundgestalt erhielt das Schloß 1555-1558, als es zum kurfürstlichen Jagdschloß ausgebaut wurde. Von dem Umbau zeugt ein Torschlußstein mit der Jahreszahl 1558 und dem kurfürstlichen Wappen am Zugang zum Schloßhof. Das jetzige Aussehen erhielt das Schloß 1852. Im Schloß kann man das **Museum** »Erzgebirgisches Eisen und Zinn« besichtigen. Die Ausstellung dokumentiert die Schloß- und Stadtgeschichte und widmet sich besonders der Eisenverarbeitung im Schwarzenberger Raum. So werden Modellwerkstätten von Löffelschmieden und Zinngießern gezeigt. Ein großer Abschnitt ist der Meisterschaft sächsischer Zinngießerkunst gewidmet, hier sind Exponate von Gebrauchs- und Zunftzinn zu sehen. Außerdem gibt es eine Klöppelstube aus der Renaissancezeit.

Die Schwarzenberger Altstadt bietet noch eine Menge interessanter Details – den Rittmeistersteig beispielsweise –, die besonders im Winterkleid und in weihnachtlicher Beleuchtung zur Geltung kommen. Wer zur Adventszeit im Erzgebirge unterwegs ist, sollte auf jeden Fall den Schwarzenberger **Weihnachts-**

Bergmannskapelle auf dem Weihnachtsmarkt

markt besuchen. Vom zweiten Advent an verwandelt sich die ganze Stadt in ein Lichtermeer. Schwarzenberg scheint Pate für alle deutschen Weihnachtsmärkte gestanden zu haben. Das Original bleibt allerdings unübertroffen. Was andernorts aus Pappe, hat hier 500 Jahre Tradition.

Ein Bummel durch die weihnachtliche Stadt versetzt einen unweigerlich in sentimentales Schwelgen. Durch die engen Gassen strömt der Duft von gebrannten Mandeln, von Zuckerwatte und Bratäpfeln, erzgebirgische Weihnachtsmusik tönt sachte vom Markt her, und man begegnet Menschen mit leuchtenden Augen und vom Glühwein geröteten Wangen. Die verwinkelten Gassen sind mit Buden gesäumt, in denen neben Süßigkeiten, Glühwein, Base Caps und Strickpullovern, Madonna-CDs und Herrenunterhosen auch erzgebirgische Schnitzerei feilgeboten wird.

Wer sich für das Entstehen der weihnachtlichen Kultfiguren interessiert, dem hilft ein Besuch der **Volkskunststube** Schmidt im Schwarzenberger Nachbarort Bermsgrün (Gemeindestraße, Tel. 222 40) weiter. Der bekannte Erzgebirgsschnitzer Harry *SCHMIDT* stellt eigene Schnitzereien, darunter interessante Miniaturen, zur Schau. Außerdem kann man eine Sammlung historischer Holzbearbeitungswerkzeuge sowie erzgebirgstypische Kunst aus anderen Regionen bestaunen.

Zum Abschluß ein Tip für Liebhaber alter Dampflokomotiven. Im ehemaligen Lokomotivschuppen des **Bahnhofes Schwarzenberg** haben sich Eisenbahnfreunde ein kleines Dorado geschaffen. Die Eisenbahnfreaks sind dabei, den alten Lokschuppen auszubauen und unterhalten eigene Dampflokomotiven. Gelegentlich organisieren sie Sonderfahrten durch das Erzgebirge. Wer sich dies alles anschauen möchte, fragt am besten auf dem Bahnhof nach dem etwas komplizierten Weg. Da der selbstlose Einsatz der Eisenbahnfreunde nur geringe Unterstützung von offizieller Seite erfährt, sind Spenden sehr willkommen.

OTTENSTEIN UND ROCKELMANN

Etwa ein Kilometer südlich von Schwarzenberg erhebt sich die Augengneiskuppel des **Rockelmann**. Von der Stadt aus zieht sich eine Parkanlage mit Rotbuchen, Rhododendren und fremdländischen Nadelgehölzen bis hinauf auf den Berg. Aus zwei Granitsteinbrüchen wurde hier von den Schwarzenberger Nationalsozialisten zwischen 1933 und 1936 eine gigantische Großfeierstätte errichtet. Die archaische Stätte, die bemerkenswerterweise auch heute noch Verwendung findet, bot seinerzeit 30 000 Freunden von faschistischen Things Platz. Schwarzenberg hatte 1939 12 280 Einwohner. Leider vermag sich heutzutage weit und breit niemand mehr an die Veranstaltungen zu erinnern.

Nordöstlich der Stadt Schwarzenberg liegen der **Ottenstein** und der **Totenstein** recht nah beieinander, nur durch das Schwarzwasser getrennt. Diese kleinen Felsmassive werden von größeren Parkanlagen umgeben; Rotbuchen und Weymouthskiefern bestimmen das Parkbild. Von diesen Felskuppen hat man den vielleicht schönsten Ausblick auf das Schloß und die Sankt-Georgen-Kirche. Auch die Fabrikanlagen und Villen aus der Zeit um die Jahrhundertwende bieten von hier aus einen interessanten Anblick. Über die Felskuppen werden mehrere Sagen erzählt. So wird berichtet, daß am Ottenstein ein rheinischer Graf Otto als Einsiedler gelebt hat, nachdem ihm die Entführung einer Schwarzenberger Ritterstochter mißglückt war. Eine andere Sage erzählt von einem Lindwurm am Totenstein, mit dem ein Ritter namens Georg kämpfte. Darauf soll das Schwarzenberger Stadtwappen hinweisen.

Im 18. Jh. suchte der Italiener Pini im Umfeld des Totensteins den nach ihm benannten Schmuckstein Pinit, eine bläuliche, besonders dichte Varietät des Glimmerminerals Muskowit. Ob diese Unternehmung erfolgreich war, ist nicht bekannt.

DURCH DAS OSWALDTAL NACH WASCHLEITHE

Die Gegend nordöstlich von Schwarzenberg wurde zu Beginn dieses Jahrhunderts vom Erzgebirgsverein als touristisches Zentrum ausgebaut. Vom Schwarzenberger Bahnhof aus begeben wir uns in östliche Richtung, am Waschgerätewerk vorbei, überqueren den Mittweidafluß und gelangen in den Schwar-

Köhlerhütte

zenberger Ortsteil Wildenau. Dort orientieren wir uns an dem Wanderwegweiser Richtung Köhlerhütte und Fürstenbrunnen.

Der Weg führt am Oswaldbach entlang. Von links fließt das Sauerwiesenbächel in das Tal. Mineralogisch und bergbaukundlich Interessierte können einen kleinen Abstecher zur ehemaligen **Grube Gelbe Birke** unternehmen. Der Weg dahin führt am Sauerwiesenbächel entlang etwa 500 m in Richtung Norden. In dieser Grube, an die nur noch kleine Halden erinnern, wurde mit einigen Unterbrechungen von 1655 bis 1933 Bergbau auf Zink, Kupfer und Blei betrieben. Unter Mineralienfreunden sind die Halden als Sammelstelle für relativ seltene sekundäre Kupfermineralien wie Linarit und Azurit beliebt.

Ob wir von der Grube aus den direkten Weg über den Fürstenberg wählen oder weiter dem Wanderweg folgen, in beiden Fällen erreichen wir die Traditionsgaststätte »**Köhlerhütte**«. Neben der gastlichen Kneipe lädt im Sommer ein zünftiger Biergarten zum Verweilen ein.

Der Tafel am Fürstenbrunnen entnimmt man, daß man sich wieder auf den Spuren des Prinzenräubers *KUNZ VON KAUFUNGEN* befindet (dem wir bereits im Schneeberger Kapitel begegnet sind). Eine gute Gelegenheit, sich mit Kunz und seiner Untat näher zu beschäftigen.

Der sächsische Herzog und Kurfürst Friedrich II., genannt Friedrich der Sanftmütige, lag mit seinen Brüdern Wilhelm und Friedrich in Fehde. Aus Erbstreitigkeiten entbrannte ein Bruderkrieg. Auf kaiserliche Mahnung wurde dieser 1451 im Friedensschluß zu Pforta beigelegt. Im Bruderkrieg leistete Kunz von Kaufungen als Schloßhauptmann in Altenburg und Obrist eines Regimentes Friedrich dem Sanftmütigen treue Dienste. Von Kunz wird berichtet, daß er ein tapferer Kämpfer war – wenn auch mit unfeinen Methoden.

Vor dem sächsischen Bruderkrieg war Kunz von Kaufungen Herr über mehrere Güter im Thüringischen. Als diese in den Kriegswirren geschleift wurden, bekam er vom Kurfürsten als Dank die meißnischen Güter Kriebstein und Schweikershain. Der Friedensschluß zu Pforta sah jedoch vor, den status quo ante wiederherzustellen. Kaufungen wurden also die Güter wieder entzogen, und zwar entschädigungslos. Es kam zum Rechtsstreit mit seinem früheren Herrn. Inzwischen holte sich der Kurfürst Gut Schweikershein mit Waffenhand zurück und hielt dem Kunzen frühere, nicht gerade saubere Beutezüge vor.
1448 hatte der Kunz vor Leipzig einen Kaufmannszug überfallen und beraubt. Einer der Kaufleute kam dabei um. Diesen damals durchaus üblichen Fall wollte der in seiner Ehre gekränkte Kunz nicht in den Rechtsstreit mit einbeziehen, er soll sogar dem Kurfürsten gedroht haben, sich an dessen eigen Fleisch und Blut zu rächen. Im Altenburger Schiedsspruch vom 25. Juni 1455 – der Fall beschäftigte Doktoren und Schöffen in ganz Sachsen – wurde Kunz von Kaufungen endgültig zum Verlierer. Sein Besitz sollte eingezogen und er des Landes verwiesen werden. Man berief sich u.a. darauf, daß er seine Klageschrift einen Tag zu spät eingereicht hatte. Der in Ungnade gefallene Ritter schäumte vor Zorn und wollte sich bitter am Kurfürsten rächen.
Gemeinsam mit einigen verbündeten Edelleuten wartete er auf den richtigen Zeitpunkt, um seinen finsteren Plan durchzuführen. Kunz wollte sein Recht durch die Entführung der sächsischen Prinzen Ernst und Albrecht erzwingen. Am 7. Juli 1455 war es soweit. Von einem bestochenen Küchenjungen im Altenburger Schloß erfuhr Kunz von der Abwesenheit des Kurfürsten und seines Gefolges. Mit Hilfe seiner Freunde stieg der Kaufunger über Leitern in das Altenburger Schloß und raubte die kleinen Prinzen. Daraufhin ließ er dem Kurfürsten ein Schreiben zukommen, in dem er sich zu seiner Tat bekannte, und floh mit seiner Beute in Richtung Böhmen. Der eilig herbeigerufene Kurfürst erließ sofort den Befehl zur Verfolgung. Sämtliche Glocken in Sachsen läuteten Sturm. Hinter Stollberg teilte sich des Kunzen Zug (siehe Wanderung zur Prinzenhöhle Hartenstein). Kunz mit Prinz Albrecht fuhr gen Waschleithe und soll an einer heute versiegten Quelle, dem Fürstenbrunnen, eine kurze Rast eingelegt haben. Ob bei dieser Gelegenheit tatsächlich ein Köhler namens Georg Schmidt den Kaufunger überwältigt hat, ist historisch nicht sicher. Auf jeden Fall wurde hier Prinz Albrecht befreit, und Kunz saß wenig später als Gefangener im Kloster Grünhain. Für ihn endete die Entführung in Freiberg unter dem Beil des Henkers.

Diese Geschichte inspirierte 1822 finanzkräftige Freunde der sächsischen Monarchie zur Errichtung eines Fürstenbrunnens. Bei seiner Einweihung sollen sich mehr als 10 000 Menschen zu einem Volksfest getroffen haben. Der Umstand, daß ein einfacher Köhler die kurfürstlichen Prinzen errettet haben sollte, wurde als Beweis der Treue der einfachen Menschen zu ihrem Kurfürsten gefeiert. Vielleicht war es aber auch bloß wegen des Freibiers. Da dieses Denkmal in der

Folgezeit hin und wieder von nicht sehr untertänig fühlenden Menschen verunstaltet wurde, dachte man über die Errichtung einer bewirtschafteten Schutzhütte nach. Mit Hilfe des sächsischen Königs wurde diese Idee 1838 in die Tat umgesetzt. Zur Einweihung erschien König Friedrich August II. persönlich, und Tausende feierten erneut, diesmal die Eröffnung des Gasthauses.

Die Köhlerhütte in ihrem heutigen Gewand wurde 1934 vom Chemnitzer Architekten *WAGNER-POLTROCK* entworfen. Ihr Aussehen hat sich nicht wesentlich verändert, allerdings sind nicht mehr alle historischen Einrichtungsgegenstände vorhanden. Das der Gaststätte angeschlossene Jagdzimmer wurde erst 1960 angebaut. In der Köhlerhütte (Di-So 8-21 Uhr, Sa bis 22 Uhr geöffnet) kann man in erzgebirgischer Atmosphäre über des Kunzen Taten sinnieren.

Nicht weit von der Köhlerhütte entfernt liegt das **Schaubergwerk Herkules-Frisch-Glück** (Mai-Sept. täglich 9-16 Uhr, Okt.-Mai Mo-Fr 9-15 Uhr). Es vermittelt einen guten Einblick in den Bergbau einer Skarnerzlagerstätte. Skarnerze sind Schwefelverbindungen von Eisen, Kupfer, Blei, Zink, Arsen und anderen Metallen, die in Nachbarschaft von Marmor auftreten. So wurde in dieser seit 1705 bestehenden Grube neben den Erzen ein großer Anteil Marmor gefördert. Die Skarnerze sind typisch für die Schwarzenberger Gegend. Dieses Bergwerk wurde bereits 1922 durch den Erzgebirgsverein als Schaubergwerk eingerichtet.

Geht man vom Schaubergwerk weiter in östliche Richtung, so erreicht man bald die Ortschaft **Waschleithe**. Dem wachsamen Auge werden rätselhafte Mauerreste unten an der Straße nicht entgehen. Der Kenner identifiziert spätgotische Merkmale. Es handelt sich um die Ruine der Oswaldkirche, im Volksmund **Dudelskirche** genannt. Die Kirche hat vermutlich als Wallfahrtskirche gedient und liegt seit 1533 wüst. Folgende Sage dreht sich um diesen Ort:

Zu jener Zeit soll ein reicher Hammerherr namens Caspar Klinger gelebt haben. Diesen hatte sein Reichtum so übermütig gemacht, daß er keinem Gruße, selbst von seiten solcher Personen, die mit ihm auf gleicher Stufe standen, zu danken sich herabließ. Dem begegnete einst ein ebenso reicher Bergherr aus Elterlein namens Wolf Götter. Letzterer rief ihm ein freundliches Glück auf zu. Allein Klingerer hielt es abermals für unter seiner Würde, dem Grüßenden zu danken. Götterer sagte ihm darob einige harte, beleidigende Worte. So stolz der Hammerherr war, so rachsüchtig war er auch, und er beschloß auf der Stelle, seinen Beleidiger für seine freimütige Rede büßen zu lassen. Er teilte seinem Bruder seinen Plan mit. Eines Tages hatten sie ausgekundschaftet, daß der Bergherr allein zu Hause sein werde, weil die gesamte Dienerschaft zu einer Belustigung gehen wolle. Es gelang ihnen, sich in die Wohnung Götterers einzuschleichen, wo sie den Unglücklichen mit einem Beile ermordeten. Weit entfernt, ihr Verbrechen, dessen sie sich freuten, zu leugnen, stellten sie sich selbst dem Gerichte. Dies verurteilte sie zum Tode. Als sich aber der reiche Hammerherr erbot, zur Sühne jenen Mordes eine Kirche zur Ehre des heiligen Oswald zu erbauen und auch die Armen der Stadt Elterlein

reichlich zu beschenken, hatte das Gericht kein Bedenken, die Todesstrafe in diese Geldbuße zu verwandeln. Auch fackelte Klinger nicht lange, sein Versprechen einzulösen. Er ließ Arbeitsleute, so viele wie ihrer nur kommen wollten, für seinen Bau anwerben, Bauholz in seinen Wäldern schlagen und Steine in seinen Steinbrüchen brechen. Auch zahlte er mit vollen Händen, und so verging kein Jahr, bis die Kirche fertig war. Nun ließ er es auch nicht an reicher Ausschmückung des Inneren fehlen. Kanzel und Altar wurden von den geschicktesten Künstlern äußerst prachtvoll gearbeitet. Eine herrliche Glocke zierte den Turm. Schließlich wurde alles zur Einweihung vorbereitet. Doch da zog an dem Morgen, an dem sich die Geistlichkeit anschickte, das neu erbaute Gotteshaus zu weihen, ein furchtbares Gewitter über das Tal herein. Man zögerte, die Prozession beginnen zu lassen. Selbst der Glöckner weigerte sich, die Glocke ertönen zu lassen, bevor nicht das Unwetter vorüber sei. Da wurde Klinger ungeduldig und schwur hoch und heilig, daß ihn nichts abhalten solle, das einmal begonnene Geschäft zu vollenden. Wenn es niemand anders tun wolle, werde er selbst in die Kirche eilen und das Geläut zum ersten Male in Betrieb setzen. Zwar versuchten die Priester, ihn von diesem Beginnen abzuhalten, aber umsonst. Er stürzte in den Turm und fing an, die Glocke zu ziehen. Aber sonderbar, dieselbe klang wie ein Armesünderglöckchen. Auch fuhr ein Blitzstrahl aus dunkler Wetterwolke herab in den Turm, tötete Klinger und zündete die Kirche an. Niemand wagte, den Brand zu löschen, denn jeder sah hierin das Gericht Gottes. So waren in kurzer Zeit von dem schönen Bau nur noch die Mauern übrig. Seitdem wagte es niemand, die Kirche wieder aufzubauen. Klingers Leichnam wurde zerschmettert im Turme gefunden und am Rande des Waldes eingescharrt. Die Umwohner aber erzählen sich, daß sein Geist ruhelos umher irre und den zufällig dorthin verirrten und bei seinem Anblick ängstlich davonfliehenden Wanderer grüße. Sein Herumirren müsse solange dauern, bis ihm für seinen Gruß gedankt werde. Seinen Bruder hatte die Strafe Gottes schon vorher ereilt. Denn noch bevor das Gericht das Urteil gesprochen hatte, war er vom Pferde gestürzt und hatte sich den Hals gebrochen.

Wanderern, die an Produktivgeschichte interessiert sind, sei an dieser Stelle noch ein kurzer Abstecher nach Süden in Richtung Raschau empfohlen.

Abstecher ins Bergbaurevier Graul

Südlich der Dudelskirche erreichen Sie zunächst die Gaststätte und Pension »Oswaldtal« (11-21 Uhr). Nur einen halben Kilometer entfernt begegnet man einer weiteren Gaststätte, der »St. Katharina« (Mo-So 8-22 Uhr, Fr bis 24 Uhr, Di Ruhetag). Letztere ist nach einer ehemaligen Grube benannt. Wir befinden uns jetzt im Schwarzenberger **Bergbaurevier Graul**. Dieses Revier, das im 15. Jh. erschlossen wurde, ist in mancherlei Hinsicht beachtenswert. Die schon beschriebenen Skarnerzlager sind am Graul durch Wismut-Kobalt-Nickel-Silber-Uran-Erzgänge ergänzt. Diese Konstellation machte das Grubenfeld im letzten

Jahrhundert zu einem der bedeutendsten Sachsens. Auch die Wismut baute nach dem Krieg hier kurzzeitig Uran ab. Ein interessanter Gebäudekomplex ist der des Fröhlichen Bergmannes, etwa 500 m westlich von der St. Katharina im Schwarzbachtal. Dieses Gebäude war einst ein Huthaus mit einem dazugehörigen Pochwerk. Ungefähr 500 m südlich der St. Katharina kommt man zum einstigen **Kalkwerk Langenberg**. Von der Straße her sieht man schon von weitem die Brennöfen. Der dolomitische Kalkstein, der in den eigenartigen Kalköfen gebrannt wurde, stammt aus einem kleinen Kalklager gleich neben den Öfen. Der mit Wasser vollgelaufene Bruch wird heute als Angelgewässer genutzt.

Unsere Hauptwanderroute führt uns jedoch immer nach Norden in Richtung Waschleithe.

Kalkofen

Waschleithe

Waschleithe ist eine mittelalterliche Zinnseifnergründung. Zinnseifen waren für das Erzgebirge im Mittelalter von großer Bedeutung. Sie ähneln den Goldseifen. Das Zinn kommt in der Natur mit Sauerstoff gebunden als Zinnstein (mineralogische Bezeichnung: Kassiterit) in sauren Gesteinen, im Erzgebirge meist im Granit, vor. Da der Zinnstein bei der Verwitterung des Granites erheblich schwerer als die ihn begleitenden Mineralien ist, reichert er sich im Fluß- oder Bachbett in entsprechenden Zonen an. Die Zinnseifner wuschen den Zinnstein mit Pfannen aus den Bachsanden. Das Zinn gewannen sie durch Verhütten mit Holzkohle; letztere bindet den Sauerstoff des Zinnsteins.

Heute zieht Waschleithe als Naherholungsziel viele Besucher an. Die Hauptattraktion des Ortes ist das weithin bekannte **Kleine Erzgebirge**. Im »Heimateck« (Talstraße 12) werden im Sommer in einem kleinen Park erzgebirgische Bauwerke und Begebenheiten originalgetreu im Maßstab 1:40 gezeigt. Viele Objekte sind, mit Wasserkraft oder Motoren betrieben, als bewegliche Szenen dargestellt. Einige Besucher erfreuten sich so an den Miniaturen, daß manche Figuren neu geschnitzt werden mußten. Ein zweites »Kleines Erzgebirge« ist übrigens in Oederan zwischen Chemnitz und Freiberg zu besichtigen.

Hinter der ehemaligen Traditionsgaststätte »Osterlamm« (z.Z. geschlossen) öffnet im Sommer ein kleiner Biergarten mit Spielplatz und Minigolfanlage. Vor dem Biergarten zeigt eine anschauliche Übersichtstafel die Wanderrouten rund um Waschleithe. Dahinter ist der Eingang zum kleinen Tierpark. Hier kann man die Tiere des Erzgebirgswaldes in Freigehegen aus der Nähe betrachten.

ÜBER GRÜNHAIN, MOOSHEIDE NACH ZWÖNITZ

MÖNCHE, MÖRDER, KNOCHEN-STAMPFE

Fährt man vom Osterlamm die Straße in nördliche Richtung, gelangt man nach reichlich zwei Kilometern an ein Straßendreieck. Wir wählen die Richtung Grünhain und erreichen bald darauf den Ort. Hier befand sich im Mittelalter das **Kloster Grünhain**.

Die alte Salzstraße von Halle nach Böhmen, 1118 erstmals urkundlich erwähnt, führte hier hindurch. 1233 erwarb der Zisterzienserorden in Grünhain und Umgegend mehrere Besitzungen. Bereits um 1240 umfaßte die Klosterherrschaft zehn Dörfer, wenig später waren schon 56 Dörfer und 3 Städte unter Grünhainer Herrschaft. Die Besitzungen erstreckten sich bis nach Jena und in Böhmen bis in die Gegend um Kaaden und Saaz. Neben dem üblichen Naturalienhandel hatte das Kloster Einkünfte aus dem Berg- und Hüttenwesen, aus verschiedenen Schneide-, Getreide- und Papiermühlen sowie aus den Kalksteinbrüchen. Sogar Weingüter an Saale und Eger nannte das Kloster sein eigen. Die reichen Jahre sollten aber bald vorüber sein.

Im Zuge der Reformation und der damit verbundenen Säkularisierung verlor das Kloster Macht und Einfluß. Während der Bauernaufstände um 1525 versagten die Bauern dem Abt den Gehorsam; es soll zu Plünderungen gekommen sein. Bereits um 1536 verfiel das Kloster. Die reiche Klosterbibliothek gelangte mit Hilfe des sächsischen Kurfürsten an die Universität Wittenberg und später an die 1558 gegründete Jenaer Universität. Auch bedeutende Kunstdenkmäler fanden neue Besitzer. So standen der Taufstein der St. Annenkirche von Hans Witten in Annaberg und der Altar in der Cranzahler Kirche von Peter Breuer ursprünglich im Grünhainer Kloster.

Von der einstigen Größe des Klosterareals zeugen heute nur noch die über einen Kilometer lange Bruchsteinmauer und der Fuchsturm. In letzterem saß übrigens der Prinzenräuber Kunz von Kaufungen in Haft. Um das Kloster ranken sich viele Sagen und Geschichten. So soll bereits im 15. Jh. ein Pater den Annaberger Bergsegen vorhergesagt haben. Eine andere Sage berichtet von einem Mönchsgesicht, das an der Klostermauer die Leute erschreckt haben soll. Am Klosterplatz erinnert ein Wasserspeier mit einem Mönchsgesicht daran. Auch soll die Klosterkirche zwölf lebensgroße Apostel aus Silber und einen Heiland aus Gold besessen haben, was über Jahrhunderte Schatzsucher anzog.

Eine Schatzsuche ganz anderer Art kann man unweit der kleinen gemütlichen Gaststätte »Moosheide«, zwei Kilometer nördlich an der Straße nach Zwönitz, veranstalten.

Geschichten über Moosheide

In diesem Gebiet wurden im letzten Jahrhundert umfangreiche Torfstiche betrieben; zeitweise waren bis zu 200 Arbeiter, vor allem aus dem Böhmischen, hier beschäftigt. Eine Siedlung am Moosbach nannte man noch zu Beginn dieses Jahrhunderts Negerdorf, was wohl von den schwarzen torfverschmierten Gesichtern herrührte. Für den botanisch Bewanderten dürften die vermoorten Waldstellen von Interesse sein. So kommen unter anderem die Moosbeere (Vaccinium oxycoccus), das Scheidenwollgras (Eriophorum vaginatum) und das zartviolett blühende Sumpfveilchen (Viola palustris) vor.

Mit der Gaststätte »Moosheide« verbinden sich mysteriöse Geschichten. Die alte Gastwirtschaft mußte den Torfstichen weichen, die heutige »Moosheide« wurde 1872 200 m entfernt eröffnet. Über dem Haus lag nun ein Fluch. In den Jahren von 1872 bis 1875 geschah es immer wieder, daß Durchreisende im dunklen Wald zwischen Grünhain und Zwönitz verschollen. Die Spuren führten jedesmal zu dem unheimlichen Häusl inmitten des Waldes. Der Bruder eines Verschollenen stellte Nachforschungen auf eigene Faust an und ertappte den mörderischen Wirt in flagranti. Im Handgemenge erschlug er den Übeltäter just mit jenem Beil, durch das auch dessen Opfer den Tod fanden. Die Forstverwaltung setzte einen neuen Wirt ein. Auch dieser ging üblem Handwerk nach. Er betrieb im Hinterraum der Wirtschaft eine Geldfälscherwerkstatt und landete schließlich im Zuchthaus. – Doch die Moosheide bietet nicht nur Gruselei, sondern auch Schätze. Ende des 2. Weltkrieges hat die Wirtin mehrere Kisten besten französischen Cognacs vergraben. Nach Kriegsende konnte sich die durch die Ereignisse verwirrte Frau nicht mehr an das Versteck erinnern, so daß die originalverpackten Kisten mit dem verlockenden Inhalt noch heute auf Finder warten (Di-Do 9-15 Uhr, Fr-So 10-19 Uhr, Mo Ruhetag Tel. 037 754/22 55).

Bei gutem Wetter kann man vom Gasthaus »Grünhain« direkt nach Geyer wandern. Diese reichlich zehn Kilometer lange **Wanderung** führt am Naturschutzgebiet Hermannsdorfer Wiesen entlang. Die faszinierende Moorwiesenlandschaft birgt manche botanische Seltenheit; so finden sich einige Pflanzen erst in Nordeuropa oder in ozeanischen Bereichen wieder. Von den vielen Arten möchten wir nur einige nennen. Es finden sich hier so seltene Orchideen wie der Weichwurz (Hammarbya paludosa), eine fingerhohe grüne Orchideenart. Aber auch fleischfressende Pflanzen sind hier zu finden: Sonnentau (Drosera rotundifolia), Fettkraut (Pinguicula vulgaris) und der Wasserschlauch (Utricularia Minor). Die Moosbeere (Oxycoccus palustris) war schon den Eiszeitmenschen als Obstart bekannt.

Zwönitz

Zwönitz ist ein schmuckes Industriestädtchen mit einem sehr malerischen Markt. Wer sich Zeit für einen ausführlicheren Bummel nimmt, wird hier manch idyllischen Winkel entdecken. Vor dem 2. Weltkrieg war im Ort bedeutende Industrie angesiedelt. Hier befanden sich die Trommlerwerke, der größte Kinder- und Jugendschuhhersteller Deutschlands. Auch Siemens und die berühmt-berüchtigten Mauserwerke hatten hier Fertigungsstätten. In Verbindung mit der Produktionsgeschichte möchten wir auf drei interessante Museen in der Gegend um Zwönitz hinweisen.

Im Stadtteil Niederzwönitz befindet sich das technische **Museum Papiermühle** (Köhlerberg 1, Tel. 037 75/426 90, Di-So 9-18 Uhr geöffnet). Dieses in Deutschland einzigartige Museum beherbergt in einem alten Fachwerkbau eine mit Wasserkraft betriebene, voll funktionsfähige Schauanlage zur Pappenherstellung aus dem vorigen Jahrhundert. Zum Inventar gehört eine nachgestaltete Handpapiermacherwerkstatt. Daneben lädt die schöne Gaststätte »Zur alten Mühle« (Di-Fr 11-14 Uhr, 17-23 Uhr, Sa 11-23 Uhr, So 11-21 Uhr, Mo Ruhetag, Tel. 037 754/26 90) zur Einkehr.

Im nördlichen Nachbarort Dorfchemnitz kann man im **Heimatmuseum »Knochenstampfe«** (Am Anger 1, Tel. 037 75/428 66, Mo-Do 9-12 u. 13.30-16.30 Uhr, Sa-So 14-17 Uhr) eine wasserradgetriebene Knochenmühle besichtigen. Diese aus dem Jahr 1744 stammende Anlage demonstriert, wie aus Tierknochen Knochenmehl gewonnen wurde. Samuel *PUFENDORF*, dem 1632 in Dorfchemnitz geborenen Gelehrten, ist im Heimatmuseum eine Dokumentation gewidmet. Dem Museum ist eine neu errichtete Gaststätte angeschlossen.

Im etwas weiter entfernten Gelenau wird dem Haupterwerbszweig dieser Gegend, der Strumpfwirkerei, im **Deutschen Strumpfmuseum** (Rathausplatz 1, Tel. 037 29/772 52) gedacht. An einem umfangreichen Maschinenpark läßt sich die Geschichte dieses Industriezweiges von ihren Anfängen an verfolgen. Gezeigt wird etwa eine 12 m lange Cottonmaschine, die in Betrieb genommen werden kann. In der Gegend zwischen Gelenau und Meinersdorf sind viele alte Fabrikgebäude aus der Gründerzeit und den 20er Jahren zu finden. Diesen Fabriken sind häufig architektonisch interessante Fabrikantenvillen angeschlossen.

4 *DIE MITTELERZGEBIRGISCHEN ZINNSTÄDTE: GEYER UND EHRENFRIEDERSDORF*

Kurzbeschreibung

Geyer liegt am Rande eines der beliebtesten erzgebirgischen Ausflugsziele: dem Greifensteingebiet mit dem Greifenbachstauweiher. Die Stadt war Wahlheimat des berühmten sächsischen Baumeisters Hieronymus Lotter. Die Geyersche Binge, ein großes eingestürztes Zinnbergwerk, zählt neben der Altenberger Binge zu der größten ihrer Art im Erzgebirge.

AUSKÜNFTE	• Fremdenverkehrsamt Geyer, Markt 1, 09468 Geyer, Tel. 037 346/254
	• Fremdenverkehrsamt Ehrenfriedersdorf, Markt 1, 09427 Ehrenfriedersdorf, Tel. 037 341/21 02
UNTERKÜNFTE	• Verzeichnis über Fremdenverkehrsämter erhältlich
CAMPING	• Greifenbachstauweiher, Tel. 037 346/454
JUGENDHERBERGEN	• Geyer, Anthon-Günther-Weg, Tel. 037 346/346
	• Hormersdorf, Am Greifenbachstauweiher, Tel. 037 346/396
	• Ehrenfriedersdorf, An den Greifensteinen, Tel. 037 346/253
FAHRRADVERLEIH	• Radschlag, August-Bebel-Str. 18, Geyer
SEHENSWÜRDIGKEITEN	• Heimatmuseum im Wachturm Geyer (Di-So 9-12, 13-16 Uhr)
	• Greifensteinmuseum (10-12, 12.30-17 Uhr; Mai, Juni, Sept. Mo Ruhetag, Okt.-April Mo, Di Ruhetag)
AKTIVITÄTEN	• Bade- und Surfmöglichkeit im Greifenbachstauweiher
	• Klettern und Kletterkurse (über Jugendherberge An den Greifensteinen) im Greifensteingebiet
	• Kino und Sommertheater Naturbühne Greifensteine

BINGESTADT GEYER

Die Gründung der Stadt Geyer im Jahr 1467, erste urkundliche Erwähnung 1407, erfolgte im Zusammenhang mit reichen Funden an Silber, Kupfer, Eisen und Zinn. Ab Mitte des 16. Jh. wurde fast nur noch Zinn abgebaut. Eine Folge dieser intensiven Bergtätigkeit waren die großen Bingebrüche von 1704 und 1803, Einstürze von Gruben, die übertage große Senken und Löcher verursachten.

Das Wahrzeichen der Stadt ist der 42 m hohe **Wachturm**, dessen achteckiger Aufsatz zwischen 1561 und 1564 von *HIERONYMUS LOTTER* projektiert wurde. Im Wachturm ist heute in sieben Stockwerken ein wunderschönes **Heimatmuseum** untergebracht. Seit 1908/09 besteht ein Verbindungsgang zur St. Laurentiuskirche. Dort hängt eine Glocke, die mit dem sächsischen Prinzenraub in Verbindung gebracht wird.

Angeblich wühlte eine Sau am Geyersberg eine Glocke aus der Erde. Diese Glocke, die erst nach der Weihung durch einen Priester zu vollem Klang kam, wurde von den Geyerschen Bürgern in die damals noch bestehende Niklaskirche gehängt. Als am 8. Juli 1455 wegen des Verschwindens der Prinzen Ernst und Albrecht in ganz Sachsen die Sturmglocken läuteten, zersprang diese Glocke. Der Kurfürst Friedrich II. ließ daraufhin die Glockenbruchstücke umgießen und mit Szenen und Sprüchen zum Prinzenraub gestalten.

Auf dem alten Friedhof neben der Laurentiuskirche erinnert das Grab von *EVAN EVANS* an den aus Manchester stammenden Mitbegründer der maschinellen Spinnerei Sachsens. Evans lebte von 1812 bis 1844 in Geyer und betrieb in Siebenhöfen bei Tannenberg eine eigene Spinnerei.

Hieronymus Lotter verbrachte die letzten Jahre seines Lebens (bis 1580) auf dem Lotterhof, einem ehemaligen Rittergut am Geyersberg. Der berühmte Baumeister schuf unter anderem das Alte Rathaus in Leipzig und leitete den Umbau der Augustusburg. Lotter besaß übrigens im Greifenbachtal ein eigenes Berggebäude, den Gnade-Gottes-Stollen. An die einstige Schmalspurbahn in Richtung Ehrenfriedersdorf, die im Zuge der Industrialisierung 1888 eingeweiht wurde, erinnert eine Schmalspurlokomotive mit einem Packwagen.

Die Binge

Die Geyersche Binge ist ein Bergbaudenkmal ersten Ranges. Wer unverhofft den gigantischen Kessel betritt, wird überwältigt sein. Von dem eigenwilligen Trichter geht etwas Unberechenbares, Wildes und Gewaltiges aus. Dieser 50 m tiefe, 250 m lange und 200 m breite Einsturzkrater ist durch den 400jährigen intensiven Zinnbergbau verursacht. Das Zinn liegt im Granit in sogenannten Zinngreisen; der Zinnstein kommt hier nicht in Gängen, sondern in massigen Anreicherungen im Granit vor. Der Abbau erfolgte mit Hilfe des »Feuersetzens«. Dabei wird der

Granit untertage mit Feuer erhitzt und dann mit kaltem Wasser bespritzt. Das Gestein wird spröde und läßt sich leichter herausschlagen. Unter diesem Verfahren leidet die Festigkeit des Grundgesteins; riesige Einbrüche folgten.

Ab 1851 nutzte man die Bruchmassen als Rohstoff für Granitwürfel und Schotter. In den Bruchmassen wurden immer wieder Zinnstein, Arsenkies und Wismut gefunden, so daß man in den Jahren von 1907 bis 1913 und um 1958 versuchte, das Gestein zu gewinnen. Am Rand der Binge stehend, kann man mit einem Fernglas noch genau die alten Strecken und Weitungen des Feuersetzens erkennen.

Wachturm in Geyer

DIE GREIFENSTEINE

ODER WIE DER STAMMTISCH AUS GEYER DEN DRAMATISCHEN FUTURISMUS BESIEGTE

Eines der populärsten Ausflugsziele des Erzgebirges ist das Gebiet um die Greifensteine und der benachbarte Greifenbachstauweiher nördlich von Geyer. Entsprechend ist die Touristendichte. Kaum ein Weg, auf dem uns nicht schon nach kurzer Zeit jemand entgegenkommt, kaum eine Bank, auf der noch niemand sitzt, kaum ein Pilz, um den sich nicht schon drei Sammler streiten.

Außerhalb der Saison aber können Sie hier beschauliche Wanderungen und im Winter zünftige Skitouren unternehmen. Als Quartier sei Ihnen die gemütliche Jugendherberge unweit der Greifensteine empfohlen. In dieser rustikalen Wanderhütte hält man noch die Traditionen des alten Erzgebirges in Ehren, was nicht nur den Traditionen, sondern auch dem Gast zugute kommt.Und wenn im Winter draußen der Sturm heult und alle Eintretenden von der grimmige Kälte gezeichnet nach einem steifen Grog verlangen und sich dann zu uns an den Tisch setzen, dann zieht in das kleine Häusl eine behagliche Atmosphäre ein. Selbst erbitterte Folklorefeinde werden die aus dem Recorder trällernden »Caldarellis« mit ihren erzgebirgischen Weisen dann nicht mehr störend finden (Ehrenfriedersdorf, An den Greifensteinen, Tel. 037 346/253).

Die bizarren Granitfelsen der **Greifensteine** sind bereits seit den Kindestagen des erzgebirgischen Fremdenverkehrs das Ziel von Wanderern und Bergsteigern. Und auch heutzutage turnen verwegene Gestalten über den Köpfen der

Greifensteine

herausgeputzten sonntäglichen Herrschaften an den überhängenden Felsen herum. In unmittelbarer Nachbarschaft finden auf der Naturbühne in den Sommermonaten Theatervorstellungen vor einem begeisterten Publikum statt. Die Emphase ist freilich von schlichterem Gemüt. Denn insbesondere die Karl-May-Inszenierungen erfreuen sich hier ausgesprochener Beliebtheit. Als jedoch in den achtziger Jahren junge Berliner Theaterleute es wagten, avantgardistische Experimente auf die ehrwürdige Felsenbühne zu bringen, kannten die Gebirgler keinen Pardon. Eine dickbäuchige Bürgerwehr vom Stammtisch aus Geyer fackelte nicht lange und versohlte den Nachwuchstalenten in einem mitternächtlichen Einsatz den Hosenboden. Die Dorfpolizei stand Schmiere. Und als die verbleute Avantgarde am nächsten Tage Anzeige erstatten wollte, konnten die Hüter von Ordnung und Sicherheit schon mit Ermittlungsresultaten brillieren: gegen die Verfechter des dramatischen Futurismus im Erzgebirge lag bereits eine Anzeige wegen Körperletzung vor, unterschrieben von 10 Zeugen – dem Stammtisch aus Geyer. Dies war das Ende des Neuen Theaters im Erzgebirge. Solch plebejische Niedertracht sprengt den gutwilligen Diskurs jedes modernen Dramatikers.

Nördlich der Greifensteine befindet sich die **Stülpnerhöhle**. Glaubt man der Überlieferung, so schlüpfte der Erzgebirgsheld *KARL STÜLPNER* – ein Freischütz und Rächer der Armen – in die Höhle, wenn ihm wieder mal die landesherrlichen Verfolger auf den Fersen waren. Der Stülpnerforscher Johannes

PIETZONKA zweifelt dies jedoch an. Die Felshöhlen sind durch bergmännisches Feuersetzen entstanden und waren bereits zu Stülpners Zeiten – er lebte von 1762 bis 1841 – eine bekannte Sehenswürdigkeit. Der legendäre Rebell, den die Obrigkeit schlechterdings nicht zu fassen bekam, wird sich gehütet haben, einen solch populären Ort als Versteck zu wählen. Auf Stülpners verwegene Streiche kommen wir noch zu sprechen, wenn wir uns in der Großolbersdorfer Gegend aufhalten.

St. Nikolai in Ehrenfriedersdorf

Im **Bergbau- und Greifensteinmuseum** an den Greifensteinen kann man sich über die mannigfaltigen Besonderheiten des Gebietes informieren. Der **Greifenbachstauweiher** in der Nähe der Greifensteine gehört zu den größten Freibädern des Erzgebirges. Im Sommer bekommen Sie hier kein Wasser und keinen Strand mehr zu Gesicht. Das Gewimmel wirkt wie eine gigantische Versuchsanordnung für die Theoretiker von Massenphänomenen von Reich bis Canetti.

DIE LANGE SCHICHT VON EHRENFRIEDERSDORF

Vom Greifensteingebiet aus können Sie auf verschiedenen Wegen ins Tal hinab nach Ehrenfriedersdorf schlendern. Die **Pfarrkirche St. Nikolai** beherbergt den eindrucksvollen Flügelaltar von *HANS WITTEN* aus dem Jahr 1507. Witten sind wir schon in der Annaberger St.-Annen-Kirche begegnet. Sein bekanntestes Werk ist die Tulpenkanzel im Freiberger Dom. Zeugnisse seines Schaffens sind außerdem in der Stiftskirche Ebersdorf bei Chemnitz und der Schloßkirche Chemnitz zu bewundern. Der an Veit Stoß und Tilman Riemenschneider geschulte Meister war im 15. Jh die markanteste Persönlichkeit unter den bildenden Künstlern Sachsens. An der Schwelle der Spätgotik zur Renaissance schuf er Werke von europäischem Rang. Die Identität des virtuosen Meisters konnte allerdings erst Anfang des 20. Jh. geklärt werden – bis dahin war er nur als Monogrammist H. W. bekannt. Kurz danach wurde auch der herrliche

Altar der Pfarrkirche Hans Witten zugeordnet. Die Entdeckung sorgte für Furore. Prompt wanderte das Werk in die Kunstmetropole Dresden. Erst energische Proteste Ehrenfriedersdorfer Bürger brachten es an seinen ursprünglichen Platz zurück.

Sehenswert ist das **Zinnbergwerk** am Sauberg hoch über der Stadt. Führungen, die mit einer Seilfahrt in einem Förderkorb hinab in 200 m Tiefe beginnen, werden Montag bis Freitag jeweils 8 und 13.30 Uhr durchgeführt (Mindestalter 14 Jahre, Eintritt 25 DM, Dauer 2-3 Stunden, Tel. 037 341/20 02). Gleichwohl ist die Fahrt mit Vorsicht zu genießen. Möglicherweise gehen Sie sonst in die Ortschronik ein.

Im Jahre 1508 fuhr der Bergmann Oswald Barthel in das Zinnbergwerk am Sauberg ein. Leider verschüttete ein Gebirgseinbruch den Ausgang. Sechzig Jahre später, also 1568 wurde der verfallene Grubenbau wieder aufgebrochen und zum Entsetzen der Bergleute saß Oswald Barthel völlig unverwest in seinem Stollen. Doch die Ehrenfriedersdorfer Groteske wird noch besser. Barthel ist im Berg jung geblieben. Bei der feierlichen Beisetzung eskortieren seine mittlerweile zum Greis gewordenen Kameraden den Sarg. Die alten Männer begraben den seit sechzig Jahren toten Jüngling.

5 *UNTERWEGS IN DEN KAMMLAGEN ZWISCHEN RITTERSGRÜN UND FICHTELBERG*

Kurzbeschreibung

Rittersgrün strahlt etwas Heiteres und Lichtes aus. Zwar blieb auch ihm das erzgebirgische Schicksal nicht erspart. Auf Zeiten sagenhafter bergbaulicher Prosperität folgte der Niedergang. Doch scheint es, als hätte Rittersgrün den Wechsel glücklich überstanden, wenngleich das Auf wie das Ab nie solche Ausmaße erreichte wie etwa in Johanngeorgenstadt. Von Rittersgrün aus lassen sich wundervolle Wanderungen in die Kammregion unternehmen – beispielsweise hinauf zum weltabgeschiedenen Flecken Tellerhäuser oder auf den Fichtelberg.

ANFAHRT	• von Chemnitz B 169 nach Aue, dann B 101 nach Schwarzenberg, Landstraße nach Rittersgrün • von Chemnitz B 95 über Annaberg nach Oberwiesenthal, Landstraße nach Rittersgrün • mit dem Bus: Aue–Schwarzenberg–Rittersgrün–Tellerhäuser
AUSKÜNFTE	• Fremdenverkehrsamt 08355 Rittersgrün, Karlsbader Straße 48, Tel./Fax 037 757/243
UNTERKÜNFTE	• Neben mehreren Pensionen und einer schönen Jugendherberge gibt es über 70 Privatquartiere zum größten Teil in ausgezeichneter Lage. Nehmen Sie sich Zeit für die Auswahl. Kraxeln Sie ruhig einmal die steilen Berghänge hoch – die schönsten Quartiere sind ganz oben zu finden.
SEHENSWÜRDIGKEITEN	• Schmalspurmuseum, Kirchstr. 4, Tel. 440 • Technisches Privatmuseum Weigel, Karlsbader Str. 80, Tel. 216 • das letzte Eigenlöhnerbergwerk des Erzgebirges in Halbmeile • Besucherbergwerk Pöhla Pumpspeicherwerk Markersbach • Wismutsiedlung Antonshöhe • Silberwäsche Antonthal • Fichtelberg, Schwarzenberg
AKTIVITÄTEN	• Waldbad Rittersgrün, Kunnersbachstr. Tel. 339 • Kutschfahrten H. Blei, Bauernweg 7 und M. Lein, Rothen-Adler-Str.5

Ski- und Fahrradausleihe bei der Gemeindeverwaltung; da jedoch das Angebot sehr begrenzt ist, empfehlen wir als Alternative die Skiausleihe in Oberwiesenthal

RITTERSGRÜN – EINE NORMALE ERZGEBIRGISCHE HISTORIE

Rittersgrün – »Ritterschgrie« sagen die Einheimischen – ist ein Ort von eigener Schönheit. Hingestreut in das Pöhlwassertal, wirkt die bunte Ansammlung schmucker Häuschen wie ein lockeres Gewebe. Der Ort entspringt nicht der Willkür eines mittelalterlichen Geometers, sondern ist sanft in die natürliche Struktur des Geländes eingefügt. Er wirkt keineswegs haltlos oder gar chaotisch. Seine Ordnung ist die seiner Umwelt. Er ist ihr zugehörig. Und durch diese Anpassung an das weit geschwungene Pöhlwassertal erhält Rittersgrün eine eigenartige Weite. Der Blick findet Raum zu schweifen, nichts ist eng oder verwinkelt.

Gegründet wurde der Ort Ende des 13. Jh.. Die Bewohner lebten vom Bergbau auf Eisen, Zinn, Kupfer und Silber und von der Weiterverarbeitung der Erze. Nach dem Rückgang der Förderung im 19. Jh. entwickelte sich wie in anderen Bergdörfern das holz- und papierverarbeitende Handwerk. Bis in die 30er Jahre des 20. Jh. hinein war Rittersgrün geprägt von Brettmühlen und Sägewerken, einer Pappenfabrik und in Oberglobenstein Flemmings berühmter Weihnachtspyramiden- und Holzwarenfabrik. Eine Spitzenklöppelei war auch zu finden. Nach dem 1. Weltkrieg entwickelte sich Rittersgrün zu einer gern besuchten Sommerfrische, im abgeriegelten Mikrokosmos DDR schließlich wurde es zu einem überlaufenen Wintersportgelände. 10 000 Feriengäste stießen jährlich auf 2500 Einwohner. Nachdem ab 1954 der Wismutbergbau als ein bis dahin bedeutender Arbeitgeber in den Hintergrund trat, wurden Holz-, Textil- und Verpackungsmittelbetriebe zu den Brötchengebern der Rittersgrüner. Fünf Jahre nach der Wende ist von alledem nicht mehr viel zu sehen.

Lage und Klima

Die **Streusiedlung Rittersgrün** besteht heute aus den Ortsteilen Ober- und Unterrittersgrün, Oberglobenstein, Arnoldshammer, Fritzschberg und Ehrenzipfel. Sie erstreckt sich auf einer Länge von 7 km im Pöhlwassertal – nicht zu verwechseln mit dem Pöhlbach zwischen Oberwiesenthal und Königswalde – fast hoch bis zur tschechischen Grenze. Unweit des Kammes gelegen, wechselt die Höhenlage zwischen 600 und 800 m. Der Ort ist eingebettet in ausgedehnte Wälder, die sich bis zu einer Tiefe von 10 km erstrecken. Rund um den Ort und das Pöhlwassertal entlang in Richtung Tellerhäuser sind elegant gewellte Bergwiesen ein Balsam für entzündete Städteraugen. Besonders im Herbst bieten die Misch- und Nadelwälder rund um den Ort ein Panorama voll eigenwilliger Schönheit. An der Grenze zur Tschechischen Republik prägen vor allem Fichten und Buchen die Szenerie.

Globenstein verdankt seinen Namen den hohen zerklüfteten Felsen, die dicht emporragen und dem dort tief eingeschnittenen Tal einen malerischen Reiz

Rittersgrün

verleihen. Nach Unterrittersgrün zu erweitert und verflacht sich das Tal der Pöhla etwas. Oberrittersgrün hingegen hat den Charakter eines Hochtals. Berge umrahmen den Ort wie ein schützender Wall nach Osten, Norden und Westen. Am Südende des Ortes bilden der 820 m hohe Kopf des Stroblberges, der breitrückige Kassenberg, der spitze Kegel des Taubenfelses und der 831 m hohe Fritzschberg eine großartige Gebirgsszenerie.

Die Besucher Rittersgrüns begegnen einem milden, trockenen Höhenklima. Erholungssuchende werden die Höhenlage und die nebelfreie trockene Höhenluft zu schätzen wissen. Zudem ist der Ort außerordentlich windgeschützt. Der hohe Gebirgszug auf der Westseite des Rittersgrüner Tales, der mit dem Fritzschberg die Wasserscheide zwischen Pöhlatal und Schwarzwassertal bildet, hält die feuchten Westwinde und damit einen großen Teil der Niederschläge fern. In einer Broschüre des Erzgebirgszweigvereines aus den 20er Jahren lesen wir gar etwas von den therapeutischen Wirkungen der weitgeschwungenen eleganten Höhenlinien rund um Rittersgrün. Die Beurteilung dieser Behauptung überlassen wir dem Betrachter der Rittersgrüner Bergwelt selbst.

Ortsgeschichte

Dokumente über die Erstbesiedelungen existieren nicht. Man geht davon aus, daß der Raum um Rittersgrün in der zweiten Hälfte des 12. Jh. besiedelt wurde. Vor allem Kloster Grünhain spielte eine Rolle bei der Besiedlung des östlich des Pöhlwassertales gelegenen Terrains, von dem Mauerreste in Grünhain zu be-

Winterlandschaft bei Rittersgrün

sichtigen sind. Um 1200 siedelte Ritter Heidenreich von Grunenhain auf einem Gut desselben Namens. Um das Jahr 1220 stiftete er zum spirituellen Schutz der berühmten Salzstraße von Halle nach Böhmen die Kirche St. Nikolaus – geweiht dem Schutzheiligen der Wege. 1233 wurden Kirche und Gut an den Zisterzienserorden verkauft. Urkunden verraten eine dichte Besiedelung um das Kloster Grünhain im 13. Jh. Das Kloster verfügte im Laufe der Zeit über ausgedehnte Ländereien im Schönburgischen. Wie schon angemerkt, reichten die Besitztümer der Abtei zeitweilig bis nach Kaaden in Böhmen und bis in die Jenaer Gegend. Das Jagdgebiet der Zisterzienseräbte etwa befand sich im Kühberger Wald bei Jöhstadt.

Der Keilberg bildete im 15. Jh. ein Dreiländereck. Im böhmischen Südosten lag die Grafschaft Schlick, nach Nordwesten erstreckte sich das Schwarzenberger Land, den Tettaus gehörig, und im Nordosten verfügten die Schönburger über Land. Sie hatten 1406 die Grafschaft Hartenstein durch Verpfändung erhalten. Auf der Schlauderwiese am Keilberg steht – als Zeuge dieser Grenzziehung – ein **Dreiländerstein**. Der Volksmund nennt den in 1165 m Höhe gelegenen Rainstein »dreieckite Raastaa«. Das Pöhlwassertal bildete nach Nordwesten zu die natürliche Grenze zwischen den schwarzenbergischen und den schönburgischen Gütern.

In den 30er Jahren des 13. Jh. begann der Tettauer als Schwarzenberger Grundherr, östlich des Pöhlwassers Land zu verpachten. Der erste Siedler – so berichtet die Ortschronik – war ein gewisser Nisius Leb aus Breitenbrunn. Er zahlte in diesem Jahr einen Michaeliszins von 2 1/2 Groschen. Die Amtsrechnung vermerkt: »Ryttersgruen Ist eyn heuslein.« Da hier kaum von einer Siedlung gesprochen werden kann, gehen die Ortschronisten davon aus, daß bereits auf der östlichen Seite der Pöhla, also auf schönburgischem Gebiet, eine Siedlung dieses Namens bestanden haben muß. Gleichwohl könnte dies Aufschluß über die Namensgebung bringen. Die Ortsendung »-grün« läßt auf fränkische Ursprünge schließen. Eine Abstammung von den Grünhainer Zisterziensern, die aus Franken eingewandert waren, liegt damit nahe. Denn um 1240 gehörte das Gebiet um Rittersgrün bereits zu Kloster Grünhain, das seinerseits mitten im Schönburgischen lag. Als 1559 das schönburgische Gebiet an Kursachsen abgetreten wird, ist im Übergabedokument Rittersgrün verzeichnet.

Die verbreitetste ländliche Siedlungsform des Mittelalters ist das Waldhufendorf. Hinter den im Siedlungskern gelegenen Gütern ziehen sich, zum jeweiligen Gut gehörig, schmale Felder bis zur Rodungsgrenze hinauf. Im Gegensatz dazu ist Rittersgrün eine typische Streusiedlung. Dies erlaubt Rückschlüsse auf den Zweck der Ansiedlung. Landwirtschaft konnte auf den kargen und steinigen Berghängen nur in beschränktem Maße betrieben werden; allerdings entstand mit der landwirtschaftlichen Urbarmachung ein großer Bedarf an hölzernen und eisernen Arbeitsmitteln. Rittersgrün ist ein Resultat fortschreitender Arbeitsteilung in der Herstellung solcher Werkzeuge und Geräte und in diesem Sinne eine spezialisierte Siedlung. Voraussetzungen für die Produktion waren 1. Eisenerzvorkommen, 2. Wasserwege, auf denen Flößerei betrieben werden konnte, und schließlich 3. Waldwirtschaft mit Köhlerei, um das Erz verhütten zu können. Dies alles war im Gebiet um Rittersgrün gegeben.

Die Zechen

Für die wirtschaftliche Entwicklung waren die Eisenerzgruben von herausragender Bedeutung. Um 1590 existierte bereits an der Burkhartsleithe, am Nordhang des Pöhlwassertals zwischen Ehrenzipfel und Zweibach, ein Eisensteinbergwerk. Im 17. Jh. arbeitete auf dem Gebiet des heutigen Rothenbergs, dem damaligen Glimmerberg, die Zeche »Glimmer«. Sie belieferte Hütten in Pöhla und Markersbach und Hammerwerke in Rittersgrün, Erla und Schwarzenberg. Insgesamt sind um Rittersgrün über 30 Eisenerzgruben nachweisbar. Der Ortschronist Gerhard Lang, aus dessen Recherchen wir den größten Teil der hier verwendeten Fakten entnahmen, berichtet: »*Die Leistung von zwei Bergleuten betrug mit Meisel, Schlägel und Eisen sowie Schaufelarbeit bei 10-12stündiger Arbeit 8 m Vortrieb im Jahr.*« Mit mechanischem Bohrhammer und Lademaschine kamen die Wismutbergleute bei 8stündiger Arbeitszeit auf 1,5 m Vortrieb in der Schicht und 330 m im Jahr.

Offiziell nimmt man an, daß die letzte Rittersgrüner Eisenerzzeche der »Rothe Adler« am Hammerberg war. Von 1842 bis 1890 wurden 600 000 Tonnen gefördert. In der Spitzenzeit der Förderung 1871 fuhren 62 Bergleute ein. Das

Huthaus der Grube – ein eingeschossiger Massivbau mit Dachreitertürmchen auf dem Schieferdach – und der 1882 erbaute Pulverturm sind noch vorhanden. Nachdem 1893 der Betrieb eingestellt wurde, bezog 1897 die Druckerei Lange das Huthaus. Der entdeckungslustige Wanderer wird unweit von Rittersgrün auf ein Kuriosum stoßen: das ehemalige **Eigenlöhnerbergwerk** in Halbmeile. Karl Friedrich Lobegott Schmidt (1820-1908), der letzte Eigenlöhner des Erzgebirges, versuchte bis Anfang des 20. Jh. hier sein Glück.

Darüber hinaus gab es in Rittersgrün Zinnbergbau. Zechen arbeiteten am Kaffenberg, am Taubenfels und in der Nähe des Mückenbaches. Die Kupfer- und Silbervorkommen waren zu spärlich, um für den Ort wichtig zu werden. Eine Aussage, die auf den Versuch der SDAG Wismut, hier von1947 bis 1960 Uran zu schürfen, nicht zutrifft. Der hiesige Stollen lieferte den Titel für einen populären DDR-Fernsehfilm: »St. Urban«. Welchen Ruhm dieses Kapitel Bergbaugeschichte Rittersgrün einbrachte, soll in einem speziellen Abschnitt betrachtet werden.

Die Flößerei

Die für die Flößerei charakteristischen Flößgräben, sonst im Erzgebirge häufig zu finden, sind um Rittersgrün herum eher selten. Ein solcher »Kunstgraben« befindet sich am Fritschberg vom Mückenbach bis zur Halbmeiler Straße. Die wasserreichen Bäche in den Kerbtälern nach Rittersgrün hinab erübrigten das Anlegen von Flößgräben. Allerdings mußten die Flußläufe begradigt und reguliert werden. Reste solcher Stauwehre sind am Höllbach zu finden.

Nur bei Schneeschmelze und bei Herbstzeitflut konnte geflößt werden. Diese kurzen Perioden bedeuteten für Flößer und Waldarbeiter härtesten Einsatz. Die über das Jahr gefällten Hölzer mußten auf 9/4 Ellen »abgelängt«, zu den festgelegten Einwurfplätzen gebracht und innerhalb kürzester Zeit eingeworfen werden. 1869 wurde in Rittersgrün das letzte Treibholz geflößt.

Die Köhlerei

Der ständig steigende Holzkohlebedarf der Hammerwerke führte zum Entstehen eines eigenen Berufsstandes: dem der Köhler. Köhlerei setzt gut organisierte Forstwirtschaft voraus. Die Meiler von einem Durchmesser bis zu 12 m verbrauchten je ca. 60 rm. Wie uns die Ortschronik von Gerhard Lang informiert, nahm die Köhlerei solche Ausmaße an, daß es in den Wäldern zu Wüstungen kam. 1560 setzte die kurfürstliche Holzordnung dem ein Ende: »*Tüchtiges, grünes Holz darf nicht mehr in die Meiler kommen, sondern altes, liegendes Holz; ferner Holz, welches den Keil nicht haldet und nicht in Klafter geschlagen werden kann. Deckholz für die Meiler soll nur von jungen struppigen Fichten genommen werden.*«

Die Hammerwerke

Die Entwicklung der Hammerwerke bescherte Rittersgrün eine bewegte Geschichte. Mit viel Pioniergeist wurde eine Vielzahl technischer Meisterwerke geschaffen. Die namhaftesten Hämmer waren der Schmerzingsche Hammer, der Eschersche Hammer und der Arnoldshammer. Für den 1440 von Jakob Kleinhempel gegründeten Schmerzingschen Hammer wird 1582 eine Hochofenkonzession beantragt. Gerhard Lang meint, daß damit zum ersten Mal der Begriff »Hochofen« im Gebirge aufgetaucht sei. Nikolaus Kleinhempel hatte 1580 für den Arnoldshammer eine Hochofenkonzession beantragt, in der der Begriff noch nicht verwendet wurde. Weitere Hämmer soll es in der Nähe der Burkhartsleithe und auf der Hochofenwiese nahe der Goldenhöhe gegeben haben.

Hammermarke

Nach der Entwicklung der Koksöfen, des Walzverfahrens und der Verbesserung des Transportwesens bereiteten die westfälische und die englische Eisenindustrie den sächsischen Fabriken jedoch den Garaus. Der Hammerherr des Arnoldshammers, Johann August von *ELTERLEIN* – eine durchaus liquide Person –, versuchte, durch den Aufbau eines in England gekauften Blechwalzwerkes mit der Entwicklung Schritt zu halten. Die Wasserkraft des vormaligen Hammerwerkes reichte aber nicht aus, Walzwerk und Gebläse zu betreiben. Für den notwendigen Modernisierungsschub hatte das kleine Gebirgsdorf Rittersgrün nicht die nötige wirtschaftliche Potenz, der Anfang vom Ende der bewegten Rittersgrüner Hammerwerksgeschichte. Ein Verlauf, dem wir in den erzgebirgischen Bergdörfern noch oft begegnen werden.

Und fast immer können wir dasselbe »Ausweichmanöver« beobachten. Nach dem Niedergang des Eisenbergbaus und der Hammerwerke entwickeln die unverzagten Gebirgler die holzverarbeitende Industrie zum Haupterwerbszweig. Aus einigen Hammerwerken entstanden direkt Holzschleifereien. Hier wurde aus Holz der Grundstoff für die Papierherstellung gewonnen. Im **Privatmuseum Weigel** an der Karlsbader Str. 80 kann man eine solche Holzschleiferei aus dem Jahre 1880 besichtigen. Nachdem der Holzschliff als Rohstoff für die Papierherstellung durch Zellulose abgelöst wurde, verlegten sich die Schleifereien auf die Pappenproduktion.

Die Rittersgrüner Sägewerke hingegen vermochten bis in die heutige Zeit Abnehmer für ihre Erzeugnisse zu finden. Und noch im Jahre 1925 erfolgte der Antrieb der zahlreichen Sägewerke und Holzschleifereien durch die Wasserkraft der Pöhla.

Eine glücklichere Hand im Versuch, mit der europäischen Entwicklung Schritt zu halten, stellte die im ganzen Gebirge berühmte **Flemmingsche Holzwarenfabrik** unter Beweis. 1864 gegründet, expandierte die kleine Firma schnell und führte bald über 100 Produkte im Angebot. Interessant ist dieser Betrieb aus heutiger Sicht nicht nur ob seiner weltweit bekannten Produkte wie Weihnachtspyramiden, Handwagen und Vogelkäfige, sondern auch wegen seiner industriegeschichtlich bemerkenswerten Leistungen, die man hier oben im Gebirge nicht vermutet. Technischer Pioniergeist verband sich mit dem sozialen Geschick der Betriebsführung und sensibler Marktpolitik, so daß Flemming zu einem 125 Jahre lang florierenden Unternehmen wurde.

Von der ehemals vielgestaltigen Produktionspalette des kleinen Gebirgsdorfes ist fünf Jahre nach der Wende nicht mehr viel übriggeblieben. Neben kleineren Werkstätten arbeiten noch eine Papierhülsenfabrik (die ehemalige Pappenfabrik Junghans), das Kube-Flemming-Fensterwerk, etwas Maschinen- und Werkzeugbau und einige Holzbearbeitungsbetriebe.

Die Wismut in Rittersgrün

Bis Anfang der 60er Jahre baute die SDAG Wismut Uranpechblende bei Sankt Urban ab. Manche Quellen sprechen davon, daß der Abbau bereits Mitte der 50er Jahre eingestellt wurde. Unweit der Jugendherberge, rechts und links der Straße nach Antonshöhe, existierten mindestens zwei Einfahrten von »St. Urban«. Der Schacht lieferte den Titel für einen DDR-Fernsehfilm. Der Streifen spielte in Rittersgrün und Antonshöhe, und einige Dörfler sind noch heute stolz, als Statisten mitgewirkt zu haben.

Von manchem Rittersgrüner kann man sich spannende Geschichten über diese Zeit erzählen lassen – etwa die vom Uranschmuggel. Trotz strengster Kontrollen und drakonischer Strafen gelang es einigen, Uranerz zum Klassenfeind nach Westberlin zu schmuggeln. Kistenweise – so berichtet die Sage! Irgendwann flog der Handel auf, und ein Riesenskandal erschütterte das kleine Dorf. Welchen Staub die Aktion aufwirbelte, kann man ermessen, wenn man die banalen Vergehen dagegenhält, für die andere jahrzehntelang hinter Gitter wanderten. Wie auch immer, man wisperte noch dreißig Jahre später, daß die betroffenen Familien mit Westpäckchen geradezu überschüttet wurden und doch gar keine Verwandten da hatten.

Ein ungeklärtes Rätsel stellt die Tatsache dar, daß die Rittersgrüner Gegend bis zum Fichtelberg vom Uranbergbau und den Abraumhalden verschont wurde. Alte Rittersgrüner munkeln, daß irgendwo in der Administration ein hoher Beamter aus mysteriösen Gründen seine Hand über das Gebiet gehalten hat. Lediglich bei Zweibach finden sich Wetterschächte und ein Umspannwerk für den Pöhlaer Schacht, der fast waagerecht unter dem Fichtelbergmassiv im Gebiet der Hundsmarder und der Alten Pöhlaer Straße bis nach Tellerhäuser führt.

Wanderungen

Der Wanderer findet im oberen Erzgebirge eine Fülle lohnender Ziele. Die vielgestaltige Landschaft, die tiefen, verlassenen Bergwälder, die Zeugnisse historischen Geschehens am Wegesrand und nicht zuletzt die gemütlichen

Schänken machen jede Tour zu einem Erlebnis. Aber auch kürzere Spaziergänge bieten sich an. Nicht immer sind es die höchsten Berge und die allbekannten Sehenswürdigkeiten, die einem die interessantesten Begegnungen bescheren. Lassen Sie sich zu Streifzügen jenseits der ausgetretenen Wanderwege ermutigen.

Besonders auf der nordöstlichen Seite des Pöhlwassertales werden Sie viele Waldpfade finden, deren Ziel Sie nur ahnen können. Doch Vorsicht, schon mancher Orientierungskünstler ist hier kläglich gescheitert. Und immer wieder führen die Suchaktionen zum 835 m hohen **Ochsenkopf**. Hier soll einer alten Sage zufolge der schreckliche kleine Jäger sein Unwesen treiben. In zerrissener Kluft steht das erdfahle Männchen plötzlich vor einem auf dem Weg, ohne daß man wüßte, wie es dahin gekommen ist. Mit hoher, piepsender Stimme fordert es den Wanderer auf, mit zu ihm in die Reisighütte zum Kartenspielen zu kommen. Wer diesen Wunsch abschlägt – und die meisten tun es, aus Furcht vor dem eigentümlichen Gnom –, der findet nach dem Verschwinden des Männchens mit einem Male alle Wege verändert. Nur wenigen gelang es, sich dennoch zum Waldrand durchzufitzen und den Seinen die wunderliche Begebenheit zu berichten. Vielleicht ist auch alles nicht so schlimm; die Einheimischen meinen nämlich, daß das Männchen nicht in Rittersgrün, sondern in Antonsthal herumläuft. Die große Delle unweit des Ochsenkopfes hat jedenfalls einen ganz handfesten Ursprung: Hier entledigte sich im 2. Weltkrieg mit einem Riesenknall ein Bomber seiner Last.

EIN SPAZIERGANG RUND UM RITTERSGRÜN

SACHSENDREIER, SCHWAMMESUPP UN FLEMMINGS GRUSSE PEREMETT

Von der Karlsbader Straße aus gelangen Sie auf der Höhe des Fremdenverkehrsamtes in nordöstlicher Richtung in die Kirchstraße. Am Hang des Hammerberges schlängelt sich die Hammerberg- und die Viehweger Straße hoch in Richtung Ochsenkopf. Unterwegs kommen Sie am **Schneiderhaus**, einem sehr schönen, denkmalgeschützten Fachwerkhaus vorbei. Wie viele Erzgebirgler waren die Schneiders Exulanten aus Böhmen, Glaubensverfolgte, die im Erzgebirge eine zweite Heimat fanden und durch die Integration fremder Gewerke, Sitten und Ideen zum Gedeih der neuen Umgebung beitrugen. Auf dem Dachboden des Schneiderhauses gab es in den 20er Jahren eine Sensation: Man fand den vermutlich letzten Sachsendreier, eine sächsische »Mauritius« von 1850. Gab es in den 20er Jahren 3000 RM für diese philatelistische Rarität, so bringt die Marke heute um die 35 000 DM ein.

Wenn Sie aus dem Tal emporgestiegen sind, die letzten Häuser hinter sich gelassen haben und angesichts der Weite tief durchatmen, dann ist es nicht mehr weit bis zur »**Waldburg**«. Das frei über dem Ort thronende alte Wirtshaus hat augenscheinlich schon bessere Zeiten erlebt. Das etwas morbide Flair tut ihm aber keinen Abbruch – wir möchten Ihnen einen Besuch nachdrücklich empfehlen. Das schöne alte Interieur schafft eine behagliche Atmosphäre. Die angedunkelte Holztäfelung, ausgestopfte Füchse und Marder an den Wänden und die großzügigen Fenster, die einen phantastischen Blick ins Tal eröffnen, geben dem Gastraum eine eigene Note. Hier finden wir etwas, das wir in vielen neueröffneten Restaurants vermissen: Individualität, Heimatnähe und Behaglichkeit. Hinzu kommt das ausgezeichnete erzgebirgische Essen. Zwar gibt es keine Karte mit 50 Gerichten aus aller Herren Länder, aber die angebotenen sind frisch zubereitet, ausgesprochen schmackhaft und obendrein noch regionaltypisch. Die Öffnungszeiten: Mo-Fr 14-20 Uhr; Sa 11-21 Uhr; So 10-20 Uhr; Do Ruhetag. Wenn Sie ein typisch Rittersgrüner Gericht selbst zubereiten wollen, an dieser Stelle ein Rezept:

Schwammesupp vu Ritterschgrie
3 gehackte Zwiebeln in 125 g Schmalz und 1 Eßl. guter Butter anrösten; dann 750 g gemischter Waldpilze putzen, schnibbeln und 15 Min. mitdünsten, pfeffern, salzen und mit 1 Eßl. Mehl bestäuben. Zum Schluß einen halben Liter Brühe dazugießen und viel Petersilie untermengen.

Wenn wir nach einem kräftigen *Neidorfer* oder *Bockaaer Kreider* (Neudorfer oder Bockauer Kräuterschnaps) vor das Haus treten, so werden wir feststellen, daß dies wahrlich ein Fleck zum Innehalten ist: Im Tal breitet sich Rittersgrün vor uns aus, und nach Süden zu kann man den Verlauf des Pöhlwassertales zum Kamm hin verfolgen. Eine Aussicht, die sich einige Meter weiter oben in Richtung Sonnenbergweg noch nach Pöhla zu präsentiert.

Einige Schritte den Sonnenbergweg entlanggegangen, biegen wir nun rechts ab. Der Weg – markiert durch einen roten Querbalken – führt am Waldrand entlang in Richtung Pöhla. Dichter Fichtenwald, Birkenwäldchen, dann wieder Lichtungen und hügelige Wiesen – ständig wechselt das Ambiente. Ein schmaler Weg, gesäumt von jungen Birken und Ebereschen, leitet uns hinab ins Tal nach Pöhla. Nach dem Kalbenhaus können wir links einen Abstecher zur Sprungschanze machen oder auch geradezu ins Pöhlwassertal hinabsteigen. Kurz vor der Talstraße zweigt linker Hand ein Weg ab, auf dem wir über Niederglobenstein und Oberglobenstein zurück nach Rittersgrün gelangen. Unterwegs passieren wir die Wanderhütte, die im Baustil leider etwas an ein Sportlerheim erinnert.

Bevor wir nach Rittersgrün zurückwandern, bietet in Niederglobenstein die »Talschänke« Einkehr (Tel. 037 757/225). Nach einem frischen Bier werden wir linker Hand einer Fabrik gewahr, deren Architektur nicht wie so oft die heroische Niederschlagung der Natur durch den Industrialismus symbolisiert. Wir stehen hier vor einem sehr bemerkenswerten Betrieb: der berühmten Flemmingschen Holzwarenfabrik. Unter anderem wurden hier die großen erzgebirgischen Stockwerkpyramiden – vom Volksmund »Peremett« genannt – hergestellt. Ehemals *das* Aushängeschild Globensteins, Rittersgrüns und des Erzgebirges, kämpft das Werk heute als Fensterfabrik um das marktwirtschaftliche Überleben.

An der Geschichte dieses Betriebes – in dem einmal 150 Gebirgler tätig waren – läßt sich die erstaunliche Kreativität und Modernität erzgebirgischer Schaffenskraft demonstrieren, wie aber auch deren Verfall unter widrigen politischen Verhältnissen. Dies soll uns Anlaß sein für einen kleinen industriegeschichtlichen Exkurs.

Die Flemmingsche Holzwarenfabrik

Im Jahre 1864 kam der 24jährige Carl Ludwig *FLEMMING* auf seiner Walz in das Pöhlwassertal. In Globenstein machte er Rast und ließ sich auf einem der vielen Steinbrocken nieder. Kurz darauf kam der alte Körner des Weges, der Besitzer des Pochwerkes, vor dem Carl Ludwig saß. Sie gerieten in einen längeren Plausch und nach einer Zeit sagte der Wandersbursche zum alten Körner: »*Hier tät ich gern bleibn, wenn ich a bal wetter nicht sah, wie Staabrocken. In men Kopp gieht do dei Wasserrod rim; do brauchet mei Vater de Bratle un Hölzle fir seine Birschtn nimmer mit'n Fußtrater ze bohrn un mit dr Hand ze sagn und ze hubeln!*« Carl Ludwigs Vater war Bürstenmacher in Schönheide und der junge Flemming kam auf die Idee, dessen beschwerliche manuelle Arbeit durch wassergetriebene Maschinen ausführen zu lassen. Der alte Körner und der junge Flemming taten sich also zusammen und bauten gemeinsam eine neue Wasserkraftanlage.

40 Jahre lang stellte eine Kombination aus drei Wasserrädern die Lebensader des Werkes dar. 1907 ersetzte man sie durch Turbinen, ebenfalls getrieben durch eine geschickte Anstauung des Pöhlwassers und das so erzielte Gefälle von 11 m. Flemming komplettierte sie durch ein ausgeklügeltes System verschiedener Krafterzeuger. Neben den Turbinen gab es eine Dampfmaschine und einen Deutz-Dieselmotor, der erste serienmäßige Deutz dieser Größe. Er wurde direkt von der Ausstellung in Berlin weg für Globenstein gekauft und ist mit seiner 60 Zentner schweren Schwungscheibe und den fast drei Meter hohen Ventilen heute im Museum für Technik und Naturwissenschaften Dresden zu bewundern. Die Firma Flemming produzierte und nutzte damit in der Amtshauptmannschaft Schwarzenberg den ersten elektrischen Strom. Ebenfalls 1907 wurde eine Exhaustoranlage in Betrieb genommen, die die Hobel- und Sägespäne von 50 Maschinen absaugte und in Zyklone über dem Heizhaus blies. 1907 galt die Anlage als größte und modernste ihrer Art in Deutschland.

Flemming war ein Bastler mit Realitätssinn. Er feilte sowohl am Produkt wie an der Technologie. Flemming brachte vieles auf den Markt, was in der Rückschau als selbstverständliches Alltagsgut erscheint, etwa den unverwüstlichen Handwagen in Leiterwagenbauart – das »5-Mark-Wägele«. Das Sortiment reichte von Leitern, Vogelkäfigen, Weihnachtspyramiden, Küchengeräten, Ponywagen, Kinder- und Gartenmöbeln und den bekannten klappbaren Kinderstühlen bis zu Industriegütern wie Holzriemenscheiben, Radkämmen, Spulen und Spindeln für die Textilerzeugung und Spezialobjekten wie Trockenhäusern für Pappen- und Papierfabriken oder Gestellen für die Schuhfabrikation. Auch die ersten Schneeschuhe des Erzgebirges wurden hier hergestellt.

Einen besonderen Ruf erwarb sich die Firma durch die industrielle Herstellung von **Weihnachtspyramiden**. In einem Katalog von 1902 tauchen sie zum ersten Mal auf. Die Flemmingpyramide konstruierte der Sohn des Betriebsgründers, Rudolf Flemming (1874-1962). Die aus dem Schwarzenberger Raum stammende und bis dahin in Handarbeit gefertigte Stockwerkpyramide wurde als Vorbild genommen, da sie am ehesten eine industrielle Herstellung ermöglichte. Flemming lieferte Pyramiden von 80 bis zu 230 cm Höhe. Sie waren in der Regel in Weiß, Blau und Gold gehalten. Die Figuren symbolisierten Themen aus der Weihnachtsgeschichte, der Jagd oder dem Bergbau. Aber auch Zwerge waren mit von der Partie. Spezifisch war die sechseckige Grundfläche der Stockwerke und das eingebaute Geläut. Rudolf Flemming dachte bei seiner Konstruktion an alles. Das Geläut ließ sich abstellen, die weihnachtlichen Kultstücke waren einfach zusammenbaubar und liefen leicht und absolut zuverlässig. Letztes wurde durch eine solide Lagerung, bestehend aus Stahlnäpfchen und Kugel unten und Blechhülse oben erreicht.

Man versendete bis zu 6000 Stück pro Saison. Insbesondere aus Bergbaugebieten – etwa dem Saarland – gingen umfangreiche Bestellungen ein.

Firmeneigene Marketingstrategie, eigenes Versandhaus und eigene Werbeabteilung sowie Wohnhäuser für die Belegschaft in der Umgebung und eine eigene Betriebskrankenkasse weisen den Betrieb als modernes Unternehmen mit klug gestalteter Corporate identity aus. 1948 endete der Betrieb unter dem Flügelrad im Pöhlatal. Die Produktion wurde eingestellt.

In der sozialistischen DDR widerfuhr der renommierten Firma ein typisches Schicksal. 1963 wurde aus dem Betrieb ein halbstaatliches Unternehmen, die Holzwarenfabrik Flemming KG, Globenstein. Hergestellt wurden vor allem Kinderbetten und Liegestühle, bei letzteren fungierte die Firma gar als »Leitbetrieb der DDR«. 1972 erfolgte endgültig der sozialistische Vollzug: Flemming wurde VEB. In den 80er Jahren war dann das vormals schier unerschöpfliche Sortiment auf den Gestellbau für Polstermöbel geschrumpft. Die Flemmingsche Holzwarenfabrik hieß zu ihrer 125-Jahr-Feier »VEB Polstermöbel Aue, Werk Globenstein«. Über der Firma, die viele berühmten Markenartikel schuf und deren Signet in nah und fern ein Begriff war, weht heute das kleine, schäbige Fähnchen eines westdeutschen Fensterwerkes.

Für diejenigen, die nach dieser Besichtigung noch nicht nach Hause wollen, bietet das **Globensteiner Wald- und Felsental** reichhaltige Möglichkeiten zum Strolchen und Entdecken. Verborgene Wege und Pfade führen zu Felsen und Höhlen, zu alten vergessenen Aussichtspunkten unterhalb des Nachtsanatoriums Antonshöhe. Auf der anderen Seite reizen Orte wie Lutherkopf, Felsengluck oder Reitsteigfelsen zum Stöbern in alten Geschichten. Der Reitsteigfelsen beispielsweise erhielt seinen Namen vom Reitsteig, einem früheren »Pascherweg«. Pascher waren professionelle Schmuggler. Dieser Schmuggelpfad führte von der österreichisch-ungarischen Grenze bis nach Raschau. Seine Fortsetzung nach Nordosten geht über Stufen, die von den Bösewichtern in die Nordostwand des Felsens gehauen wurden. Vielleicht gelingt es Ihnen, die Reste dieses Pfades zu entdecken. Am Kanzelvorsprung des Reitsteigfelsens befand sich im 2. Weltkrieg ein Horchpostensitz. Ein papierummanteltes Kabel war zum Emilhaus, weiter zur Flemmingschen Fabrik und zur Sirene gespannt. Nach der Sichtung von Tieffliegern oder Bombergeschwadern hatte eine bedauernswerte Person die Aufgabe, unten im Dorf Alarm auszulösen.

ZWISCHEN PÖHLA UND DER HUNDSMARTER

BIZARRE BAUTEN UND IDYLLE

Bis Pöhla wählen wir den in der ersten Route beschriebenen Weg. In Pöhla angekommen, treffen wir als erstes auf den Ortsteil **Siegelhof**. Eine riesige Felsnase zwingt hier dem Pöhlwasser eine weite Schleife auf. Der Ortsteil bezieht seinen Namen von Balthasar Siegel. 1591 wird dieser als Hammerwerksbesitzer urkundlich erwähnt. Aus Eisenstäben hämmerte man Schwarzblech, das später in einem Zinnhaus zu Weißblech veredelt wurde. Doch die Eisenerzeugung hatte hier bereits Tradition. An der Mündung des Luchsbaches arbeitete bereits um 1560 der Teubner Hammer. Mitte des 19. Jh. beschäftigte der Siegelhammer 90 Hüttenleute, 30 Bergleute und über 20 Fuhrleute. Dieser Betrieb bestand aus einem Hochofen, einem Pochwerk, einem Gichthaus, einem Schlackenpochwerk und zwei Frischhütten, in denen drei Frischfeuer, ein Zain- und ein Pflugscharfeuer brannten. Außerdem befand sich am Luchsbach die Amboßschleiferei und eine Brettmühle. Um 1669 ist sogar eine eigene Grube St. Christoph am Roten Berg als Besitz des Siegelhofes nachgewiesen.

Nach dem Versiegen des Eisenerzstromes aus den reichsten hiesigen Zechen »Goldene Rose« und »Hohneujahr« konvertierte 1856 das Eisenerzwerk wie viele andere zu einer Holzschliffabrik. Nach dem 2. Weltkrieg beherbergten die Gebäude eine Pappenfabrik.

Wenn wir die erste Straße rechts abbiegen, befinden wir uns auf der Altpöhlaer Straße, von der wir aus alten Heimatbüchern erfahren, daß sie *»als ein besonders schöner Wanderweg durch die 'hohen Wälder' hinauf zum Hundsmarterflügel und weiter zum Fichtelberg«* galt. Am Luchsbach entlanglaufend, führt uns der Weg durch ein anmutiges Tal, an dessen Ende wir bewaldete Berghänge, saftige Wiesen oder wenigstens ein zünftiges Wirtshaus erwarten. Doch weit gefehlt. Dem Ahnungslosen wird der Wanderstock aus der Hand fallen. Eigentlich hätte uns schon der zerfurchte, breite Fahrweg warnen müssen. Nach einigen Wegbiegungen betreten wir ein Terrain, das die Kulisse für den nächsten Mad Max-Film abgeben könnte. Jäh öffnet sich das Tal zu einer Mondlandschaft, einem System riesiger Schotterplätze, bedeckt von einem Meer rostiger Eisenteile. Am Rande des Platzes prangen zwei, drei Fabrikgebäude jüngeren Datums. Das architektonische Kompliment, das wir der Flemmingschen Holzwarenfabrik machen konnten, läßt sich für sie nicht wiederholen. Aber hier geht es auch nicht um solche betulichen Sachen wie Holzbearbeitung.

Wir stehen vor einem Rohstofflieferant für Bomben, Eisbrecher und riskante Kraftwerke: einem **Uranbergwerk**, betrieben bis 1990. Nach den Erfolgen der SDAG Wismut beim Uranabbau im Johanngeorgenstädter Raum (zu den Anfängen des Wismutbergbaus siehe S. 83), wältigte man hier 1948 die alten Gruben am Siegelhof aus dem 17. Jh. auf. 1957 beginnt die Wismut, mit dem heutigen Stollen (Schurf 24 und Stollen 19) auf Uran zu suchen. Von 1969 bis 1979 wird aus Gängen im Hämmerleiner Gebiet des Stollens Uran gefördert, ab 1970 gewinnt man Uran aus Vorkommen unter Tellerhäuser. Im selben Jahr trifft die Erkundung auf reiche Zinnvorkommen im Skarnlager Hämmerlein, die zu den bedeutendsten Osteuropas zählen. 1990 wird der Uranabbau in der Lagerstätte Tellerhäuser eingestellt und 1991 mit der Verwahrung und Sicherung des Stollens begonnen.

Kompromißlose Entdecker werden sich eine solche Gelegenheit nur ungern entgehen lassen. Brauchen Sie auch nicht: Das Ding führt seit dem 6. April 1992 den Titel **Schaubergwerk** und öffnet für Zahlungskräftige Tür und Tor. Von diversen Schranken, die zwar geöffnet sind, beim Passieren dennoch ein ungutes Gefühl verursachen, sollten Sie sich nicht einschüchtern lassen. Und wenn Ihre Geldbörse eine Ausgabe von 25 DM verträgt, so werden Sie dies nicht bereuen. Sie fahren in modernen Mannschaftswagen fast horizontal 3 km in das Gebirge ein. Statt kitschiger Bergwerksfolklore, die in Schaubergwerken sonst häufig zu finden ist, werden Ihnen in beeindruckender Weise moderne Abbau- und Förderverfahren einschließlich der entsprechenden Technik präsentiert. Und spätestens in den 12 m hohen und 45 m langen Zinnerzkammern haben Sie die triste Mondlandschaft über Tage vergessen (Rentner, Schüler, Studenten zahlen 20 DM, Kinder 10 DM; Einlaß für Kinder erst ab 8 Jahren. Führungen: Mo-Fr 9, 11 und 13 Uhr, samstags 9, 11 und 14 Uhr; man sollte eine Viertelstunde vorher da sein (Tel. 037 74/810 79)).

Wem nach diesem Abenteuer nach Idylle zumute ist, dem empfehlen wir, die Wanderung zum Ephraimhaus fortzusetzen. Der Weg dahin ist nicht ganz einfach zu finden. Am besten, man läßt ihn sich von den Urangräbern erklären oder hält sich an die zahlreichen Wegweiser. Eine Möglichkeit ist, in Richtung Siegelhof zurückzulaufen und kurz davor rechter Hand in den Luchsbachweg einzubiegen. Durch ein verzweigtes Gespinst von Feld- und Waldwegen führen uns die Wegweiser in eine wunderschöne Landschaft. Ein bizarrer Kontrast zur Atomgrube, deren Bauten manchmal noch aus der Ferne grüßen.

Leute, die möglichst geradlinig wandern wollen, wird das Zickzack nicht begeistern. Sie müssen zur Hauptstraße zurück und zwischen Siegelhof und Pöhla über die steil aufsteigende Viehtrift gehen. So oder so wird die milde, schöne Aue des Friedrichsbaches und das erhöht liegende Ephraimhaus eine Wohltat für jeden mallorcagestreßten Zeitgenossen sein.

Das **Ephraimhaus**, nach dem Vornamen eines früheren Besitzers benannt, ist ein schmuckes »Häusl« mit Gaststube. Nach dem Genuß einer zünftigen erzgebirgischen Roulade sind wir bereit für den nächsten Schock. Wir biegen kurz nach dem Ephraimhaus gen Osten in den Mückenbachweg ein und wandern die Hundsmarter hinauf zum **Pumpspeicherkraftwerk Markersbach**. Das muß gesehen haben, wer in der Gegend weilt. Verfehlen kann man das Bauwerk nicht. In über 800 m ü.NN erhebt sich ein riesiger Wall – in seinem Bauch 6 Mio. cbm Wasser! Dies zumindest nach der nächtlichen Speicherphase. Tagsüber donnern die Wassermassen in dicken Rohren in Richtung Unterbecken

Der künstliche See auf dem Berg

hinab und setzen kurz vor ihrem Ziel sechs 175-MW-Turbinen in Bewegung. Ein Versuch der rohstoffarmen DDR, in den Spitzenbelastungszeiten die Lastspitzen abzufangen. Gebaut wurde die Anlage in den Jahren 1973-1980. Eigens für dieses Projekt wurde die Kuppe der Hundsmarter abgetragen. Die Maschinenhalle befindet sich 100 m tief im Innern des Berges.

Unbedingt sollten Sie auf die Wallkrone kraxeln. Sie werden zweifach überrascht sein. Zunächst von einer unglaublichen Wasserfläche auf der abgetragenen Hundsmarterkuppe. Ein Stausee auf einem Berg! Hier kommt Sciencefiction-Stimmung auf. Die bizarr futuristische Anlage schlägt die Urangrube ohne Mühe. Werfen Sie einen Blick ins weite Rund. Denn dies ist das eigentliche Anliegen unseres Aufstieges. Einen solch phänomenalen Rundblick aus 848 m Höhe bietet kaum ein Aussichtsturm. In dem Ensemble, das sich nach allen

Seiten hin auftut, sind fast alle wichtigen Erhebungen des Erzgebirges sichtbar: Pöhlberg, Scheibenberg, Bärenstein, Fichtelberg, Auersberg – um nur einige zu nennen. Und wenn Sie sich in der Dämmerung auf der Krone aufhalten, können Sie die Ausbreitung des riesigen Sonnenschattens beobachten.

Es gibt mehrere mögliche Rückwege. Wem nach tiefen Wäldern, Stille und Einsamkeit zumute ist, dem wird seine Wanderkarte viele Wege nach Rittersgrün aufzeigen. Vorsicht aber bei den auffälligen, schnurgeraden Magistralen. Es handelt sich oft um Fahrstraßen, auf denen sich die Gebirgsbeschaulichkeit nicht so recht einstellt. Wer Risikofreude, Karte, Kompaß und Zeit mitbringt,

Rundblick von der Dammkrone

sollte sich auf verschlungene Pfade begeben. Der Lohn sind idyllische Plätzchen, einsame Waldwiesen, abgelegene moosbewachsene Gebirgspfade und natürlich eigene Entdeckungen. Bei der Wahl der Route sind die von der Nordwestflanke des Fichtelberges herunterlaufenden Flußtäler und die davon bestimmte Generalrichtung der meisten Wege zu beachten. Wenn es Ihnen jedoch gelungen ist, sich bis zur Rittersgrüner Straße durchzuschlagen, haben Sie das Problem gemeistert.

Wanderern, denen der Sinn mehr nach Besichtigung menschlicher Zeugnisse steht, sei zu einem Abstecher nach Pöhla geraten. Vom Oberbecken aus kann man auf mehreren Wegen sehr schön ins Tal hinabspazieren. Zu empfehlen ist hier der Brandgehauflügel. Über hügelige Wiesen schlendern wir in den Ort hinab, der vor uns ausgebreitet liegt wie ein Spielzeugdorf.

Pöhla

Pöhla ist architektonisch sehr uneinheitlich. Um den rechteckigen Hauptplatz und an den davon abzweigenden kurzen Straßen sind noch die alten Erzgebirgshäuser zu finden. Eng nebeneinander gebaut, zeichnen sich die zweigeschossigen Bauten durch schieferverschalten Fachwerksoberbau und dachhäuschenbesetzte Schieferdächer aus. Darüber hinaus sieht man viele mehrgeschossige Wohnhäuser in städtischer Bauart aus der Gründerzeit. Am flachen Osthang des Tales, in dem sich die Siedlung Pöhla ausbreitet, entstanden hofanliegende Waldhufen. Die Dreiseithöfe zeigen den dörflichen Baustil des 18. Jh. Auf dem bruchsteingemauerten Sockelgeschoß der Wohnstallhäuser liegt das verschalte Fachwerkobergeschoß auf. Die Häuser haben in der Regel Schieferdächer.

Man stößt auch auf renommierlichere Bauten wie etwa den Herrenhof des Siegelhammers. Er erlebte eine bemerkenswerte Metamorphose. Als Herrenhof gebaut, wurde er später als Waisenhaus genutzt. Zu DDR-Zeiten residierte der Gemeinderat darin. Heute dient das sorgfältig sanierte Gebäude als **Rathaus**. Der schöne zweigeschossige Barockbau ist der Rittersgrüner Straße zugewandt. Seine respektable Front ist durch einen vierachsigen Mittelrisalit gegliedert. Er durchzieht die Walmtraufe, greift in das hohe Mansarddach hinein und trägt im flachen Giebelfeld ein großes Halbkreisfenster. Die niedrige Bruchsteinmauer setzt das von einem Park umgebene Gebäude von der Straße ab. Gut essen kann man in der »Vugelbeerschänke« in der Karlsbader Straße.

Im Ortsteil **Kleinpöhla**, einem Werksweiler des 1525 gegründeten Pfeilhammers, begegnen wir am Hang über dem Tal einem weiteren Hammerherrenhof, 1684 von Heinrich von *ELTERLEIN* erbaut. Seine heutige Form erhielt der dreigeschossige Bau, der manchen eher an ein Schloß erinnern mag, im Jahr 1805 nach einem verheerenden Brand. Die Hauptfassade ist streng symmetrisch gegliedert. Das Korbbogenportal in der Mitte des Gebäudes mündet in eine Eingangshalle mit einem großzügig angelegten Treppenhaus.

Die heterogene Bebauung liegt in der wechselvollen Geschichte des Dorfes begründet. Nur zum geringeren Teil wurde die Siedlung durch Landwirtschaft geprägt. Um 1520 entwickelte sich Pöhla zum Ausgangspunkt der Gebirgsstraße nach St. Joachimsthal. Die stürmische Entwicklung dieses Ortes erzeugte einen Sog in das schwarzenbergische und schönburgische Land hinein. Der Bedarf an Werkzeugen, Eisenmaterial und Lebensmitteln gab der Eisenerzförderung und -verarbeitung im Pöhlaer und Rittersgrüner Raum Impulse. Sowohl der Handelsverkehr nach Böhmen als auch die Entwicklung von Bergbau und Eisenerzverarbeitung erlebten ihren Höhepunkt im 18. Jh.

CRANDORF – HOHES RAD – ANTONSHÖHE

Die folgende Tour ist für Fahrrad oder Auto konzipiert, Sie können sie aber auch zu Fuß zurücklegen. Zunächst fahren

Sie von Rittersgrün nach Globenstein, dann links am Hang die steile Straße nach Crandorf hinauf. Bevor Sie zum Ortskern gelangen, biegen sie rechts in eine Straße zum **Hohen Rad** ab und einem Hinweisschild folgend noch einmal nach rechts. Auf diesem freien Hügelland haben Sie einen wunderschönen Blick auf die Berge und Niederungen des Pöhlwassertales. Im Norden können Sie Schwarzenberg erkennen. Darüber freute sich auch der schwedische General Holk, der im Dreißigjährigen Krieg von hier aus die belagerte Stadt mit Kanonen beschießen ließ. Besonders reizvoll ist ein Besuch der Hochfläche in der Dämmerung. Dann liegen die kleinen Gebirgsorte wie Spielzeugdörfer mit bunten Lichtern sanft eingebettet in der Landschaft, schwarz rahmen die bewaldeten Berge das Tal ein, und in einem eigenartigen Zwielicht fliegen zerzauste Wolkenfetzen über sie hinweg. Die Gaststätte »Am Hohen Rad« befindet sich in einem freistehenden Haus oben auf dem Sattel. In der Woche ist sie 14-20 Uhr, Samstag und Sonntag 11.30-20 Uhr geöffnet, Mittwoch und Donnerstag ist Ruhetag; Tel. 037 74/812 76.

Antonshöhe

Von hier aus fahren Sie zum Ortskern Crandorf zurück und von dort nach Antonshöhe. **Antonshöhe** ist eine ehemalige Wismutsiedlung. Nach den ersten wilden Jahren versuchte die SDAG Wismut, zu einem systematischen Bergbau überzugehen und den Lebensverhältnissen der Bergarbeiter ein zivileres Gepräge zu geben. Die Kumpels zogen aus ihren zugigen und ärmlichen Baracken in neuerbaute Siedlungen. Am Bau von Antonshöhe war die Flemmingsche Holzwarenfabrik maßgeblich beteiligt. Sie lieferte alles, was aus Holz sein konnte, angefangen bei Brettern und Pfählen bis hin zu Betten, Spinden, Türen, Fenstern und Tischen. Für die frühen 50er Jahre mit beachtlicher Solidität gebaut, stellten die »Wismuthäuser« später ein Altlastenproblem dar. Da sie faktisch Ledigenwohnheime mit bis zu acht Personen auf einem Zimmer waren, erwies sich der Umbau zu Wohnhäusern als schwierig. Die Konversion gelang bei der Wismutsiedlung von Raschau. In Johanngeorgenstadt und Antonshöhe wurde ein Teil der Häuser bis zur Wende als Betriebsferienheime genutzt. Keine Probleme gab es mit der Johanngeorgenstädter Neustadt. Sie war von vornherein als kleinstädtische Wohnsiedlung mit sehr urbaner Anlage konzipiert worden.

Im ersten Haus in Antonshöhe links längs der Straße befand sich die sowjetische Kaserne, in der das Erz verladen wurde. Seinerzeit war das Gelände von einem hohen Bretterzaun umgeben. Rittersgrüner Bengels lüfteten das streng gehütete Geheimnis der obskuren Anlage. Durch ein Astloch beobachteten sie die Russen beim Verladen schwerer metallbeschlagener Kisten – die Uranlieferungen für die sowjetischen Waffenschmieden.

Läuft man die Straße weiter ins Tal hinunter, so stößt man nach kurzer Zeit auf ein Rondell. Es sollte nach dem Willen der sozialistischen Erbauer den Siedlungskern darstellen. An der Nordostseite des Rondells prangt das be-

rühmt-berüchtigte **Kulturhaus Antonshöhe**. Die Wismutbosse ließen in allen größeren Bergarbeitersiedlungen solche stalinistischen Kulturtempel errichten. Das Pendant zu Antonshöhe steht in der Raschauer Wismutsiedlung. Von uns mit Schaudern wahrgenommen, demonstrieren die monströsen Klötze nicht nur das ästhetische Ideal der stalinistischen Machthaber. War einerseits für die unsteten Wismutkumpels Zeitvertreib und Beschäftigung gegeben, so erlaubte die Zentralisierung der kulturellen Äußerungen der »Schwerverdiener« auch die Kontrolle der wilden Banausen. Und zu guter Letzt bot diese Architektur auch noch politische Bildung: Sie führte die politische Struktur des Systems vor Augen, und wer diesem Monument entgegentrat, wurde kleinlaut.

Gleichwohl leistete die stalinistische Kultstätte Dienste, die die Dörfler von ihren neuen Göttern vergebens ersehnen. Im Inneren der Schachtel befanden sich Bierkneipe, Sonntagsrestaurant und Tanzsaal ebenso wie Kino, Bibliothek und Billardraum. Im Raschauer Wismuttempel soll es auch eine große Sauna gegeben haben. Im »Klubhaus« Antonshöhe konnte man bis Mitte der 80er Jahre ins Kino gehen; bis zur Wende wurde die Disko betrieben. Seitdem ist der Bau geschlossen. Der Raschauer Koloß steht geplündert und demoliert an sei-nem erhabenen Platz, für manch älteren Einwohner eine bittere Demütigung.

Der Ortsteil Antonshöhe entwickelte sich nach der Einstellung des Bergbaus unter den beschränkten Bedingungen des DDR-Tourismus zu einem »Ferienzentrum«. Nach der Wende war es mit dem bunten Treiben freilich vorbei. Welcher Betrieb vermochte nun noch, seinen Angestellten einen zweiwöchigen Winterurlaub für 120 Mark zu spendieren? Wer heute durch Antonshöhe schlendert, dem weht eine desolate Atmosphäre entgegen, ohne daß deren Ursache genau anzugeben wäre. Die Siedlung wirkt aufgegeben und verlassen. Aus den Gesichtern der älteren Frauen, die sich mit Kopftuch und Einkaufsbeutel bewaffnet gegen den Wind stemmen, spricht Verzagtheit. Was bleibt ihnen von ihrem harten Arbeitsleben? Bei der Wismut beschäftigt, verdienten die Einwohner später über Jahrzehnte ihren Unterhalt mit dem Tourismus oder im berühmten **Kneipp-Sanatorium**. Der gigantische Komplex wurde von den Russen als Nachtsanatorium für die ostdeutschen Bergleute erbaut. Dahinter verbarg sich eine Einrichtung, in der die lädierten Arbeiter nach der Schicht wohnten und medizinisch behandelt wurden.

Die mondäne, geradezu großbürgerlich anmutende Anlage steht seit der Wende ebenfalls leer. Sie erreichen den Bau, indem Sie die Hauptstraße in

Richtung Rittersgrün zurückfahren und oben an der Kreuzung – am Viertelmeilenstein vorbei – nach links abbiegen. Nach einigen hundert Metern sehen sie linker Hand das Eingangstor. Wer sich für stalinistische Architektur interessiert, sollte sich das eigenwillige Ensemble nicht entgehen lassen.

Ist das Schicksal des Sanatoriums völlig ungeklärt, so wird unten in Antonshöhe bereits heftig geplant. Ein Herr Schoske und ein Herr Schürger von einem Eggenfeldener Planungsbüro wurden damit beauftragt, festzustellen, daß sie »einen Ort wie Antonshöhe, in dem die Probleme derart gebündelt sind, noch nicht bearbeitet« hätten. Jedenfalls sieht ihr Bebauungsplan wenigstens die Erhaltung des Siedlungskernes mit Rondell und Kulturhaus vor. Prima. Dafür müssen wir dankbar sein. – Bergbauinteressierten legen wir einen Abstecher ins Tal hinab zur »Silberwäsche« ans Herz.

Silberwäsche Antonsthal

Der Besuch des Technischen Denkmals in Antonsthal kann auch in eine andere Tour eingebaut werden, die beispielsweise durch das Schwarzwassertal führt. Die Anlage befindet sich in der Jägerhäuser Straße 17 und ist Mi-Fr 13-16.30 Uhr zu besichtigen, nach Voranmeldung auch außerhalb dieser Zeit (Tel. Schwarzenberg 25 55). Der Besucher gewinnt einen Einblick in die seit dem 16. Jh. im Erzgebirge üblichen Erzaufbereitungsmethoden. Über die Gruben in der Umgebung wird ebenfalls informiert. Seit Ende des 17. Jh. bauten die Grube »Unverhofft Glück an der Achte« und ab 1823 der mit ihr konsolidierte Ritter-St.-Georg-Stollen Schwefelkies, Kupferkies, Arsenkies, Bleiglanz und Zinkblende ab. 1828 wurde eine neue Pochwäsche zur Aufbereitung der Erze gebaut. Nach einer Erweiterung im Jahre 1854 arbeitete die Anlage mit 30 Pochstempeln und acht Stoßherden. Eine Investition in eine sterbende Branche. Wie in vielen anderen Bergbauorten des Erzgebirges wurde hier ab Mitte des 19. Jh. die Förderung und Verarbeitung der geringhaltigen und immer tiefer liegenden Erze zu teuer. Daran konnte auch der Versuch des Oberberghauptmannes Freiherr von *HERDER* (siehe auch S.184) nichts ändern, an der Mündung des Halsbaches ins Schwarzwasser eine eigene Schmelzhütte zu errichten, um wenigstens die hohen Transportkosten der obererzgebirgischen Silber- und Bleierze nach Freiberg zu sparen. 1831 auf den Namen des damaligen sächsischen Königs Anton geweiht, bildete die Hütte den Ursprung von Antonsthal. Bereits 1858 mußte sie wieder schließen. Der Rückgang der Förderung, Umweltschäden durch die giftigen Dämpfe der Amalgamation und schließlich der Verfall des Silberpreises ließen keine andere Wahl. Ab 1856 wurde die Belegschaft der Grube reduziert, 1918 schloß sie endgültig ihre Pforten.

Entsprechend unserem Beförderungsmittel wählen wir den Rückweg. Sind es die eigenen Füße, so bietet sich ein schöner Spaziergang von Antonshöhe über die Jugendherberge nach Rittersgrün hinab an. Unterwegs kommen Sie am schon erwähnten Gelände von St. Urban vorbei. Für Besucher mit Pkw oder

Fahrrad ist ein kleiner Abstecher nach Breitenbrunn und von da die Rückfahrt nach Rittersgrün zu empfehlen.

WANDERUNG ANS ENDE DER WELT: HALBMEILE

Unter gar keinen Umständen sollten Sie eine Wanderung nach Halbmeile versäumen. Diese direkt auf dem Kamm des Erzgebirges gelegene Hochfläche ist von solcher Eigentümlichkeit, daß es uns schwerfällt, einen passenden Vergleich dafür zu finden.

Kleinbahnmuseum

Auf dem Weg nach Halbmeile kommen Sie in Oberrittersgrün am **Schmalspurbahnmuseum** vorbei. Von 1889 bis 1971 verkehrte zwischen Grünstädtel und Oberrittersgrün eine Schmalspurbahn; für die ortsansässige Industrie neben der Pöhla eine Lebensader. Heute können Sie den Schmalspurbahnhof mit original erhaltenen Diensträumen und Signal- und Fernsprechtechnik bewundern. Außerdem verfügt das Museum über eine Dampflok, vier Dieselloks, zwei Draisinen und über 30 Personen-, Güter-, Gepäck- und Bahndienstwagen. Seit 1972 kümmert sich ein rühriger »Förderverein Eisenbahnmuseum« um die Anlage (Kirchstraße 4, 08355 Rittersgrün, Tel. 037 757/440). Das Museum hat folgende Öffnungszeiten: Dienstag bis Freitag 10-12 und 13.30-16 Uhr; Wochenende 10-12 und 13-16 Uhr; Montag Schließtag.

Noch vor dem Ortsausgang biegen Sie rechter Hand in den Kranbächelweg ein und steigen vom Pöhlatal auf zum Kamm. Unterwegs können Sie sich in der Pension »Pfeiffer« am Fuße des Fritzschberges stärken (Gaststätte 8-22 Uhr geöffnet; Übernachtung ab 20 DM; 2-, 3-, 4- und 5-Bett-Zimmer; Am Fritzschberg 4, 08355 Rittersgrün, Tel. 037 757/285). **Halbmeile** besteht aus einer Handvoll wettergebleichter schlichter Häuschen, die sich ganz oben auf der Hochfläche in die Wiesendellen kauern. Das außerordentlich rauhe Klima drückt der Landschaft und den Menschen seinen Stempel auf. Zu den Familien, die auf der sturmzerzausten Kuppe siedeln, gehören die Pauschs. Die Pauschs waren Sudetendeutsche, die nach dem 2. Weltkrieg aus dem Böhmischen Erzgebirge vertrieben worden waren. Keineswegs konnten sie aber einfach über die Grenze marschieren und sich im Sächsischen niederlassen – wie sie es vorhatten. Zu-

Frau Pausch

erst mußten sie nach Berlin reisen und sich die Erlaubnis holen, in dieser unwirtlichen Einöde siedeln zu dürfen. Im oberen Erzgebirge waren die Pauschs für ihre von Hand gemachte, frische Buttermilch bekannt. Zu DDR-Zeiten für Einheimische und Wanderer ein Grund mehr, sich auf die pittoreske Kammlage von Halbmeile hochzumühen. Buttermilch gibt's bis heute, wenn das alte Holzfaß auch modernerer Technik gewichen ist.

Das Eigenlöhnerbergwerk

Eine ebenso skurrile wie bekannte Figur der Kammsiedlung war Karl Friedrich Lobegott Schmidt (1820-1908), der letzte Eigenlöhner des Erzgebirges. Er schürfte auf eigene Faust in Halbmeile bis etwa 1900 nach Eisenerz. Ein Unentwegter, der den Traum vom großem Bergglück nicht aufgeben wollte. 13 Jahre lang rackerte er sich allein und nur mit Schlägel und Eisen ausgerüstet in seiner Grube ab, die er sinnigerweise »Gott gib mir Glück mit Freuden« nannte. Er grub einen Stollen von 100 m Tiefe, fand jedoch kein abbaufähiges Erz. Das eigenwillige Hobby konnte er sich nur leisten, weil er neben dem Bergbau auf seinem Anwesen eine kleine Landwirtschaft betrieb. Samstags von 10 bis 13 Uhr kann man sich von den Nachfahren des wackeren Mannes den Stollen zeigen und seine Geschichte erzählen lassen. Außerhalb dieser Zeit ist eine telefonische Anmeldung erforderlich (Gerolf Ott, Siedlerweg 22, 08359 Breitenbrunn/Halbmeile, Tel. 037 756/510). Im Winter finden keine Führungen statt.

In der Umgebung von Halbmeile sind ganz wundersame Fleckchen zu finden. Läuft man die Wegkehre in der Deutschen Zwicke um Halbmeile herum und nach Norden weiter, so gelangt man nach wenigen Kilometern zur Pension »Zur Waldesstille«. Wo man eine ehemalige Grenzstation oder ein Schmugglernest vermutet, war früher ein Erholungsheim des VEB Sachsenring Zwickau. Sehr idyllisch mitten im dichten Wald gelegen, bietet die etwas spartanische Herberge Gelegenheit zu einem Urlaub in völliger Waldeinsamkeit. Der Gast muß sich allerdings auf eine gehörige Portion DDR-Ambiente einpegeln. Wem das gelingt, der wird mitten im Wald außerordentlich geruhsame Tage erleben. Neben Doppel- und Mehrbettzimmern mit insgesamt 50 Betten für ca. 20 DM pro Bett gibt es auch einen Konferenzraum und eine Gaststätte (H. Pausch, Breitenbrunn/Halbmeile, Tel. 037 756/342). Von hier aus sind vielfältige Wander-, aber auch Rad- und im Winter Skitouren möglich, beispielsweise nach Breitenbrunn oder Johanngeorgenstadt.

Nach Rittersgrün zurück empfiehlt sich wieder der Kranbächelweg. Nachdem wir den dichten Fichtenwald verlassen haben, breitet sich in der Abenddämmerung das Pöhlwassertal aus. Am Hang gegenüber und im Tal unten erglimmen die Lichter in den verstreut liegenden Häuschen, ein Panorama, das uns irgendwie nahegeht. Und wenn sich die Nacht auf das Gebirge legt, die Luft plötzlich kalt wird und rauchig und würzig auf der Zunge schmeckt, es nach Feuchtigkeit riecht und der letzte helle Streif über der Bergkette verschwindet, dann kehrt eine wohlige Ruhe in uns ein. Wir setzen uns in eine behagliche Baude, der Kachelofen verströmt eine Wärme, die nichts gemein hat mit der Sterilität einer modernen Fußbodenheizung, und plaudern mit Freunden über Dinge, die jenseits der tausend kleinen Alltagssorgen liegen. Über Bergbau und Bergleute, über Steine, Pflanzen und frühere Zeiten vielleicht, vielleicht über das sächsische Königshaus der Wettiner, vielleicht auch über die bösen Streiche der Wismutkumpels in den »wilden Fuffzichern«.

AUSFLUG NACH TELLERHÄUSER

Nach Tellerhäuser gelangt man auf mehreren Wegen. Radfahrer fahren einfach auf der kurvenreichen und gut ausgebauten Tellerhäuser Straße das Pöhlwassertal hinauf. Für Fußgänger kommt ein Wanderweg auf der anderen Seite des Flusses in Frage. Zunächst wandern oder fahren Sie erst einmal bis nach Ehrenzipfel.

Der Meteorit

Im Rittersgrüner Ortsteil Ehrenzipfel stieß im Jahr 1833 der Waldarbeiter Karl August Reißmann beim Holzfällen auf einen merkwürdigen Kanal im Waldboden. Reißmann fackelte nicht lange und grub den Kanal auf. Vom vergrabenen Schatz träumte er schon seit Kindestagen. Er stieß jedoch auf einen runden Stein von 40 cm Durchmesser, der im Verhältnis zu seiner Größe ganz unglaublich schwer war. Das ominöse Ding fand einen Platz in Reißmanns Garten, und bei Festen und Feiern probten unter lautem Gejohle die jungen Burschen ihre Kräfte daran. Reißmann brachte den Stein in mehrere Eisenwerke und versuchte, ihn zu schmelzen. Zur allgemeinen Verblüffung mißlang dies. Schichtmeister Kröner von der Eisenhütte Siegelhof hörte von dem Stein, besichtigte ihn und vermutete einen Meteor. Er sollte Recht behalten. Als Oberbergrat Professor Breithaupt in Freiberg von dem eigenwilligen Objekt hörte, reiste er nach Rittersgrün und bestätigte Kröners These. Er kaufte die Rarität für die mineralogische Sammlung der Bergakademie. Später wurde der Stein in Wien geschnitten: Es dauerte zwei Monate, und man verbrauchte 14 Stahlblätter. Im Eisenbahnmuseum Rittersgrün ist ein Gipsmodell des Originals zu bewundern.

Der Wettinbrunnen

An der Tellerhäuser Straße, unmittelbar hinter Ehrenzipfel begegnen wir einem »Wettinbrunnen«. Die Wettiner stellten 800 Jahre lang Sachsens Herrscher. 1889 wurden anläßlich dieser Regentschaft überall im Gebirge Denkmale und Gedenktafeln eingeweiht. Dem Kundigen gibt der Brunnen jedoch gleich mehrere Rätsel auf.

Zum ersten beginnt der berühmte »Fürstenzug« am Stallhof in Dresden – das 957 qm große Wandgemälde aller sächsischen Regenten – mit Markgraf Konrad dem Großen (1127-1156). Was verbirgt sich also hinter der Zahl 1089? Wilhelm Walther schuf sein Wandgemälde unmittelbar nach 1871. Sachsen fühlte sich nach 1871 durch die preußische Dominanz bei der Reichsgründung durch die Hohenzollern derangiert. Man ließ die Archive durchstöbern, und siehe da: die Wettiner waren die älteste regierende Dynastie Deutschlands! Ein pfiffiger Archivar fand eine Urkunde über die Belehnung des Wettiner Grafen Heinrich von Eilenburg mit der Mark Meissen durch den deutschen König Heinrich IV. im Jahre 1089.

Damit erklären sich auch die rätselhaften Buchstaben unter den Jahreszahlen auf der Gedenkplatte. H. steht für Markgraf Heinrich und A. für König Albert, welcher sich 1889 als Erbe der 800jährigen Dynastie präsentieren durfte.

Schließlich muß man sich fragen, wie die Anlage mitten in den Wald gelangte, denn 1889 bestand die jetzige Tellerhäuser Straße noch nicht, sie wurde erst Anfang des 20. Jh. gebaut. Nach Meinung des Ortschronisten Gerhard Lang kann man getrost davon ausgehen, daß der patriotische Brunnen erst nachträglich gebaut wurde, und zwar aus Anlaß des Besuches des letzten sächsischen Königs Friedrich August III.

Friedrich August war derjenige, der 1918 nach dem Sturm der Dresdner Oper durch die Aufständischen verdattert ausrief: *»Därf'n die denn das ...?«*

In das Bewußtsein der »eefache Leit« ging er auch mit seiner Abdankung ein. Diese kommentierte er mit den staatsmännischen Worten *»Machd doch eiern Drägg alleene.«* 1907 beehrte er jedenfalls noch glanzvoll die Rittersgrüner mit seinem Automobil, eine unglaubliche Huldigung, da S.M. in der Regel mit der Kalesche oder der Eisenbahn zu reisen pflegten.

Der berühmteste aus der Schar der Erzgebirgsdichter, *ANTON GÜNTHER*, hat bei dieser Gelegenheit seine Majestät in erheblicher Weise düpiert. Vor den König zum Singen befohlen, präsentierte er ein Lied, das heutezutage als Weihnachtsgedudel durch die Wohnstuben leiert: »Wu de Walder hamlisch rauschen, wu de Had su rötlich blüht, mit kan König möcht ich tauschn, weil do drubn mei Heisl schtieht«. Der König soll sich über die Darbietung gefreut haben.

Nach der Wende wurde der Brunnen von sog. »ABM-Kräften« wiederaufgebaut. Ob diese vormals in der ortsansässigen Industrie tätigen Arbeiter ebenfalls das Lied auf den Lippen führten, ist nicht bekannt.

Von Ehrenzipfel wandern wir nach Zweibach. Möglicherweise bezieht der idyllische Flecken seinen Namen nicht von den beiden Bächen Pöhlwasser und Höllbach, sondern von einem eigenartigen System der Waldeinteilung im 16. Jh. Dazu hören Sie im Zusammenhang mit Tellerhäuser Näheres. In Zweibach wählen wir einen Weg, der links in der Kurve abzweigt und an den schmucken Häuschen vorbei hoch in den Fichtenwald führt. Wir befinden uns im Höllbachtal, und der Weg, den wir emporsteigen, ist die Höllgrundstraße. Auf dem nächsten oder übernächsten Weg gelangen wir rechts nach Tellerhäuser.

Tellerhäuser

Tellerhäuser ist ein ausgesprochen beschaulicher Gebirgsflecken. Die 170-Seelen-Gemeinde liegt 921 m hoch und ist völlig von weiten Fichtenwäldern eingeschlossen. Die nächsten Ortschaften sind über 7 km entfernt. In der Umgebung der Siedlung findet der Wanderer stille Moore, hohe Berggipfel und tiefe Wälder. Für den Pflanzenliebhaber bietet das in 1000 m Höhe gelegene Naturschutzgebiet »Pfahlmoor« auf einer Fläche von 19 ha eine artenreiche Flora. Zwergbirken, Rauschbeeren, Siebensterne, Rippenfarne und viele Moossorten bevölkern das Moor.

Der nahegelegene Pfahlberg war der Mittelpunkt eines besonderen Waldeinteilungssystems. Wie in der Dresdner Heide wurden im 16. Jh. die Jagdgebiete der sächsischen Kurfürsten strahlenförmig aufgeteilt. Die Segmente, die alle von einem gemeinsamen Mittelpunkt ausgingen, waren numeriert und entsprechend benannt. Von dieser Einteilung ist heute fast nichts mehr zu sehen, lediglich Namen wie Einsberg, Zweibach, Dreiberg, Vierenstraße und Siebensäure zeugen noch davon.

Über die Geschichte des Ortes ist wenig bekannt. Die Sage berichtet von Abraham Teller, einem armen Bergmann, der auf der Wasserscheide zwischen Goldenhöher und Pöhlwasser eine verlassene Grube gekauft hatte, sein Silberglück ein letztes Mal zu versuchen. Jeder seiner drei Söhne erbte nach seinem Tod ein Haus – die Tellerhäuser. Die Bewohner des Ortes ernährten sich jahrhundertelang von der Waldarbeit, nebenher wurde geklöppelt. 1869 erhielt die kleine Ortschaft ein eigenes Schulhaus. Seit dieser Zeit wird auch das Rindenschnitzen praktiziert. Der Fremdenverkehr, der erst um 1920 Einzug hielt, machte die Rindenschnitzerei zur einträglichen Souvenirproduktion. Zu DDR-Zeiten stürmten jährlich 3000 Urlauber den weltabgeschiedenen Flecken.

Schneiders Gasthof

Zu allen Zeiten berühmt war »Schneiders Gasthof«. Diese aus Pension und Gastwirtschaft bestehende Institution taucht in nahezu allen Reiseführern über die Gegend auf. In den 20er und 30er Jahren wurden die Zentralheizung, das fließend warme und kalte Wasser auf allen Zimmern und die 25 bequemen Betten gepriesen. 1939 war die Vollpension für 4 M zu haben. Der Brockhaus-Reiseführer von 1971 vermerkt sibyllinisch : »Mittagessen nur beschränkt möglich«. Was immer das heißen mag, es betraf die einzige Gastwirtschaft, die weit und breit zu finden war.

Nach der Wende schossen die synthetischen Baudenstuben mit Holzimitattischen, tiefgefrorener Allerweltsküche und bayerischer Kuhglocke wie Pilze aus dem Boden. Sommerfrischler und Heimatfreunde suchen die Dörfer nach traditionellen Gebirgskneipen ab, für Schneiders Gasthof die Sternstunde, sollte man meinen. Weit gefehlt. Bis November 1993 blieb alles beim alten, also wenigstens nichts verdorben. Dann schließt die Hygieneaufsicht die Kneipe. Die

Schneiders Gasthof

Pächter eröffnen vis-à-vis eine gastronomische Massenversorgungshalle im ehemaligen Gemeindehaus, in dem früher Diaabende, Vorträge und Kinoaufführungen stattfanden. Geraffte Vorhänge in Altrosa, Plastikblumen im geschmackvollen Raumteiler im Stile der 70er Jahre, schmiedeeiserne Wohnzimmerleuchten und silbermarmorierte Resopalplatten lassen vergessen, wo man sich befindet. Jegliches lokale Kolorit ist von einer neutralen Versandhausästhetik übertüncht; die gähnende Leere des Saales unterstreicht den synthetischen Charakter des Ganzen. Als zynisches Zitat der Vergangenheit staubt in der Ecke ein grauer Weihnachtsstrauch vor sich hin. Hier ist nichts behaglich und heimelig, hier spricht nichts von der langen Geschichte des Gebirges und dem Leben der Menschen, hier möchte man von niemandem angesprochen werden und niemanden ansprechen. Elende Nüchternheit reduziert den Kneipenbesuch auf den Ausgleich körperlicher Versorgungsdefizite (11-21 Uhr, Di nicht).

Der alte Gasthof Schneider steht verlassen gegenüber. Lediglich als Pension wird er noch genutzt, und als solche ist er durchaus zu empfehlen – gerade weil hier die Zimmer noch so eingerichtet sind wie vor 50 Jahren. Nicht jedermanns Sache ist das Trockenklosett. Dafür ist sonst alles sehr gemütlich und kostet nur 12 DM mit Frühstück. Wünschen wir dem Haus ein Comeback, das den Gastraum mit der wunderschönen alten Ufn'bank, das alte solide Mobiliar und das erzgebirgische Gepräge behutsam mit den Erfordernissen moderner Gastronomie verbindet. Vom Gasthof Schneider abgesehen können Sie in Tellerhäuser bei über 15 Privatvermietern für 5 bis 25 DM Quartier beziehen. Ein Vermieterverzeichnis können Sie bei der Gemeindeverwaltung, Am Grenzhang 2, 08355 Tellerhäuser, Tel. 073 48/603, anfordern.

Für den Rückweg nach Rittersgrün raten wir zu einem Weg entlang der tschechischen Grenze. Am Gasthof Schneider vorbei, gehen Sie zuerst den Grenzhang hinauf. Am Forsthaus links vorbei, steigen Sie bis zu den letzten beiden Häusern auf und biegen hier rechts in einen Feldweg ein. Nach ca. 250 m gelangen Sie an einem kleinen Sportplatz in den Wald – das Irmtschgehau. Bis zur Grenze ist es noch ein halber Kilometer; dieser folgen Sie auf einem schmalen Trampelpfad, am 924 m hohen Kaffenberg vorbei, bis es steil hinunter nach Ehrenzipfel geht. Nach Rittersgrün ist es nun noch ein Kilometer Landstraße.

Das Fichtelberggebiet

Von Tellerhäuser aus sind ausgezeichnete Langstreckenwanderungen durch die ausgedehnten Wälder des Fichtelbergmassivs möglich. Als Anlaufpunkte eignen sich Orte wie Crottendorf – bekannt für die erzgebirgischen Räucherkerzchen – oder Cranzahl; hier befindet sich die Anfangsstation der Kleinbahn nach Oberwiesenthal. 1897 erbaut, läutete sie in den Fichtelberger Kammlagen das Zeitalter des Fremdenverkehrs ein. Mit der bequemen Verkehrsanbindung konnte sich Oberwiesenthal als Ausflugs- und Urlaubsziel für die blassen Städter aus den sächsischen Industrieperlen, wie Rußkams (Chemnitz), profilieren. Ein norwegischer Arbeiter, der am Bau der Bahn beteiligt war, hat in der Gegend das Skifahren eingebürgert. Die neue Mode einiger Verrückter wuchs sich bald zur Existenzgrundlage der kleinen Bergstadt Oberwiesenthal aus.

Auch Bärenstein und Neudorf sind einen Besuch wert. In jedem Falle sollten Sie einen Abstecher auf den Fichtelberg machen. Die ausgezeichnete Fernsicht und die wunderbare Gebirgsszenerie ringsum entschädigen für die häßlichen Gebäude auf dem Gipfel. Wer den Rundblick noch verbessern will, muß den etwas mühsamen Aufstieg auf den 40 m hohen Aussichtsturm auf sich nehmen.

Bis 1550 soll auf dem Fichtelberg ein »Jagd- und Lusthaus« der Schönburger gestanden haben – eine verräterische Bezeichnung. Da die Gepflogenheiten an den sächsischen Höfen bis ins späte Mittelalter nicht gerade prüde waren, kann man sich vorstellen, was in den Jagdhäusern auf diversen Gipfeln geschah. Für die braven Bürger, die Mitte des 19. Jh. den Berg erklommen, stand als Ausguck gerade mal ein klappriges Holzgerüst bereit. Der Waldbestand fiel bis zum 16. Jh. dem Holzeinschlag für den Bergbau zum Opfer. Eine Stadtansicht von Wilhelm *DILICH* von 1630 zeigt den Gipfel des Fichtelberges unbewaldet. Von 1848 bis 1869 gelang es in mühevoller Kleinarbeit, den Berg neu zu bepflanzen.

Ein gewisser Dr. Köhler, seines Zeichens Inspirator, Gründer und Vorsitzender des Erzgebirgshauptvereines, sprach 1880 von der Notwendigkeit eines würdigen Wahrzeichens auf dem Fichtelberg – Sachsens höchstem Gipfel. Denn von gegenüber drohte den Sachsen böse Schmach: Die Böhmen begannen auf dem Keilberg einen stattlichen Turm zu bauen, während auf dem Fichtelberg nur eine klapprige Holzruine mit der Warnung »Aufstieg verboten« vor sich hin faulte. Nach zehn Jahren reger Vereinstätigkeit endlich der Triumph: 1889 wur-

Fichtelberg: Der Gipfel

de das Fichtelberghaus eingeweiht. Fazit der Vereinszeitung: »*Der Erzgebirgsverein hat auf Sachsens höchstem Gipfel ein Werk geschaffen, das für alle Zeiten ein Zeugnis der Opferwilligkeit seiner Mitglieder bleiben wird.*« Am Abend des 25. Februar 1963 kokeln böse Buben in der hölzernen Inkarnation vereinstäterischer Opferwilligkeit, und der ewige Ruhm fackelt innerhalb weniger Stunden bis auf die Grundmauern ab.

Am 28. Juli 1967 wird nach dreijähriger Bauzeit ein neues Wahrzeichen eingeweiht. Das jetzige **Fichtelberghaus** fungierte als Prestigeobjekt für einen Staat, der um sein Selbstverständnis rang und es zu manifestieren suchte. Und tatsächlich waren die Erzgebirgler und ihre Gäste ungemein stolz auf die touristische Attraktion. In den Monaten nach der Eröffnung sollen an manchen Tagen 6-8000 Gäste das Erzgebirgsmonument gestürmt haben. Was uns heute ungelenk und klotzig vorkommt, war der Standard der 60er und 70er Jahre, damals zweifelsohne ein modernes Gebäude. Die Erbauer waren besonders auf die vielfach geforderte heimatverbundene Bauweise stolz. Wie hätte wohl ein Bauwerk ohne diesen Kompromiß ausgesehen? Das Fichtelberghaus konnte mit einem Café für 206 Personen, einem Grillrestaurant für 100 Personen, einem Salon für 54 Gäste und einer Selbstbedienungsgaststätte mit 240 Plätzen aufwarten. Auf einem der unzähligen Plätze sollten Sie sich dieses »Objekt« einmal anschauen, interessant ist der Bau allemal und für Gaumen und Magen wird gesorgt. Wer es eine Spur gemütlicher haben will, sollte das Selbstbedienungsrestaurant »Himmelsleiter« aufsuchen (10-17 Uhr).

Mit einer **Drahtseilbahn** kann man bequem nach Oberwiesenthal hinabfahren. Bereits 1912 erwogen, wurde die Seilbahn 1924 erbaut, konnte indes nach dem 2. Weltkrieg den Ansturm der Wintersportler und Wanderer nicht mehr bewältigen. In den Jahren 1961/62 wurde sie erweitert und legt seitdem die Distanz von 1250 m mit einem Höhenunterschied von 310 m in 6 Minuten zurück. In einer Kabine finden 38 Personen Platz, die einem Ziel entgegenschaukeln, das die Einheimischen schlicht und ergreifend »Odhal« nennen (die Bahn fährt von 9-12 Uhr und von 13-17 Uhr, außer bei Sturm, eine Fahrt kostet 5 DM).

Oberwiesenthal

1527 nach Silberfunden im Zechengrund von den Schönburgern gegründet, blieb dem Aschenputtel unter den Bergstädten der silberne Triumph versagt. Deutlich erkennbar ist das regelmäßige Gitterschema des Stadtgrundrisses, nach dem die Neugründungen auf die grüne Wiese gezirkelt wurden. Aber es half nichts, der große Bergsegen blieb aus. Aus diesem Grunde fehlen hier die großen, prächtigen Bürgerhäuser und majestätischen Kirchen, die das Bild reicher Bergstädte wie Annaberg und Marienberg prägen.

Schwer fällt es uns, eine Empfehlung auszusprechen. Der Kurort Oberwiesenthal war bereits zu DDR-Zeiten eine Hochburg des Massentourismus – mit allen Vor- und Nachteilen. »*Es dürfte kaum eine zweite Stadt in der DDR geben, die mit ihren rund 2600 Einwohnern so bekannt ist*«, feiert ein Reiseführer des FDGB-Feriendienstes 1967 den sich abzeichnenden touristischen Wahnsinn. Die gerade eröffnete Betonschachtel auf dem Fichtelberg wurde »*als eine der modernsten Großgaststätten unserer Republik*« gepriesen. »*Das Gebäude fügt sich gut ins Landschaftsbild ein.*« Über Geschmack läßt sich streiten.

Auf den zahlungskräftigeren Besucher zugeschnitten, ist heute in der Hochsaison vom alten wie vom neuen Erzgebirge wenig zu spüren. Dafür um so mehr Kurortatmosphäre, und wenn es Nacht wird in Oberwiesenthal, füllen sich die Straßen und zahlreichen Restaurants mit herausgeputzten Damen und eleganten Herren. Schauen Sie sich das Mekka des DDR-Feriendienstes an und entscheiden Sie selbst. Wintersportler ohne Ausrüstung werden über die Skiausleihmöglichkeiten sehr erfreut sein:

Sporthaus Gahler, Karlsbader Str., Tel. 586; Ski-Shop Kowarik, Breite Gasse, Tel. 305, Langlauf-Camp, E.-Riedel-Str. 12, Tel. 496; Sporthaus im Hotel »Am Fichtelberg«, Tel. 530. Bei Gahler kann man auch kleinere Defekte an Skiern beheben lassen.

Außerdem bietet Oberwiesenthal diverse Extras, wie Sommerrodelbahn (Vierenstr., Tel.496), Schwimmhalle und Sauna (Hotel »Am Fichtelberg« Karlsbader Str. 40, Tel. 530), ein Bio-Physikalisches Vitalzentrum mit Wirlpool, Pool, Sauna, Massagen, Solarium (»Panorama« Ringhotel, Vierenstr. 11, Tel. 617) und mehrere Ski- und Snowboardschulen. Wer genauere Auskunft wünscht, dem sei das Service- und Schneetelefon empfohlen (037 348/74 14).

6 *DER RAUHE WESTEN: RUND UM DEN AUERSBERG*

Kurzbeschreibung

Im Westerzgebirge finden wir um den Auersberg eines der größten zusammenhängenden Waldgebiete des Erzgebirges. Wanderfreunde können in den ausgedehnten Wäldern stundenlang herumspazieren, ohne einer Menschenseele zu begegnen. Ideal ist dieses Gebiet auch für Fahrradtouren; die geräumigen und breiten Waldfahrwege bieten sich dafür geradezu an. Im Winter wiederum können Skifahrer von gespurten Loipen aus die Kammlandschaft in ihrer weißen Pracht bestaunen. Als Ausgangspunkt wählen wir aufgrund der zentralen Lage Johanngeorgenstadt aus, wenngleich diese Stadt – resultierend aus ihrer stürmischen Geschichte – nicht gerade zu den schillerndsten Perlen des Erzgebirges gezählt werden kann.

ANFAHRT	• von Zwickau-Schneeberg: B 101 bis Aue, dann B 283 bis Eibenstock, von dort Landstraße über Wildental • von Chemnitz: B 169 bis Aue, von dort wie oben, oder von Aue B 101 bis Schwarzenberg, dann durch das Schwarzwassertal Landstraße über Anthonsthal nach Johanngeorgenstadt • von Annaberg: B 101 bis Schwarzenberg, dann dieselbe Route wie oben
AUSKÜNFTE	• Fremdenverkehrsamt, Eibenstocker Straße 52, 08349 Johanngeorgenstadt, Tel. 037 73/30 30 • Fremdenverkehrsamt, Hauptstr. 8, 08309 Wildenthal, Tel. 037 752/20 88 • Fremdenverkehrsamt, Hauptstr. 68, 08325 Carlsfeld, Tel. 037 752/20 00.
SCHLITTENFAHRTEN	• F. Themel, Preißler-Zechenweg 3, Johanngeorgenst. Tel. 037 73/26 13 • Fr. Schreyer, Erzengelweg 1, Johanngeorgenstadt Tel. 037 73/30 75
FAHRRADAUSLEIHE	• W. Duderstadt, Eibenstocker Str. 60, Johanngeorgenstadt, Tel. 037 73/26 66 • Fahrradausleihe am Bahnhof, Tel. 037 73/ 20 20
SKIAUSLEIHE	• Eibenstocker Straße, Tel. 037 73/24 47

DIE STADT DER SONNENSUCHER

Johanngeorgenstadt ist das seltsamste Gebilde, das man sich unter einer Stadt vorzustellen vermag. Fremde irren stundenlang durch die Gegend, ohne irgendwo einen Anhaltspunkt zu ihrer Orientierung zu finden. Um Ihnen dieses Schicksal zu ersparen, sagen wir es gleich zu Beginn: suchen Sie nicht das Zentrum dieser Stadt – es gibt keines! **Johanngeorgenstadt** besteht zwar aus elf (!) Stadtteilen, in deren Mitte jedoch wandern Sie durch dreißigjährige Fichtenbestände. Und zu allem Überfluß heißen hier die Wanderwege Georgistraße, Lutherstraße, Hohegenisterstraße oder Hospitalstraße – letztere führt übrigens zur Jugendherberge (03773/2194). Hat hier der von allen Bergleuten gefürchtete Berggeist die Häuser in Bäume verwandelt, so wie bei »Schneeweißchen und Rosenrot« die Prinzen in Tiere? Oder kann die Geschichte das Rätsel der verwunschenen Stadt erklären?

Johanngeorgenstadt ist die jüngste der erzgebirgischen Bergstädte. Ihre Gründung geht auf besondere Umstände zurück. Nach dem Dreißigjährigen Krieg verloren im Zuge der Protestantenverfolgung im böhmischen Königreich Tausende ihre Heimat. Im liberalen und protestantischen Sachsen fanden sie in Kurfürst Johann I. ihren Patron, der nicht zuletzt die wirtschaftlichen Vorteile dieser Situation auszunutzen wußte. Waren es im Vogtländischen die böhmischen Musikinstrumentenbauer, die einen völlig neuen Wirtschaftszweig einführten, so kamen in den Johanngeorgenstädter Raum vor allem erfahrene Bergleute aus der benachbarten Bergstadt Platten. Auf das Bittgesuch der Emigranten reagierte der sächsische Kurfürst kurzentschlossen mit einer Stadtgründung. Am 1. Mai 1654 wurden am Vorderen Fastenberg die Straßen und Plätze abgesteckt und der Bau der Stadt veranlaßt. Voller Dankbarkeit nannten die Bewohner ihre neue Heimat Johanngeorgenstadt.

Den Plattener Grubenspezis fehlten zu ihrem Glück jetzt nur noch entsprechende Erzlager. Der Berggeist meinte es zunächst außerordentlich gut mit den Johanngeorgenstädtern. 1658 wurden ergiebige Kobalterzlager entdeckt. Kobalterze eignen sich hervorragend zur Herstellung der begehrten blauen Smalte, und prompt bekam die Stadt ein Blaufarbenwerk. Da mit Kobalterzen meist auch andere Erze – wie es bergmännisch heißt – vergesellschaftet sind, waren die Johanngeorgenstädter voller Hoffnung. Und in der Tat: Aufgrund reicher Silberfunde errichtete man 1683 eine Silberschmelzhütte, die 1699 Silber im Wert von sage und schreibe 92 000 Talern ausschmolz. Zu Beginn des 19. Jh. für diverse Farben benötigt und ab 1896 unentbehrlicher Rohstoff für die Radiumherstellung, wurde hier jenes Erz abgebaut, das der Stadt fünfzig Jahre später zum Verhängnis werden sollte: die Uranpechplende.

Außer dem Bergbau hatte sich in der alten Bergstadt ein buntschillerndes Spektrum verschiedener Gewerke entfaltet. Es wurden Musikinstrumente – zum Beispiel Pianos, Akkordeons, Bandoneons und Zithern – gebaut, Handschuhe genäht, Uhren gefertigt, es gab Schneeschuhfabrikation und Klöppelei, Bändernäherei und Büromöbelherstellung. Von den 20er Jahren an florierte im Johanngeorgenstädter Raum der Fremdenverkehr. 1929 wurde hier die erste Großschanze Deutschlands eröffnet.

1945 war es mit alledem schlagartig vorbei. Die Stadt stand unverhofft im Schatten nur eines Ereignisses: Uranfunde! Der Befreiung auf dem Fuße folgten russische Bergbauingenieure im Offiziersrang, erstaunlich gut mit erzgebirgischen Gegebenheiten vertraut. Noch im selben Jahr wuselten sie durch die alten Grubenbaue – die Geburtsstunde der SDAG Wismut. Die Sowjets wollten die Bombe der Bomben bauen, die die Amerikaner gerade erst auf Nagasaki und Hiroshima abgeworfen hatten – ein unmißverständliches Zeichen an den östlichen Kriegsalliierten, daß jetzt andere Saiten aufgezogen würden...

Das Westerzgebirge war bis Aue und Schneeberg hinunter als »Sicherheitszone« deklariert, das hieß: Sperrgebiet. Ein Berggeschrei ungeahnten Ausmaßes rollte durchs Land. Zu den 6500 Ureinwohnern gesellten sich weit über 120 000 Bergleute im Revier um Johanngeorgenstadt. In der Stadt selbst lebten 55 000 Menschen. Zu den Heimatvertriebenen aus Pommern, Schlesien, Ostpreußen, dem Sudentenland und dem Banat gesellten sich alte Nazis und Kriegsverbrecher, Kriminelle und Tagelöhner aller Couleur. Später kamen selbst aus den Westzonen Leute ins Erzgebirge, um bei der Wismut zu arbeiten.

»Sonnensucher«

Völlig rätselhaft erscheint uns im nachhinein, wie die Sowjets es schafften, dieses hochbrisante Gemisch aus Entwurzelten, Gejagten und Glücksrittern in Schach zu halten. Von Zwangslagern ist jedenfalls ebensowenig überliefert wie von Streiks, Erhebungen oder Unruhen. Lediglich die »Schlacht von Zwickau« wurde bekannt und hierbei handelte es sich schlichtweg um Randale. Offenbar hat der märchenhafte Lebensstandard die üblen Burschen hinreichend sozialisiert. Und die mit dem Fuffi angezündete Zigarre gehört ebenso in das Repertoire der Geschichtenerzähler wie unglaubliche Geschichten über wüste Orgien. Entlang der Heimfahrtstrecken der Wismutkumpels entstanden die berüchtigten Wismutlokale, etwa der »Blaue Engel« in Aue und die »Libelle« in Chemnitz – üble Nachtbars, beliebt bei den randalierenden Kumpels.

Viele fuhren in ihrer Arbeitstracht nach Hause, in der Hosentasche die Geldbündel, im Stiefel den Erzhammer, Zigarette lässig im Mundwinkel. Die Züge waren völlig überfüllt, die Kumpel hockten auf Trittbrettern, Puffern und Dächern. Rollte das wilde Unternehmen über eine besonders hohe Brücke, so gehörte es zur Ehre des trunkenen Bergmanns auf dem Dache, das Viadukt im Kopfstand zu passieren. Ständig kreischten die Zugbremsen – wollte einer unterwegs aussteigen, wurde dies per Notbremse erledigt. Ihnen entgegen fuhren diverse Damen, in der Hoffnung, irgendwo einen der verwegenen Goldesel zu melken. Und das Erzgebirge wird wohl nach dem Kriege das einzige

Gebiet in Deutschland gewesen sein, wo ein solch akuter Überschuß an Herren zu finden war. Davon abgesehen, war es eine der ersten Regionen in Deutschland, in denen ein wirtschaftlicher Aufschwung stattfand. Doch im Vergleich zum geschaffenen Wert war es ein karger Lohn, der in das wilde Bergland im Süden Sachsens zurückfloß: die Wismut hat über 220 000 t Uran in die Sowjetunion geliefert!

Die Urangier der Sowjets kannte keine Grenzen. Nicht der Berggeist bewirkte 1954 den Abriß der Altstadt, sondern die Idee, die zur materiellen Gewalt wurde, als sie die Massen – nein, hier irrte Marx: als sie die Führer ergriff. Der Raubbau der Wismut hatte die Stadt völlig unterhöhlt, bis zu 15 m unter den Häusern brach man das strategische Gestein. Nachts hörten die Leute in ihren Betten die untertägigen Sprengungen näherkommen. Eine Zeitlang munkelte man gar, daß die Sowjets die Altstadt abrissen, weil sie dort einen Tagebau anlegen wollten. Da wo früher die Altstadt, respektive das Stadtzentrum war, rauschen heute die Fichten. Nur die Namen der Waldwege erinnern an das alte Johanngeorgenstadt.

Die Russen hatten ihre deutschen Bergleute indes ins Herz geschlossen. Für gutes Uran gutes Leben. Im Nordwesten wurde in den 50er Jahren eine komplette Stadt hochgezogen: die Neustadt. Diese Mustersiedlung ist in verschiedener Hinsicht bemerkenswert. Die ausgesprochen urbane Anlage mit kleinem Zentralplatz, Poliklinik, Post und vielen kleinen Läden in den Wohnhäusern ist noch heute zu besichtigen. Alle Wohnungen waren mit Küche und Bad ausgestattet – kurz nach dem Krieg in Ostdeutschland ein großer Luxus. Die gigantomanischen Machtinsignien der Weltkriegssieger, sonst im Zentrum jeder Großstadt thronend, fehlen in der gemütlichen Siedlung. Lediglich die Säulen des Kulturhauses und der Poliklinik verweisen auf die geistigen Väter.

Die ersten drei Jahre wurde ein ausgesprochen wüster Bergbau betrieben. Mit primitivsten Mitteln versuchte man um jeden Preis, Uran zu fördern. Nicht fachgerechter Grubenausbau und Trockenbohrungen gefährdeten Leben und Gesundheit der Bergleute auf das äußerste, schlechte Grubenelektrik verursachte Kabelbrände und Grubenbrände. Bis 1949 sind 1182 Bergleute tödlich verunglückt, 3167 wurden amputiert, 16 760 erlitten Gesundheitsschäden schwerster Art, 11 000 sind getürmt, 5000 wurden wegen Sabotage verurteilt und 4465 geschlechtskrank.

Ab 1949 nahm das Bergwesen der Wismut geregeltere Formen an. In den 50er Jahren kann man von systematischem Bergbau sprechen. 1958 war der Spuk vorbei – zumindest in Johanngeorgenstadt.

In jenem Jahr soll auch ein Film der Öffentlichkeit vorgestellt werden, der den verwegenen Gestalten aus Johanngeorgenstadt ein Denkmal setzt: »Sonnensucher« in der Regie von Konrad *WOLF*, in den Hauptrollen ostdeutsche Filminstitutionen wie Günther Simon und Erwin Geschonneck. Walter Ulbricht schaut sich den Streifen an und gibt auf einem Treffen mit den Filmern sein O.K. zu dem reichlich subversiven Stück. Nach der Uraufführung in Aue sollte

Premiere in den großen Kinos der Republik sein. Einen Tag zuvor ruft der sowjetische Botschafter an und fordert ultimativ die Absetzung. In der Folge kommt es zu mehreren Änderungen – Wolf hofft, den Film doch noch zugelassen zu bekommen. Jedoch erst 1972, im Zusammenhang mit den von Honeckers Palastrevolte genährten Tauwetterhoffnungen, gelangt der Streifen in die Kinos.

Der Bergmann – ein Mythos?

Bergleute sind eine mythische Innung. Die Vielzahl der Mythen und Sagen, die sich um den Bergarbeiter ranken, zeigt, daß der Umgang mit den täglichen Fährnissen die Einbettung in eine übersinnliche Welt erfordert. Der Bergmann ist stolz auf seinen Beruf. Dieser Stolz ist von der Obrigkeit stets genährt worden – aus gutem Grund. Das Silber des Erzgebirges hat Sachsen im Spätmittelalter zu einem der größten und reichsten Territorialstaaten Deutschlands gemacht. Und der Ruhm des geförderten Erzes – sei es Silber, Eisen oder Uran – geht auch auf diejenigen über, die es unter Einsatz ihres Lebens dem Innern der Erde entreißen. Bergleute sind Schatzsucher, Entdecker, die in unbekannte Gefilde vordringen. Das Dasein des Bergmanns steht auf keinem festen Boden, er ist immer unterwegs; genauso unsicher wie das Erz im tauben Gestein ist sein eigenes Leben. Die Einfahrt tief ins Innere des Berges, das Dunkel des Stollens, die allgegenwärtige Gefahr erzeugen ein mythisches Bewußtsein von der eigenen Existenz, gespiegelt in Liedern, Legenden und Riten und all jenen vielgestaltigen Objekten, die damit in Verbindung stehen. Der Bergmann, seine Frau, seine Kinder brauchen diese mythische Welt, um körperlich wie seelisch zu überleben. Es scheint, als würden sie reich dadurch, reicher als manche im behaglichen Wohlstand übertage. Und noch etwas leistet die bergmännische Mythologie: sie reflektiert und schafft Zusammenhalt. Der hohe Gemeinschaftssinn des Bergmannes ist untertage, aber auch im Alltag lebenswichtig.

Im Erzgebirge ist diese Volkskultur zu einer seltenen Blüte gekommen. Alle Lebensbereiche sind hier vom Bergbau beeinflußt. Wo man andernorts beim Gruß den guten Tag oder den lieben Gott lobt, sagt im Erzgebirge jedermann »Glück Auf«. Und so nimmt es nicht Wunder, daß gerade die seltenen Gelegenheiten zum Feiern ganz vom bergmännischen Geist geprägt sind. Weihnacht im Erzgebirge wird als Fest des Lichtes und der Freude gefeiert. Lichterengel, Pyramide, Schwibbogen, Weihnachtsberg zeigen die Preisung des Lichtes und der Zuversicht. Gepriesen wird in den bergmännischen Liedern und Riten des alten Erzgebirges aber auch die Stärke der Gemeinschaft, die Kraft der gegenseitigen Hilfe und die Geborgenheit im heimatlichen Umfeld.

Aufgrund all dieser Eigenheiten waren die Lieder, Kulte und Mythen des Erzgebirges geeignet, die deutschen Weihnachtsriten der letzten hundert Jahre zu bestimmen, auch wenn deren Absolventen kaum etwas von ihrer Herkunft und ursprünglichen Bedeutung ahnen. Eine verborgene Sehnsucht danach wohnt vielleicht doch in jedem von uns.

RUND UM JOHANNGEORGENSTADT

VON SONNENSUCHERN, CALDARELLIS UND EINEM ÄFFCHEN, DAS MANDOLINE SPIELT

Am Johanngeorgenstädter Bahnhof beginnen wir unsere Tour. Hier begegnen wir den Sonnensuchern ein zweites Mal. Schlendern wir heute an dem verstaubten Gebäude vorbei, so ist seine frühere Bedeutung kaum vorstellbar. In der wilden Zeit des Wismutbergbaus strömten täglich 80 000 Bergleute durch die Bahnhofshalle. Die verwegenen Gesellen kamen mit Zügen, Lastern und Bussen aus bis zu 40 km entfernten Wohnlagern. Die Züge waren derart überfüllt, daß die Kumpels ihre Erzhämmer in die Waggondächer schlagen mußten, um sich in luftiger Höhe einen Platz für die Heimfahrt zu sichern. Im Johanngeorgenstädter Bahnhof kam es zu unglaublichen Tumulten. An einem Heimfahrtabend nach einer langen Schichtwoche erschlugen Bergleute den Bahnhofsvorsteher, weil er die Reihenfolge der Zugabfahrt nicht beachtet hatte. Die mit raufenden und johlenden Sonnensuchern überladenen Züge fuhren nach einer bestimmten Regel aus dem Bahnhof nach Schwarzenberg und Zwickau. Die Täter wurden nie ermittelt, dafür im allgemeinen Durcheinander noch ein Wachhund der Wismutpolizei erschlagen. Auch spätere Verhöre brachten keine Hinweise auf die Schuldigen; der Ehrenkodex der Bergleute verbot es, einen der ihren bei der Obrigkeit zu verpfeifen.

Bis Anfang der 80er Jahre traf sich im Bahnhofslokal regelmäßig eine illustre Runde von Wismutveteranen. Bei Schnaps und Bier ließen sie die wilde Zeit in wilden Geschichten Revue passieren. Der Stolz einer jeden Runde war es, einen aus dem »Wismutadel« unter sich zu wissen. Zum Wismutadel durfte sich zählen, wer bereits in den Gründerjahren mit dabei war. Vielleicht gelingt es Ihnen, hier oder anderswo auf eine solche Wismutrunde zu stoßen. Lassen Sie sich von Ihnen all die Geschichten erzählen, die wir unmöglich hier abdrucken können.

Zurück zum berüchtigten Johanngeorgenstädter Bahnhof und zu unserer Tour. Ein Blickfang ist vis-à-vis das Hotel »Deutsches Haus«, das schon zu DDR-Zeiten diesen Namen trug. Wie viele andere, wartet das Etablissement auf einen Investor. Wir wählen für unsere Tour linker Hand die Straße am Pechöfenbach und laufen durch **Wittigsthal** in Richtung Unterjugel. Seit 1651 stand in Wittigsthal ein Eisenhammer. 1838 errichtete C.G. Nestler als Reaktion auf die billigen englischen Walzbleche das erste sächsische Blechwalzwerk.

Nach kurzer Zeit begegnen Sie einer unverhofften Erscheinung. Menschengewimmel, Autoschlangen, eine völlig zugeparkte Straße verweisen nicht etwa auf ein großes Interesse am nahegelegenen Schaubergwerk »Frisch Glück«, im Volksmund kurz das »Glöckl« genannt, sondern auf den Fußgängergrenzübergang nach Potucky (Breitenbach). Hier pilgern Volksmassen aus ganz Sachsen zu den windschiefen Einkaufsbuden auf der böhmischen Seite.

Das Glöckl

Der »Frisch Glück«-Kunst- und Treibeschacht war 1945 Schacht 1 im Objekt 1 der Wismut und damit der Ausgangspunkt des Uranbergbaus in Johanngeorgenstadt und im gesamten Erzgebirge. Silber wurde hier 1658 zum ersten Mal gefunden. Zu seinem Namen kam der Schacht durch einen hölzernen Bergmann auf dem Dach der Stollenkaue, der eine Glocke anschlug, solange die untertägigen Wasserpumpen richtig arbeiteten.

Sie betreten den Schacht durch einen alten Stollen von 1840. Im Bergwerk kann sich der Besucher ein plastisches Bild von der Arbeit unter Tage und der Entwicklung der Bergbautechnik machen. Dem einen zur Freud, dem andern zum Leid befindet sich keine Uranpechblende mehr im Gang, aber in einer Vitrine kann man erschauernd das Objekt imperialer Begierde betrachten. Wenigstens beginnt der Geigerzähler in der Hand des Bergwerksführers in Vitrinennähe lustig zu knattern.

Wie beruhigend, daß die Bergwerksleitung turnusmäßig Radonmessungen durchführen läßt. Wer´s wissen will... Sie können die Urangrube über eine Wismutstrecke von 1947 verlassen. (Geöffnet täglich, Führungen um 13, 14 und 15 Uhr, Tel. 037 73/21 40)

Wer sich für die Johanngeorgenstädter Bergbaugeschichte interessiert, dem sei ein Ausflug auf dem **Bergbaulehrpfad** empfohlen. Dieser begleitet Sie an vielen Bergbauzeugnissen vorbei zum gerade rekonstruierten Pferdegöpel auf dem Göpelschacht von »Hohneujahr«. Unweit des Göpels können Sie in der Waldpension »Am Schwefelbach« ganz ausgezeichnet speisen (Schwefelwerkstr. 36, 037 73/32 22, EZ 35 DM). Das Etablissement macht zwar einen stark tourismusorientierten Eindruck, die erstklassige Küche indes rechtfertigt die Überwindung jeden Hindernisses. Übernachten kann man auch in der Schwefelwerkstraße 28, allerdings muß hier das stilechte Inventar des DDR-Feriendienstes in Kauf genommen werden (Pension »Haus am Wald« Tel. 037 73/29 59, 22 DM). Kenner werden übrigens die langgezogenen Häuschen am Waldrand sofort als ehemalige Wismutsiedlung identifizieren.

Jugel

Unsere Tour führt uns jedoch weiter durch Unterjugel hindurch zum Gasthaus »Farbmühle«. An der Stelle des heutigen Gebäudes befand sich eine Farbmühle,

Im Wismut-schacht

die Kobaltblau herstellte. 1668 wurde sie durch Ankauf kurfürstlich und 1677 mit dem berühmten Blaufarbenwerk Oberschlema vereinigt.

Als im 16. Jh. der Bergsegen des Obererzgebirges sich jährlich verminderte und überall ein Wehgeschrei über den Silberräuber – oder Kobold, wie man das taube Erz nannte, das das Silberausbringen erschwerte –, sich erhob, da kam Christoph Schürer, eines Apothekers Sohn aus Westfalen, landesflüchtig seines evangelischen Glaubens wegen, nach Schneeberg, wo er, als ein in der Chemie und der Naturlehre wohlerfahrener junger Mann, bald eine Anstellung bei den Hütten fand. Schon wenige Tage nach seiner Ankunft gewann er die Liebe Annas, der Tochter des Hüttenmeisters Rauh, und durch sein einnehmendes Betragen bald auch das Jawort ihres Vaters, so daß die Hochzeit auf das nächste Bergfest bestimmt wurde. Ehe aber das Bergfest kam, drohte Schürers Unstern alle seine Hoffnungen zu vernichten. Denn in seinem Forscherdrang war er auf den Gedanken geraten, den vielverrufenen Kobold, den verhaßten Silberräuber, durch chemische Zubereitungen zu etwas Nützlichem umzugestalten. In einer Schmelzhütte in Oberschlema machte er heimlich vielfältige Versuche und trieb es damit oft die ganze Nacht hindurch, so eifrig, daß er bald in den Verdacht der Alchimisterei und Schwarzkünstelei geriet. Als daher aus Platten in Böhmen, wo er sich bei seinem früheren Aufenthalte daselbst durch seinen Glauben Feinde und durch seine Kenntnisse und sein Ansehen Neider gemacht hatte, mehrfache Klagen einliefen, daß er ein Zauberer, Dieb und Glaspartierer gewesen sei und man seine Auslieferung forderte, gebot der Bürgermeister, ihn zu verhaften. Eben war Schürer in der Schmelzhütte mit seinen Versuchen beschäftigt, da kam der Fron,

ihn festzunehmen, fand aber die äußere Thür verschlossen und meldete es dem Bergmeister. Diesen sowie den Hüttenmeister Rauh und einige Geschworene trieb jetzt die Neugier, mitzugehen. Die Tür wurde aufgesprengt, und mit freudefunkelnden Augen trat der gesuchte Verbrecher den Eintretenden entgegen. Aber wie staunte er, als der Fron ihn griff und einen Zauberer, Dieb und Partierer schalt. »Männer«, rief er, schnell sich fassend, mit fester Stimme, »Männer, prüfet, ehe ihr entscheidet! Meint ihr, ich treibe bösen Unfug mit schwarzer Kunst, so tretet her! Seht, dies wollte ich gewinnen, und Gott sei Dank, endlich ists gelungen! Ich meine, es soll dem Lande von großem Nutzen sein!« Somit reichte er ihnen eine Mulde voll feinen, schönblauen Staubmehles hin. Die Bergherren staunten und begehrten zu wissen, wie und woraus er solche schöne Farbe bereitet habe. Schürer zeigte ihnen alles willig und reinigte sich so von dem Verdachte, daß er ein Schwarzkünstler sei. Auch machte es dem Bergmeister so große Freude, daß er versprach, alles zu tun, um Schürers Unschuld gegen die Anklagen der Böhmen zu erweisen. Dies gelang auch dem wackeren Manne bald, und Schürer erhielt seine Freiheit wieder und kam durch die Erfindung der schönen blauen Farbe, die man anfangs nur blaues Wunder nannte, zu großen Ehren, und als das Bergfest gekommen war, wurde er des Hüttenmeisters glücklicher Eidam.

Der Beruf des Blaufarbenwerkers war im Erzgebirge genauso geachtet wie der des Bergmannes. An den traditionellen erzgebirgischen Bergparaden nahmen sie in ihrer Festtagsuniform teil. Die Festtracht bestand aus weißem Leinwandkittel und weißer Hose, blauem Schurz und schwarzem Berghut, den eine Sachsenkokarde zierte. Die erzgebirgischen Blaufarbenwerke in Oberschlema und Pfannenstiel und das Schindlersche zwischen Aue und Schwarzenberg vertrieben ihre Farben über ein gemeinsames Kontor in Schneeberg. Kurz nach der Farbmühle – die Gaststätte ist geschlossen, ein neuer Betreiber noch nicht gefunden – führt uns die Straße hinauf nach Oberjugel. Eine Einkehr im dortigen Wanderheim ist unbedingt zu empfehlen.

Das Wanderheim

Schon zu DDR-Zeiten war das Haus für sein erzgebirgisches Ambiente und seine Gastlichkeit bekannt. Und trotz umfassender Rekonstruktion findet der Wanderer hier, was so häufig im Zuge der marktwirtschatlichen Sanierung verloren ging. Die behagliche Atmosphäre einer Wanderbaude, verbunden mit lokalem Kolorit, ist auf einem modernen gastronomischen Niveau erhalten worden. Traditionspflege wird vom Wirt selbst repräsentiert. Eckhard Ring ist nicht nur selbst begeisterter Sänger, er kannte auch eine folkloristische Legende des Erzgebirges noch persönlich.

Die Caldarellis

Die Caldarellis brachten das erzgebirgische Volkslied zur höchsten Blüte. Der

Sohn Anton Günthers, des Stammvaters der Erzgebirgsfolklore, Erwin Günther, soll bei einem Konzert der Caldarellis verzückt ausgerufen haben: »Genau su wullt´dor´s fei ham, genau eh su!« Die Schwestern aus Sosa haben von 1945 bis in die siebziger Jahre ein Liedgut geschaffen, das heute nahezu vergessen ist. Doch insbesondere Anina Caldarelli, die erste Sopranstimme, wurde ihrerzeit stürmisch gefeiert. In den wenigen erhaltenen Mitschnitten begegnet uns nicht die vermarktete Einfalt aus dem Musikantenstadl, sondern eine schlichte, ungebrochene, elementare Volksweise.

Der eigentümlich klare und sehr präzise, mehrstimmige Gesang ist sicher nicht jedermans Sache. Als permanent innovierten Gliedern der Mediengesellschaft ist uns eine prinzipielle Abneigung gegen Folklore eigen, zumal wenn es sich auch noch um deutsche handelt. Das erzgebirgische Liedgut ist jedoch genauso wie die Mundart und der Weihnachtsbrauch eine Eigenart dieses Landstrichs. Und wem es gelingt, für kurze Zeit sein Vorurteil zu vergessen, der wird vielleicht einen Zugang zu dieser gleichsam bodenständigen wie flotten Musik finden. Fragen Sie den Wirt des Wanderheimes, vielleicht legt er für Sie eine der alten Cassetten ein.

Wir wollen Ihnen ein breites Spektrum verschiedener Übernachtungsmöglichkeiten vorstellen. Jedes Quartier hat seine speziellen Vorzüge. Mit 25 bis 30 DM pro Bett (inkl. Frühstück) gehört das Wanderheim nicht zu den billigen Absteigen. Wer jedoch einen gewissen Komfort schätzt, wird hier auf seine Kosten kommen (08349 Johanngeorgenstadt; Jugelstr.52; 2 EZ, 3 DZ, 25-30 DM pro Bett, Tel. 037 73/26 15; Do Ruhetag Öffnungszeiten 11-19 Uhr, Sa 11-22 Uhr).

Wir laufen nun die Straße am Wanderheim weiter nach Westen und biegen auf dem markierten Wanderweg rechts ab in Richtung Henneberg. Bald erreichen wir die **Henneberger Häuser**. Hier befanden sich schon 1599 die beiden Gruben »Hilfe Gottes am Henneberg« und »Goliath«. Bergbau wurde auf Kupfer und bis Mitte des 19. Jh. auf Roteisenstein (Hämatit) betrieben. Im linken Gebäude befindet sich eine gemütliche kleine Gastwirtschaft mit Zimmervermietung (12 Betten, 25 DM mit Frühstück und Abendbrot, 08349 Johanngeorgenstadt, Tel. 037 73/21 04; 11-17 Uhr, Di, Mi Ruhetag). Aufgrund der ruhigen Lage mitten im Wald und der wundervollen Umgebung sind die Fremdenzimmer häufig ausgebucht. Im Gebäude rechter Hand wohnte bis vor einigen Jahren ein alter Waldbauer mit seinen Tieren. Das Haus und seine Einrichtung überdauerte ohne jede Veränderung den Zeitenwandel. Nach dem Tod des alten Bauern entstand das Projekt, das einmalige Anwesen als Museum zu erhalten. Aber wie so oft im postsozialistischen Erzgebirge kam es ganz anders. Ein Berliner Regisseur kaufte das Haus und baute es aus.

Etwas weiter westlich der Henneberger Häuser finden wir das unter Naturschutz stehende Hochmoor **Kleiner Kranichsee**. Das Wort Kranichsee rührt nicht etwa von einer Wasseransammlung mit hochbeinigen Vögeln her. Es kommt hier vom slawischen granica = Grenze; See leitet sich von Seihe, einer Gebirgsbezeichnung für saure Wiesen, ab. Auf einem sicheren Knüppeldamm kann man die nährstoffarme Vegetation dieses Moores begutachten, auf einem Holzturm das ganze Areal überblicken. Botanische Kostbarkeiten sind hier der rundblättrige Sonnentau (Drosera rotundifolia) und die Schlammsegge (Carex limosa), ein echtes Glazialrelikt. Die Tierwelt ist vor allem durch Kreuzotter, Bergeidechse, Rebhuhn, Wachtel und Wiesenpieper vertreten. Die Entstehung dieses Moores fällt in die letzte Vereisungsperiode. In Felsensenken schmolz das Firniseis ab, das Wasser konnte nicht ablaufen. Moose und Farne siedelten sich an, vertorften und bildeten Schichtungen. Im Laufe vieler Jahrhunderte wuchs das Moor hoch, daher die Bezeichnung Hochmoor.

Wir verlassen den Kranichsee und wandern auf der »Eisenstraße« den ausgeschilderten Fahrweg weiter auf Steinbach zu.

Steinbach

In der Bergbaugemeinde Steinbach – der Ort wird in bergbaulichen Quellen 1530 erstmals genannt – befand sich von 1629 bis 1680 ein Hochofen zur Eisengewinnung. Zu DDR-Zeiten waren in Steinbach mehrere Betriebsferienheime angesiedelt. Neben dem FDGB-Vertragsheim »Waldesruh« produzierte besonders das überdimensionale Heim der IG Wismut das typische Urlaubsfeeling des Arbeiter- und Bauernstaates. Welcher Ostler erinnert sich nicht an überfüllte Busse, überfüllte Läden, überfüllte Gaststätten mit Warteschlange davor, an die riesigen Speisesäle mit wüstem Gerangel am zentralen Buffetstand, an den unvermeidlichen *Rohkostteller*, bestehend aus barbarischem Krautzeug in geraspelter Form, an die beliebte *Soli* (Soljanka) aus Jagdwurst und Küchenresten oder an die *Sättigungsbeilagen* und das abscheuliche *Mischobstkompott*? – Schön wars trotzdem. Man war enger zusammen, man wußte, wollte mehr voneinander. Der soziale Umgang war unbekümmert. Manche Familien trafen sich über viele Jahre hinweg zur gleichen Zeit im selben Urlaubsort und freuten sich das ganze Jahr über darauf. Die Kinder hatten Urlaubsfreunde und wurden miteinander größer. Was dem Westler verquer erscheinen mag, war auch gelebtes Leben und hatte eigene Vorzüge.

Das klotzige Wismut-Ferienheim steht heute leer, ein trauriges, unwandelbares Relikt vergangener Zeiten. Weit gefehlt, wer jedoch der Wismut den Klotz anlastet: er wurde bereits vor 1945 als Gasthof genutzt. Die Wismut brachte zunächst ein Nachtsanatorium darin unter und baute das Haus später zum Ferienheim um.

Das »**Waldesruh**« hingegen ist nach wie vor ein nettes kleines Ferienheim mit 28 Betten von 25 bis 35 DM, guter Küche und ruhiger Lage (8-22 Uhr, Mo/Di Ruhetag, Tel. 037 73/27 14). Die Szenerie wird jedoch vom »**Gasthof Steinbach**« beherrscht, eine Stätte moderner Gastronomie reinsten Wassers. Die synthetische Komplettausstattung mit einem Schuß Erzgebirge ist nicht mal ungemütlich, zumindest was den Gastraum betrifft. Eine Kleinbürgerwelt mit nett neutralem Blumenbukett an jeder Wand bietet soliden Komfort, auch wenn von der Geschichte des Hauses, der Gegend und den Menschen, die hier wohnen, nicht viel zu bemerken ist. Es ist halt alles neu, eine neue Welt. Der Gasthof ist von 11 bis 22 Uhr geöffnet (Do Ruhetag), und ein Zweibettzimmer mit Dusche, WC und Frühstück ist schon ab 90 DM zu haben (Tel. 037 73/22 28).

Anderthalb Kilometer die Straße aufwärts weht ein anderer Wind. Im Gasthaus »**Sauschwemme**« steht noch der alte Kachelofen im Gastraum, und auch sonst ist alles beim alten und ziemlich eng. Geöffnet ist das kleine, urgemütliche Häusl von 10 bis 20 Uhr (Mi/Do Ruhetage), und Zimmer sind keine zu haben (Tel. 037 73/25 91).

Das Steinbachtal

Unsere Tour führt uns ein kleines Stück in Richtung Johanngeorgenstadt, dann folgen wir der nach Norden abzweigenden Straße in das Steinbachtal. Der geologisch Interessierte findet den in dieser Gegend anstehenden Turmalingranit in zwei stillgelegten Steinbrüchen auf der rechten Fahrwegseite aufgeschlossen. Die bankige Verwitterung des Granites kann man an den **Teufelssteinen** linker Hand gut erkennen. Diese eigenartigen Gesteinsformen konnten sich die Leute in früheren Zeiten nur schwer erklären. Sicherlich tat die eigenartige Atmosphäre in dem Waldtal ihr übriges, diese Felsen mit dem Teufel in Verbindung zu bringen. Eine Sage berichtet von der Teufelskanzel, auch Kanzelstein genannt:

In der Zeit, als sich böhmische Exulanten in Johanngeorgenstadt niederließen, zogen eines Morgens drei Bergleute vor die Stadt, um mit Hilfe der Wünschelrute das langersehnte Silber zu finden. Dabei kamen sie an einen Felsen, an dessen Fuße sie sich ermüdet niederließen. Sie unterhielten sich über die Gründung der neuen Stadt, über die Barmherzigkeit von Johann Georg I., dem sächsischen Kurfürsten, der sie ihnen zugebilligt hatte, und kamen darauf zu sprechen, daß die katholischen Sendboten aus Böhmen immer dreister vorgehen, um verlorene Brüder zum rechten Glauben und zur Rückkehr nach Böhmen zu verleiten. Kaum hatten sie dies ausgesprochen, als es hinter ihnen im Gebüsch raschelte, als hätte jemand die ganze Zeit dort gestanden. Sie fuhren erschrocken auf und sahen einen feisten und sehr alten Mönch in abgetragenen Kleidern. Kaum daß sie sich gefaßt hatten, winkte er ihnen mit dem Zeigefinger, und wie von einer unsichtbaren Gewalt gelenkt, zog es sie ins Gebüsch. Der Mönch stieg mit langsamen, schweren Schritten einen Felsen entlang, und wie verhext formte sich jedesmal unter seinem Fuße eine Treppe, die auch die gebannten Bergmänner benutzen mußten. Auf dem Gipfel angelangt, hub der Alte mit tiefer, knarrender Stimme an, ihnen vom katholischen Glauben zu predigen. Für die Rückkehr versprach er ihnen mit schauerlicher Stimme eine Silberader, zu der er sie führen würde. Den armen Gesellen wurde es gar sonderlich zumute. Einem fiel auf, daß der merkwürdige

Fremde nie den Namen Gottes oder des Heilands erwähnte. In seiner Seelenangst rief er also: Heiliger Gott, sei uns gnädig und barmherzig! Bei diesen Worten ertönte ein dunkles Grollen im Felsen, und alle Steine ringsum erzitterten. Der fremde Mönch aber fuhr mit einem gräßlichen Geheul in den Stein hinein.
Die drei wackeren Böhmen waren erlöst. Sie ahnten, daß der sonderbare Mönch niemand anders als der Leibhaftige gewesen sein konnte, der sie in Versuchung führen wollte. Erleichtert kehrten sie in ihre neue Stadt zurück. Unterwegs eilte ihnen schon die gute Kunde entgegen, daß die ersehnte Silberader gefunden sei.

Oberhalb der Teufelssteine, kann man zwar nicht dem Teufel, aber einer mineralogischen Seltenheit begegnen. Im Haldenmaterial des ehemaligen Günterschachtes entdeckt der geduldige Mineraliensammler gelegentlich die sekundären Uranglimmer Autunit, Torbernit und Zeunerit. Der Weg zum Günterschacht ist sehr schwer zu finden, am besten, man zieht Einheimische zu Rate. Bei den intensiv gelb-grünlich gefärbten Uranglimmern handelt es sich um radioaktive Mineralien – Vorsicht ist angesagt!

Wir wandern das Steinbachtal weiter bachabwärts und haben an der Kellerschleiferei mehr als die Hälfte des Tales geschafft. Aus einer alten Holzschleiferei entwickelte sich hier ab 1930 eine kleine Metallwarenfabrik, die ihr Maschinenantriebswasser bis 1963 dem Steinbach entnahm. Unweit der kleinen Fabrik führt die Kellerbrücke über den Bach, hier verlief der alte Fahrweg von Johanngeorgenstadt nach Sosa. Wir gehen das Steinbachtal hinunter bis nach Erlabrunn.

Erlabrunn

1591 wurde »Erlebrunn« das erste Mal erwähnt – Zwickauer Flößer beschafften sich von hier ihr Holz. Von 1649 bis 1739 arbeitete eine Zinnzeche in Erlabrunn. 1755 zählte der Ort nur noch 10 Bewohner. Diese 10 Unentwegten hätten den Teufel im Spiel geglaubt, wären sie 200 Jahre später noch einmal auf ihren verlassenen Flecken gestoßen. Und in der Tat: die besessenen Gesellen der SDAG Wismut waren auch hier am Werk. Innerhalb kurzer Zeit wurde eines der damals größten und modernsten Krankenhäuser der DDR aus dem Waldboden gestampft. Erlabrunn war im ganzen Lande ein Begriff. 1951 feierte man die Einweihung des Krankenhauses zur medizinischen Betreuung der Kumpel. Im gleichen Atemzug wurden noch drei angeschlossene Wohngebiete übergeben. Der selbstherrliche Komplex dient auch heute als Klinik, ausgestattet mit 500 Betten. Ähnlich wie beim Nachtsanatorium Antonshöhe ist man gleichwohl von der mondänen, großzügigen Architektur beeindruckt. Zweifelsohne ist dies stalinistische Baukunst. Doch im Vergleich zu den zuckerbäckrigen Monstren in Moskau oder Warschau wirkt das Ensemble eher großbürgerlich solide.

Direkt an der Straße nach Johanngeorgenstadt finden wir das zur Zeit leider geschlossene **Täumerhaus**. Am linken Schwarzwasserufer baute 1652 ein böhmischer Exulant ein Zechenhaus nebst Pochwerk. 1678 erwarb *CHRISTOPH*

Wismut-Bergarbeitersanatorium

TEUBNER das Anwesen. Das Haus trägt seinen Namen – allerdings in mundartlicher Veränderung. Seit 1717 brachte eine Schanklizenz mehr Gewinn als der Bergbau. Als der Gasthof 1905 einem Feuer zum Opfer fiel, baute man an derselben Stelle eine neue Gaststätte mit Fremdenzimmern. Das heutige Aussehen erhielt das Haus 1923; damals zählte es zu den beliebtesten Restaurationen des Westerzgebirges.

Sie können von Erlabrunn mit der Eisenbahn nach Johanngeorgenstadt zurückfahren oder auf der linken Talseite des Schwarzwassertales zurückwandern. Die beschriebene Tour umfaßt einschließlich der Bahnstrecke ca. 21 km (ohne Abstecher).

Falls Sie noch etwas verweilen möchten, zum Abschluß ein Tip zur Einkehr. Im Gasthof »Steinheidel« können Sie gut und preiswert zu Mittag oder zu Abend speisen. Falls Sie Einheimische nach dem Weg fragen wollen, so wird allerdings niemand einen Gasthof Steinheidel kennen. »Velacht meen Se'n Stahaadler Aff?« wird der zünftige Gebirgler antworten. »**Stahaadler Aff**« heißt das Lokal im Volksmund – benannt nach einem Stoffäffchen, das in einem Mandolinen-Orchestrion aus dem Jahre 1902 den Takt angibt. Dieses geniale Ungetüm steht im Saal des Gasthofes und kann mit einem »Fuffzcher« in Gang gesetzt werden. Geradezu extravagant ist die Lage der freundlichen Wirtschaft hoch über dem Schwarzwassertal. Wer von seinem Mahl aufschaut, hat einen wundervollen Blick auf die westerzgebirgische Bergwelt nach Johanngeorgenstadt (in 08349 Steinheidel, Nr. 7; Tel. 037 756/240; Übernachtung mit Frühstück kostet 20 DM).

Blick vom »Stahaadler Aff«

AUERSBERG UND WILDENTHAL

EIN SEMINAROBERLEHRER KOMMT AUF IDEEN

Für unsere nächsten Touren empfehlen wir Ihnen wegen seiner zentralen Lage das knapp zwei Kilometer östlich des Auersberges gelegene **Wildenthal** als Ausgangspunkt. Der Ort liegt nicht nur günstig in bezug auf die vielen Wanderziele in seiner näheren und ferneren Umgebung, er ist selbst ein touristisches Kleinod. In das tiefeingekerbte Tal der Großen Bockau geduckt, zählt die 300-Seelen-Gemeinde zu den reizvollsten Orten der Region. Von dichtem Fichtenhochwald bestandene Höhen schützen den Luftkurort ringsum vor rauhen Winden. Die schmucken Häuschen schlängeln sich am Fuße des majestätischen Auersberges entlang. Wer vermutet hinter dieser beschaulichen Kulisse eine bewegte Vergangenheit?

Anarch von Wildenfels bekam 1598 vom kurfürstlichen Kommissar die Erlaubnis, im Tal der Großen Bockau ein Hammerwerk zu errichten. Damit begann die lange Geschichte Wildenthals als Hammerwerksgemeinde, eine Tradition, der man mit dem alljährlichen Wildenthaler Hammerfest am zweiten Augustwochenende zu gedenken versucht. Wie andernorts im Erzgebirge durchlebten auch die Wildenthaler mit ihrem Hammerwerk einige Turbulenzen. Nach einem positiven Beginn übernahm Anfang des 17. Jh. der berühmte Hammermeister Hieronymus Müller von Berneck das Werk. Er leitete auch den Auerhammer. Nach dem Dreißigjährigen Krieg war das Hammerwerk betriebsunfähig. 1647 kaufte Michael Gottschaldt die Anlage, baute einen zweiten Stabhammer und erwirkte 1655 das Privileg auf einen Hochofen, einen Blechhammer und ein Zinnhaus. Darüber hinaus hatte das Multitalent das Recht zum freien Schlachten, Backen, Brauen und Schenken und betrieb Ackerbau und Viehzucht.

Um 1812 waren 26 Arbeiter im Werk tätig. Die Bedingungen waren miserabel: Sie wurden im Trucksystem ausgebeutet und erhielten häufig ihren Lohn gar nicht. 1830 gehörte das Werk zwei Frauen; vorsichtshalber ließen sie es gleich von fünf Hammermeistern leiten. Noch 1860 wurde das Werk mit Torf befeuert; neben 63 Arbeitern und 5 Beamten beschäftigte man 50 Torfstecher. Der Lebensabend der Hammerwerker war unerfreulich. Ließen nach einem beschwerlichen Arbeitsleben die Kräfte nach, so blieb ihnen häufig nichts anderes übrig, als bettelnd durch die Lande zu ziehen. In der Schwarzenberger Gegend sagte man: *»Kein Hammerschmied stirbt. Er kommt von der Welt und man weiß nicht wie.«*

Die Wildenthaler – vom Konkurs der erzgebirgischen Eisenindustrie betroffen – verdienten ihren Lebensunterhalt mit Holzkohlebrennen, Pechsieden, Holzschlagen und Klöppeln. Wildenthal wurde damals zu den »dürftigsten Orten Sachsens« gerechnet. In der zweiten Hälfte des 19. Jh. brachte das billige englische Walzblech endgültig das Aus. Als Retter in der Not erwiesen sich die erholungssüchtigen Städter. Nach kurzer Zeit war Wildenthal als Luftkurort geschätzt und beliebt. Durchreisende Karlsbader Kurgäste waren die ersten Besucher. T. Lindner schreibt 1848 in seinen »Wanderungen durch die interessantesten Gegenden des sächsischen Obererzgebirges«:

Das Örtchen hat seit etwa zwanzig Jahren an seiner Wildheit gar viel verloren. Der Besitzer des Werkes und einige andere Einwohner sind teils wissenschaftlich gebildet, teils sonst gut unterrichtet, was sich auch jetzt kundgibt, daß man gern aus der Nachbarschaft Partien dahin macht und sich von der wildromantischen Natur umarmen läßt, Kaffee trinkt und Forellen speist.

Die Wissenschaftler in allen Ehren – 1860 kam die wirkliche Kapazität: Dr. Otto *DELITZSCH,* Professor für Geographie an der Universität Leipzig, trifft in Wildenthal ein. Der erste Sommerfrischler des Ortes! Delitzschs Arbeiten über das Erzgebirge gelten als Initialzündung für den Fremdenverkehr in die Gegend. Neben dem Bau von Eisenbahnlinien gaben um die Mitte des 19. Jh. Reiseberichte für die touristische Erschließung von Regionen den Ausschlag. Eine Handvoll passionierter Heimatentdecker aus den großen Städten – in der Regel Studienräte, Pfarrer und Professoren – erzeugten nach dem Vorbild der Alpen Fremdenverkehr. Die romantisierenden Einzelgänger setzten sich Entbehrungen und großen Strapazen aus, um das Wahre, Wilde, Edle und Unverfälschte zu entdekken. Die bürgerliche Entfremdung zog in der ersten Hälfte des 19. Jh. Stadtverdruß, mythische Naturzuwendung und Vergangenheitssehnsucht nach sich und obendrein eine gehörige Portion antibürgerlicher Ressentiments. Die Italienfahrer aus dem Kreis der romantischen Malerei wie Schnorr von Carolsfeld, Blechen oder Pforr waren nur die repräsentative Spitze einer breiten Bewegung in Deutschlands Großstädten. »*Die Schwärmerei für die Natur kommt von der Unbewohnbarkeit der Städte*« – analysierte Brecht den ihm suspekten Romantizismus.

Wurden die wunderlichen Akademiker mit Skizzenbuch und Schreibheft von den Einheimischen noch wie seltene Tiere bestaunt und über Jahrzehnte freundschaftlich aufgenommen, widerfuhr den Schwärmen gezierter Städter, bis an die Zähne mit Schirmen, Stöcken, Koffern, Schachteln und Kettchen bewaffnet, von den bodenständigen Gebirglern nicht selten Hohn und Spott.

In puncto Fremdenverkehr hat Wildenthal in weiterer Hinsicht von sich reden gemacht. An einem schönen Wintertag kurz vor Neujahr, am 30. Dezember 1877, bestiegen einige sehr respektable Herren den Pferdeschlitten. Die beiden Seminaroberlehrer Dr. Köhler und Hermann Möckel, der Ratsoberförster Arnold und der Baumeister Görling ließen sich ein, zwei Stunden von der Winterpracht berauschen, dann raunte Seminaroberlehrer Dr. Köhler Ratsoberförster Arnold ins Ohr: »Oh lieber Freund, meine Frau hat den Trick mit dem Kegelabend durchschaut, wir müssen uns etwas ungleich Höheres, Erhabeneres einfallen lassen.« Man plante keine Geheimloge, sondern den ersten der legendären Erzgebirgsvereine. 1878 wurde er gegründet. Dr. Köhler wurde der langjährige Vorsitzende. Noch zum 50. Jubiläum lesen wir in der Festschrift bei der Betrachtung der Hindernisse, daß mancher Zweigverein »schon bei der Gründung mit Mißtrauen betrachtet (wird), besonders bei den Frauen, die befürchten, daß ihre Männer nun einen weiteren Grund für das abendliche Ausgehen hätten«. Die Schlittenpartie durch den Wildenthaler Forst bescherte Dr. Köhler ein bewegtes Leben, dem Erzgebirge die berühmten Vereine und Wildenthal die rührende Anekdote – die zu erwähnen bei keiner Gelegenheit vergessen wird. So etwa, als vereinte Erzgebirgler am 2. Oktober 1898 den 18 m hohen Turm auf Gleesberg einweihen und auf den Namen Köhler taufen.

Das Wirken der unzähligen Erzgebirgszweigvereine war – wenn auch deutschnational gefärbt – der Entwicklung des Fremdenverkehrs im Gebirge sehr förderlich. Aus bemoosten Trampelpfaden wurden markierte Wanderwege, aus alten Wirtshäusern schicke Pensionen, aus zerzausten Berggipfeln Aussichtspunkte mit Turm und Panoramatafel und aus arglosen Spaziergängern Vereinsmitglieder. Das wilde und ursprüngliche Bergland wurde mit Bänken, Wegweisern und Wanderhütten überzogen, und so für die gepflegten Städter konsumierbar gemacht. Ohne diese »Verbürgerlichung« des Gebirges wäre es Orten wie Wildenthal kaum möglich gewesen, sich nach dem Ende von Bergbau und Eisenerzeugung wieder zu erholen.

Ein Sachverhalt, den sicher auch die heutigen Bewohner im Auge haben.

Denn in Wildenthal gibt es über 30 Privatquartiere in zum Teil wunderschöner Lage für 12 bis 25 DM pro Bett. Auskünfte erteilt das Fremdenverkehrsamt, Wildenthal. Einkehren kann man unter anderem in der Parkgaststätte (ab 11.30 Uhr; Mi und Do Ruhetag), Tel. 037 752/32 10, im »Alten Fritzen«, Carlsfelder Str.16 (ab 11 Uhr, Mi Ruhetag, Tel. 037 752/24 92, in der »Hammerschänke«, Hauptstr. 9 ab 10 Uhr, Fr ab 16 Uhr, Mo Ruhetag, Tel. 037 752/20 88 und in Oberwildenthal in der Pension »Oberwildenthal« (10-22 Uhr; von Okt.-April Fr Ruhetag), Tel. 037 73/21 85.

Wildenthal lockt zudem mit 28 km gut gepflegten Loipen, Rodelbergen, Abfahrtshängen und einem 150 m langen Skilift. Eigentümer des Liftes ist Christoph Rölz, Mitglied der DDR-Nationalmannschaft im Skispringen von 1962 bis 1968. Die Familie Rölz hält einen privaten Hausrekord. Er liegt bei 173 m und wurde am 25. Januar 1992 in Oberstdorf von Kerst Rölz gesprungen. Selbst wenn Sie sich solche großen Sprünge nicht leisten können, befinden Sie sich hier mit ihren Skiversuchen in besten Händen. Von Wildenthal aus bieten sich auch viele Möglichkeiten für Wanderungen und Radtouren. Das erste Ziel eines jeden Besuchers wird indessen der ca. 2 km entfernte Auersberg sein.

Der Auersberg

Mit 1019,1 m ü.NN ist er der zweithöchste Berg Sachsens. Mit majestätischer Ruhe überragt er alle Berge des Eibenstocker Granitgebietes. Inmitten Sachsens größtem Waldgebiet gelegen, tut sich vom Gipfel eine prächtige Fernsicht auf. Eingebettet in den endlosen Teppich der dichten Fichtenwälder, glänzen die blauschwarzen Schieferdächer von Eibenstock, Oberwildenthal oder Wildenthal; hier und da erblickt man alte Zechengebäude. Bei gutem Wetter sind die Augustusburg (516 m, siehe S. 176), die Greifensteine (732 m, siehe S. 47) und die St. Wolfgangkirche in Schneeberg, zu sehen. Und ein weiteres erzgebirgisches Wahrzeichen ist von hier auszumachen: die Wismutsiedlung der Johanngeorgenstädter Neustadt. Gen Osten finden wir Bärenstein (898 m), Scheibenberg (807 m) und Pöhlberg (831 m), nach Böhmen zu Keilberg (1244 m), Plattenberg (1043) und Pleßberg (1072 m), schließlich im Vogtländischen nach Südwesten den Aschberg (936 m). Glückspilzen gelingt es möglicherweise sogar, den Rochlitzer Berg nördlich von Chemnitz, das Völkerschlachtdenkmal bei Leipzig oder im Südwesten das Fichtelgebirge zu erkennen.

Wenn Sie diesen Flecken Erde bewundern, befinden Sie sich in guter Gesellschaft. Schon die sächsischen Kurfürsten erkoren den Auersberg zu ihrem Jagdgebiet. Kurfürst Johann Georg I. ließ 1608 ein hölzernes Gerüst und einige Schuppen für seine Jagdgesellen errichten. Über das feuchtfröhliche Treiben der Männerrunde oben auf dem Berg munkelten die armen Dörfler in vielen Geschichten. Das sächsische Herrscherhaus war eben von besondrem Schrot und Korn. Liberal, kunstsinnig und voller Lebenslust präsentierte sich der Dresdner Hofstaat. Eine Staatsräson nach dem Muster des asketischen Preußenkönigs

Auersberg

Friedrich II. – der »alte Fritz« – wäre im gemütvollen Sachsen undenkbar gewesen. Dem soldatischen Rationalismus der Preußenkönige abgeneigt, setzten die Sachsen lieber auf diplomatische Winkelzüge, um ihr Reich zu konsolidieren. Ein Spiel, das im 19 Jh. nicht zu gewinnen war. Sachsenkönig Friedrich August I., der Gerechte genannt, setzte in den napoleonischen Befreiungskriegen durch Entscheidungsschwäche und Neutralismus die staatliche Existenz von Sachsen aufs Spiel. Auf dem Wiener Kongreß 1815 verlor Friedrich August I. fast zwei Drittel des sächsischen Territoriums.

Um 1850 fand man auf dem zugigen Gipfel des Auerberges lediglich einen Gedenkstein für den Kreisoberforstmeister von Lindenau vor. Dankbare Untergebene hatten ihm diesen Stein anläßlich seines 50jährigen Betriebsjubiläums im Jahre 1826 gesetzt. 1860 ist auf Staatskosten ein steinerner Aussichtsturm errichtet worden, den man 1907 erneuerte und der von König Friedrich August III. im August 1908 eingeweiht wurde.

Der Eibenstocker Erzgebirgsverein versuchte um 1902 verzweifelt, Gelder für den Bau einer Unterstandshütte aufzutreiben. Nach jahrelangem Gerangel mit der Abgeordnetenversammlung in Chemnitz war es am 10. November 1907 soweit. Das ausgesprochen schöne, sehr gebirgsverbunden gebaute Haus wurde mit großem Pomp und zahlreichen Festgästen eingeweiht. Die Baukosten betrugen 32 000 RM, waren aber zu knapp kalkuliert; 1914 mußte für 25 673 RM ein Anbau errichtet werden. Der König stiftete ein Hirschgeweih! Nach der Wende gelungen rekonstruiert, ist das Haus aus nicht nachvollziehbaren Gründen bis heute nicht für das Publikum geöffnet. Vielleicht wurde wieder einmal zu knapp kalkuliert...

Das Schicksal des Turmes hingegen hing am seidenen Faden. 1990 gesperrt, stand lange Zeit nur der Abriß in Aussicht. Im Herbst 1991 beschloß man dann doch die Sanierung und konnte ihn nach einer schwierigen, nichtsdestotrotz liebevollen Rekonstruktion im Juli 1993 eröffnen.

SOSA – ROTE GRUBE – RIESENBERGER HÄUSER

Auf dem Auersberggipfel drehen wir uns nach Norden und begeben uns auf den steil am Berg ablaufenden Mittelflügel in Richtung großer Stern. Hier werden wir nach dem schnurgerade ins Tal gehenden Weg Mühe haben, zum Stehen zu kommen. Nachdem wir linker Hand eine Regenschutzhütte passiert haben, gehen wir halb rechts einen Weg ab in Richtung Kleine Bockau – der Bach, der die »Talsperre des Friedens« speist. Der Weg, der bald in eine Fahrstraße mündet, führt uns direkt zu dem steinernen Zeugnis sozialistischen Aufbauwillens.

Talsperre Sosa

Bereits 1924 gab es Pläne für ein großangelegtes Talsperrensystem, das Muldenberg, Weiterswiese, Eibenstock und Sosa umfassen sollte. Während die beiden letzteren noch 25 bzw. über 50 Jahre auf die Realisierung warten mußten, begann man noch in den 20er Jahren mit dem Bau von Weiterswiese und Eibenstock.

Als nach 1945 der Uranbergbau über Nacht Zehntausende in die westerzgebirgischen Ortschaften lockte, wurde die ohnehin bestehende Trinkwassernot akut. Das Projekt Sosa hatte damit absoluten Vorrang. Der Sächsische Landtag beschloß den Volksbau Nr. 1, der zugleich als erstes sozialistisches Großvorhaben vom III. Parlament der FDJ in Teilabschnitten zum ersten Jugendobjekt erklärt wurde. Aus ganz Ostdeutschland strömten nun mit den Bergleuten mehr oder minder enthusiastische junge Leute ins Erzgebirge. Das abenteuerliche Lagerleben in der Barackenstadt im Höllengrund und die Propaganda euphorisierten die Frauen und Männer, die unter primitivsten Bedingungen in nur zweieinhalb Jahren die Staumauer hochzogen. Am 19. Dezember 1951 weihte Ministerpräsident Otto Grotewohl das Bauwerk ein. Bei einer Kronenlänge von 200 m ist die Sperrmauer 60 m hoch. Die Talsperre staut 6 Mio. Kubikmeter ausgezeichnetes Trinkwasser, das durch den 1600 m langen Hangkanal in die Aufbereitungsanlage geführt wird. Die Wasserfläche umfaßt 36 ha.

Später wurde das Bauwerk als Monument heroischer Pionierarbeit ausgegeben. Mit der eindrucksvollen Talsperre wurde gehörig Schindluder getrieben, etwa wenn aus der gesamten DDR Jugendgruppen nach Sosa gekarrt wurden, um das politische Bewußtsein der »jungen Generation« aufzupeppen. In den aufgeschichteten Natursteinen sollte ein Stück Gründungsmythos lebendig

Modell der Talsperre Sosa

werden. Heute, nachdem der DDR-Sozialismus gescheitert ist, versuchen die ehemaligen Macher, das unschuldige Bauwerk zu meiden – wie mancher Ostler die Akteneinsicht. Dabei ist ein Besuch der Anlage wirklich zu empfehlen, zumal in unmittelbarer Umgebung viele sehenswerte Winkel zu entdecken sind.

Unbedingt sollten Sie einen Spaziergang zu dem idyllisch gelegenen Dorf Sosa unternehmen. Vom Talsperrenbau aus gehen Sie zunächst in Richtung »Meiler«. Dieses eigenartige Objekt diente als »Konsumgaststätte« der leiblichen Versorgung der Ideologieprobanden. Man konnte es auch hier nicht unterlassen, eine »Traditionsstätte junger Sozialisten« auszurufen. 1969 eingeweiht, stellt die Gaststätte einen frühen Versuch in Sachen »Erlebnisgastronomie« dar. Ob heutige Besucher den Genuß einer Rindsroulade in einem 12 m hohen Meilerkegel als Erlebnis empfinden werden? Das ehemalige Prunkstück der DDR-Gastronomie – vor dessen Tor man »Schlange stehen« mußte, um ein Plätzchen zu ergattern – ist nach wie vor geschlossen. Ein zünftiges Mittagessen bekommt man in der einige Meter zum Tal hin liegenden Gaststätte »Köhlerhütte«, pur, ohne jedes Erlebnis (11.30-21 Uhr; Tel. 81 31).

Am Meiler vorbei führt ein hübscher Weg am Waldrand entlang nach Sosa. Unterwegs stoßen Sie bald auf ein lustiges Häuschen, das sich oben an den Waldrand schmiegt. Es handelt sich um eine Wanderhütte aus der Zeit der Wandervogelbewegung. Die schmucke Hütte trug zu DDR-Zeiten den bombastischen Namen »Karl Marx« und war eine jedermann zugängliche Jugendherberge. Jetzt wird die Herberge privat bewirtschaftet, und ein Quartier zu bekommen, ist nicht ganz einfach. Fragen Sie nach Hilmar Unger in Sosa Wiesenstraße. Wer etwas für Wanderhüttenromantik und beschauliche Augenblicke am Waldesrand übrig hat, sollte unbedingt eine oder mehrere Nächte in der Hütte verbringen. Unbezahlbar ist das erhalten gebliebene ursprüngliche Interieur aus der Zeit der Jugendbewegung. Die spartanische Einrichtung wird manchem rundumversorgten Wohlstandsbürger guttun.

Sosa

Auf einem Feldweg kann man angenehm nach Sosa hinunterspazieren und einen herrlichen Ausblick auf den sanft ins Tal gebetteten Ort genießen. In der Mundart der Einheimischen heißt der Ort »Sose«. Urkundlich 1453 als Sossaw erstmalig erwähnt, ist die zweieinhalbtausend-Seelen-Gemeinde heute ein touristisches Kleinod. Seit Anfang des 20. Jh. prosperiert der Fremdenverkehr in Sosa. Auslöser war 1900 ein Artikel von Jacobi in der Zeitschrift des Erzgebirgsvereins, mit dem er Sosa in ganz Sachsen bekanntmachte. Aus Sosa stammten die Geschwister Caldarelli – eine früher in ganz Ostdeutschland berühmte Folkloregruppe mit einer hoch entwickelten Sangeskunst (siehe S. 89). Heutige Besucher werden sich besonders an den um den Dorfplatz und an der Hauptstraße gelegenen alten Fachwerk- und Umgebindehäusern erfreuen. Einkehren kann man im Gasthof »Zum Stern« an der Hauptstraße 10; geöffnet ist ab 11 Uhr, mittwochs ist Ruhetag, Tel. 037 752/81 65.

Für den Rückweg nach Wildenthal können Pflanzenfreunde nach Westen bis zum Tal der Großen Bockau laufen und im Naturschutzgebiet die Reste eines herzynischen Bergmischwaldes aus dem 16. Jh. bewundern. Das Bockautal führt direkt nach Wildenthal. Eine andere Möglichkeit ist, nach Südosten die Rotgrubner Straße entlangzuwandern und im Naturfreundehaus »Rote Grube« einen Imbiß zu sich zu nehmen (11-20 Uhr, Do Ruhetag). Doch auch im Gasthaus »Riesenberger Häuser« findet man Kost und Logis. In dem schmucken Häusl, das mitten im Wald liegt, kostet die Nacht 22,50 DM mit Frühstück (22 Betten; geöffnet ab 13 Uhr, Mo Ruhetag; Tel. 037 73/22 41). Auch von hier aus haben Sie für den Rückweg die Qual der Wahl. Zu beachten ist, daß sich fast alle größeren Wege, zumal wenn sie geradlinig verlaufen, als Fahrstraßen entpuppen. Für Fahrradfahrer im Sommer und Skiläufer im Winter bestens geeignet, wird der Wanderer eher versuchen, sich mit Karte und Kompaß auf unmarkierten schmalen Waldpfaden durchzuschlagen.

WEITERSGLASHÜTTE – GROSSER KRANICHSEE – CARLSFELD

Wir wählen für unsere Tour die Straße von Wildenthal nach Carlsfeld. Auf dieser führt der ausgeschilderte Wanderweg in Richtung Weitersglashütte ca. 1,5 km lang. Wir verlassen die Straße, bevor diese in einer Rechtskurve bergauf führt, und laufen den Tannhüttenweg geradeaus am Glashüttenbach entlang. Nach weiteren anderthalb

Kilometern biegt der markierte Weg rechts ab und berührt die Ortschaft Weitersglashütte südlich.

Weitersglashütte

Dieser Carlsfelder Ortsteil war nach der Gründung durch Christoph Segeling und Jobst Schuster im Jahr 1624 über drei Jahrhunderte hinweg eine reine Glashüttensiedlung. Scheiben, grünes Glas und »böhmisches Tafelglas« wurden produziert. Zum Beheizen der Glasschmelzen verwendete man außer Holz das Torf der nahe gelegenen Hochmoore. Das Schankrecht, das der Glashütte ab 1625 verliehen wurde, ging ab Mitte des 19. Jh. an den eigens errichteten Gasthof über, der seit Aufkommen des Fremdenverkehrs vor allem von Wintersportlern gern besucht wurde. Heutige Wintersportler oder Sommerfrischler können im täglich ab 11 Uhr geöffneten Ferienhotel »Zum Kranichsee« (tägl. ab 11 Uhr, Tel. 037 752/30 05) oder im »Waldhaus« (tägl. 11-22 Uhr, 037 752/40 02) Quartier beziehen.

Die unglaubliche Ruhe, die über der kleinen Waldsiedlung liegt, steht in wohltuendem Kontrast zum hektischen Getriebe größerer Urlaubsorte. Wer Stille, Einsamkeit und Einkehr sucht, ist mit einem längeren Besuch von Weitersglashütte gut beraten. Aufgrund der schneesicheren Lage eignet sich die Gegend gut für den »weißen« Sport.

Von Weitersglashütte laufen wir etwa zweieinhalb Kilometer den rot markierten Weg in südliche Richtung bis an die böhmische Grenze und biegen am überdachten Wegweiserkreuz rechts in den Flößweg ab. Dort hat man immer wieder einen schönen Ausblick auf den Auersberg. Am Ende des Flößweges (Schutzhütte) stoßen wir wieder auf den blau markierten Wanderweg Richtung Carlsfeld. Zunächst laufen wir diesen aber ein Stück Richtung Mühlleiten, nach ein paar hundert Metern biegt links ein Pfad zum Hochmoor Großer Kranichsee ab.

Hochmoor Großer Kranichsee

Im Gegensatz zum Hochmoor Kleiner Kranichsee, das sich ganz auf sächsischer Seite befindet, liegt hier der größte Teil des 37 ha großen Moores im Böhmischen. Ganze 9,25 ha umfaßt der sächsische Teil. Die Entwässerung des riesigen Wasserspeichers erfolgt in sächsischer Richtung zur Talsperre Weiterswiese, in Böhmen über den Rohlabach ins Egertal. Die Randgehänge des Moores, die sonst meist den Torfstichen zum Opfer fielen, sind hier, an der nördlichen Begrenzung, noch gut zu erkennen. Das typische Krummholzhochmoor wird von der Moorkiefer beherrscht. An Glazialrelikten sind im Großen Kranichsee vor allem Schlammsegge, Blasenbinse, Wenigblütige Segge, Krähenbeere und Rosmarienheide erhalten. Außer dem Rundblättrigen Sonnentau kommt hier der sehr seltene Langblättrige Sonnentau als fleischfressendes Pflänzchen vor. Wir möchten nochmals darauf hinweisen, daß die erzgebirgischen Moore hochsensible

Biotope darstellen. Rauchen ist in diesen streng gehüteten Naturschutzgebieten verboten. Mit Rücksicht auf die Fauna sollte man sich leise verhalten.

Den blau markierten Wanderweg laufen wir nun wieder in Richtung Carlsfeld. Nach dem Passieren einer kleinen Talsenke (Eisengeländer) können wir erstmals den Wasserspiegel der drei Millionen Kubikmeter Wasser stauenden **Talsperre Weiterswiese** blinken sehen. Nach weiteren zweieinhalb Kilometern erreichen wir den Zugang zur 32 m langen Staumauer. Mit dem Bau dieser Talsperre – der höchstgelegenen Deutschlands – begann man im Frühjahr 1927, nach Plänen des Regierungsbaurates Dr. Zschunke. Die Krone der Staumauer befindet sich 904 m über dem Meeresspiegel, ihr Sockel liegt 31 m tiefer. Die Talsperre begrub die Ortschaft Weiterswiese unter sich.

Die kleine, 1563 erstmals erwähnte Kammstreusiedlung lag an einem ins Egerland führenden Saumpfad. In den Gruben »Segen Gottes« und der »Jungen Lorenzfundgrube« wurde Bergbau auf Eisen und Zinn getrieben. Von der Pechsiederei berichtet eine schaurige Sage:

Unweit Weiterswiese lag im Walde ein altes Torfhaus, die Mordhütte genannt. Diese soll früher eine Pechsiederei gewesen sein. Der Steiger der Pechgewerkschaft sei mit seinen Leuten verfeindet gewesen. Als er eines Tages in der Hütte schlief, goß ihm einer seiner Arbeiter siedendes Pech in den offenstehenden Mund, so daß er qualvoll sterben mußte. In windstillen Nächten sollen die langgezogenen Schmerzensschreie des Mannes noch in der Gegend der Talsperre zu hören sein.

Carlsfeld

Unser nächstes Wanderziel ist Carlsfeld. Von der Staumauer bis zu der am Carlsfelder Ortsrand gelegenen Gaststätte und Pension »Zur Talsperre« laufen wir noch einen knappen Kilometer. Die Gaststätte ist täglich ab 11 Uhr geöffnet (Di Ruhetag). Raucher werden diskriminiert: Ihre Passion ist hier schlichtweg verboten. Trost finden sie in zwei wunderschönen Erkern, von denen aus man bei Kaffee oder Bier – wenigstens das ist erlaubt – einen weiten Blick ins Tal genießen kann (Tel. 037 752/34 60).

Der damals reichste Hammerherr des Erzgebirges, Veit Hans *SCHNORR*, gründete Carlsfeld im Jahre 1677. Grund und Boden erwarb er vom Zwickauer Amtshauptmann Carl von Carlowitz. Ihm zu Ehren nannte Schnorr die Ortschaft Carlsfeld. Veit Hans Schnorr wurde später vom Kaiser geadelt und führte von da an den klangvollen Namen Schnorr von Carolsfeld. Seiner Familie entstammen eine ganze Reihe berühmter Maler, Sänger und Gelehrter. Schnorr wählte Carlsfeld wegen der günstigen Standortfaktoren als Hammerstandort. Er besaß in der Nähe zwei Eisensteingruben, die Wasserkraft der Wilzsch konnte Eisenhämmer antreiben, und das Mitte des 17. Jh. knapp werdende Erzgebirgsholz war hier noch reichlich vorhanden. Der neue Hüttenort – es wurden hier vor allem Drähte hergestellt – entwickelte sich schnell. Der spätmittelalterlichen

Industriegemeinde lag das Cottagesystem zugrunde. Die Arbeiter waren in werkseigenen Häusern untergebracht; auch war es ein grundherrliches Recht, zu backen, zu schlachten, zu brauen und auszuschenken. Doch die englische Weißblechkonkurrenz nahm den Arbeitern die Aussicht auf ein sorgenfreies Leben. In dieser ertragsarmen Gebirgsgegend half auch die agrarische Zweitbeschäftigung nicht. Die Carlsfelder suchten nach neuen Erwerbszweigen und fanden sie vorübergehend in der Uhrenfabrikation. 1829, fünfzehn Jahre vor der berühmten Glashütter Fabrikation, führten Schwarzwälder Uhrmacher dieses Gewerbe in Carlsfeld ein. Bereits 1889 konnte die 1837 zur Aktiengesellschaft umgewandelte Manufaktur mit der Schwarzwälder Konkurrenz nicht mehr mithalten und meldete Konkurs an. In den Jahren danach wurde Carlsfeld mehr und mehr als Fremdenverkehrsort erschlossen.

Außer einigen Umgebindehäusern aus dem 17. und 18. Jh. dürfte für den kunsthistorisch Interessierten besonders die **Dreifaltigkeitskirche** wichtig sein. Das von Veit Hans Schnorr gestiftete barocke Gotteshaus wurde von J. G. Roth in den Jahren 1684-88 erbaut. Man wunderte sich gelegentlich über die Ähnlichkeit mit der berühmten Dresdner Frauenkirche. Nachforschungen von Hobbyhistorikern ergaben eine höchst erstaunliche Entdeckung: George *BAEHR* – der geniale und gefeierte Erbauer der Frauenkirche – soll als junger Zimmergeselle auf der Baustelle der Carlsfelder Kirche gearbeitet haben.

Wem diese kleine Gemeinde gefällt und wer ein Zimmer in der Ortschaft will, der kann beim Fremdenverkehrsamt einen Zimmernachweis anfordern. Eine besonders volkstümliche und gemütliche Kneipe wollen wir noch erwähnen. Auf der Hauptstraße bietet »Arnolds Gasthaus« von Mi-So ab 11 Uhr, Di 11-14 Uhr erzgebirgische Spezialitäten. Der große Arnoldsche Knüller sind die zu gegebenem Anlaß abgehaltenen Schlachtfeste (Tel. 037 752/20 74). Einkehren kann man außerdem im »Grünen Baum«, tägl. ab 11 Uhr geöffnet, Mi/Do Ruhetag, Tel. 037 752/25 02.

Die Rücktour nach Wildenthal führt uns als erstes an den östlichen Ortsausgang der Gemeinde. Wir laufen die Straße geradeaus und biegen links auf die von Weitersglashütte kommende Straße. Nach einer ausgedehnten Rechtskurve führt ein Waldfahrweg in nördliche Richtung. Auf diesem überqueren wir nach einem halben Kilometer eine Senke und laufen am Brückenberg auf halber Höhe geradeaus weiter. Nach weiteren zwei Kilometern führt an einem Wasserlauf ein steiler Waldweg nach Wildenthal hinunter.

7 *DIE KÖNIGIN DER BERGSTÄDTE: ANNABERG*

Kurzbeschreibung:
Die Stadt Annaberg-Buchholz gilt heute als das Zentrum des Obererzgebirges. Annaberg war seit der Gründung um 1500 bis in die heutige Zeit neben Freiberg die wichtigste Bergstadt des sächsischen Erzgebirges. Die malerisch am Hang des Pöhlbergs gelegene Stadt ist reich an Zeugnissen der vergangenen Jahrhunderte.

ANFAHRT	• von Chemnitz: B 95 • von Oberwiesental/CSR: B 95 • von Zwickau: B 101 • von Freiberg: B 101 • mit der Bahn: Annaberg-Buchholz unterer Bahnhof liegt an der Strecke Chemnitz-Flöha-Bärenstein. • mit dem Bus: Von Annaberg-Buchholz gibt es Busverbindungen nach Dresden, Chemnitz, Zwickau und Karlsbad (CSR).
AUSKÜNFTE	• Tourist-Information: Mittelgasse 1, 09441 Annaberg-Buchholz, Tel. 0733/36 97 od. 42 51 39 • Fremdenverkehrsamt, Paulus-Jenisius-Straße 24, 09441 Annaberg-Buchholz, Tel. 0733/832 60 • Fremdenverkehrsverband a. Scheibenberg, Markt 1, 09487 Schlettau, Tel. 037 33/651 51
UNTERKUNFT	• Berghotel Pöhlberg, Ernst-Roch-Straße, Annaberg-Buchholz, Tel. 0733/20 81 (DZ 130 DM) • Hotel »Goldene Sonne«, Adam-Ries-Straße 11, Annaberg-Buchholz, Tel. 07 33/21 83 (DZ 150 DM) • Landhotel Forsthaus, Schneeberger Straße 22, Annaberg-Buchholz, Tel. 07 33/60 17 (DZ 140 DM) • Pension a. Wolkensteiner Tor, Wolkensteiner Str. 38, Annaberg-Buchholz, Tel. 07 33/32 52 (App. 150 DM, DZ 120 DM) • In Annaberg-Buchholz werden zahlreiche Ferienwohnungen, Ferienzimmer, Bungalows und Ferienhäuser von Privatvermietern angeboten. Ausführliche Liste mit Preisen (ab 20 DM/Person) beim Fremdenverkehrsamt
GASTSTÄTTEN	• Die gastronomischen Einrichtungen der Stadt sind vielseitig. Die Wahl überlassen wir dem Besucher.

KUNSTGEWERBE	• Die typisch erzgebirgischen Kunstgewerbeerzeugnisse (Klöppeleien und Holzarbeiten) werden von Spezialverkaufsstellen angeboten: • Baldauf, Buchholzer Straße 20 • Kunststube, Große Kirchgasse 4b • Müller, Buchholzer Straße 9 • Geschwister Schreiter, Buchholzer Straße 26
WERKSTÄTTEN	• Einige Volkskunstartikel kann man von den Herstellern beziehen: • J. Breitfeld, Bahnhofstr. 23 u. Wolkensteiner Str. 34 • Volker Gräfensteiner, Mariengasse 18 • Walter König, Kleine Kirchgasse 13
SEHENSWÜRDIGKEITEN	• St. Annenkirche (Mo-Fr 10.30-11.30 Uhr, So/Feiertag 14.30-15.30 Uhr) • Erzgebirgsmuseum (Sa-Do 9-17 Uhr) • Adam-Ries-Haus (Di-Sa 9-12.30 Uhr und 13-16 Uhr) • Frohnauer Hammer (tgl. 9-11.45 Uhr und 13-16 Uhr)
AKTIVITÄTEN	• Stadtrundgang • Museumsbesuche • Eduard-v.-Winterstein-Theater, Buchholzer Str. 67, Tel. 07 33/34 45 • Baden/Sauna: Stadtbad und Schwimmhalle Atlantis • Volksfest Annaberger Kät: Das älteste und größte Volksfest des Erzgebirges beginnt am zweiten Samstag nach Pfingsten und dauert eine Woche. • Annaberger Weihnachtsmarkt
WANDERUNGEN	• auf und um den Pöhlberg, auf den Schreckenberg, vor allem für bergbauhistorisch und geologisch/mineralogisch Interessierte • Wildgehege am Pöhlberg
PARKEN	• Im gesamten Innenstadtbereich ist das Parken nur gegen Gebühr möglich. Wenn Sie sich darauf nicht einlassen möchten, müssen Sie einen längeren Spaziergang in Kauf nehmen.

DIE KÖNIGIN

Das Mühen »im Berg« machte Annaberg zur reichen Bergstadt. Die Chroniken berichten von ersten Silberfunden am Schreckenberg um 1492. Um das folgenschwere Ereignis ranken sich viele Sagen, wie die vom wackeren Kaspar Nietzel:

In dem Dorfe Frohnau wohnte ein Bergmann, den die alte Stadtchronik von Annaberg Kaspar Nietzel oder Nitzelt nennt. Dieser schürfte am Schreckenberge und entdeckte daselbst am 17. Oktober 1492 in der Dammerde einen lettigen Gang, welcher im Zentner zwei Lot Silber enthielt. Der Bergmann nahm den Letten, trug ihn am Abend Simonis Judä nach Geyer zu einem Schmelzer, der Martin Pflugk geheißen, und ließ es probieren. Als aber der Schmelzer dem Nietzel nicht glauben wollte, daß er zu Tage einen solchen herrliche n Gang gefunden habe, gab er ihm etliche verständige Bergleute mit, welche die Sache sollten in Augenschein nehmen. Als sie den Gang wirklich so befunden, rieten sie dem Nietzel hernach, daß er solchen Gang von Herrn Johann Fischern, Bergmeister zu Freiberg, aufnehmen sollte.

Das älteste geschriebene Chronikon, das noch vorhanden ist, berichtet jedoch, daß Hans Heinze und Martin Pflugk das Lehngeld gelegt und solchen Gang bei Hans Fischern, Bergmeister in Freiberg, haben aufnehmen lassen. Als sich nun beim Abteufen der Gang veredelt, der Gehalt gebessert und das Geschrei ins Oberamt nach Freiberg geschollen, da hat der Bergmeister daselbst etliche abgeordnet, das neue Gebäude zu befahren und an dem nahe dabei liegenden Schottenberge einen Stollen zu treiben anfangen lassen. Das ist Anno 1492 geschehen, als in welchem Jahre dieser wüste und wilde Ort das Glück hatte, bekannt zu werden. Von diesem Jahre an rechnen etliche den Anfang der Stadt St. Annaberg.

Die reichen Silberfunde erforderten ein erstklassiges Verwaltungssystem, das unter anderem einen geregelten Stadtbau voranzutreiben hatte. Annaberg wurde an die erste Bergordnung des sächsischen Herzogs Georg von 1492 gebunden und unterstand damit formal Schöppen und Richtern aus Geyer. Im Gegensatz zu dem zwanzig Jahre früher gegründeten Schneeberg nach einem einheitlichen Gesamtplan angelegt, gilt die Siedlung als die größte städtische Neugründung jener Zeit. Die Bebauungspläne stammen von Ulrich Rülein von Calw. 1496 erhielt Annaberg das Stadtrecht, zählte 1509 bereits 8000 Einwoh-

Portal St. Annenkirche

ner und überflügelte damit zeitweilig sogar Leipzig. In der ersten Hälfte des 16. Jh. war Annaberg eine der reichsten Städte Deutschlands. Zur Blütezeit des Silberbergbaus – etwa bis 1537 – bauten um die 600 Gruben Erz von 300 Gängen ab. Um einen avisierten Schacht aufwältigen zu können, mußten Kapitalmengen beschafft werden, die die Möglichkeiten einzelner Geldgeber überstiegen. Aus diesem Grund entwickelten die Erzgebirgler ein frühes Aktiensystem. Über die Ausgabe von sogenannten Kuxen (= Aktien) beschaffte man besonders aus Leipzig und aus oberdeutschen Städten Kapital. Die Kuxen warfen meist schon nach kurzer Zeit hohe Renditen ab.

Annaberg ist eine albertinische Gründung. Die ernestinische Antwort darauf war Buchholz (1537). Die Grenze zwischen dem albertinischen und dem ernestinischen Sachsen verlief genau zwischen diesen Städten. Als in der zweiten Hälfte des 16. Jh. die Silberfunde spärlicher wurden, hielten die Annaberger Bürger – je nach finanzieller Ausstattung – Ausschau nach Erwerbsquellen bzw. Anlagemöglichkeiten für ihr Kapital. Barbara *UTTMANN* (1514-1575) übernahm hierbei eine Vorreiterrolle. Sie verband ihr geniales Marketingmix mit frühkapitalistischen Prinzipien. Als berühmt gewordene Vertreterin eines neuen Verlegerbürgertums schuf sie ein präzis getaktetes System aus Vertrieb, Verlag und Produktion. Auf unbekannten Wegen war die venezianische Klöppelei, eine spezielle Stickkunst auf einem Klöppelsack, ins Erzgebirge gelangt. Mancher Erzgebirgler meint gar, das Klöppeln sei hier erfunden worden. Andere schreiben den Niederländern die Urheberschaft zu. Was vorher jedoch luxuriöse Einzelanfertigung für wohlhabende Hofdamen war, wurde unter Uttmanns Management für tausende verarmte Gebirgsfamilien zum Lebensunterhalt.

1560 bestellte die sächsische Kurfürstin bei ihr die erste Ware, und 1571 beschäftigte sie bereits über 900 Klöppelfrauen.

Auf eines konnte Barbara Uttmann sicher rechnen: Nach dem ungeheuren Boom hinterließ der kümmernde Bergbau viele verarmte Bergarbeiterfamilien. Die Frauen der Bergleute waren dankbar für jeden noch so kläglichen Nebenerwerb. Ihnen bot die Uttmann einen Job, der für jene so arbeitsintensiv wie für sie kostensparend war: Tausende Frauen hockten in ihren Katen im Flackerlicht der Öllampe vor ihrem Klöppelsack und knüpften nach vorgegebenem Muster filigrane Spitzen. Auf diese Weise sicherten die Frauen das Existenzminimum der Bergmannsfamilien.

Barbara Uttmann, eine frühe Feministin des Annaberger Bürgertums? Ihr Name stand für ein ausgeklügeltes wirtschaftliches System. In der Regel waren es Frauen reicher Bergwerksunternehmer, Fundgrübner genannt, die, versiert in Geldgeschäften und vom städtischen Müßiggang gelangweilt, als Spitzenverlegerinnen zwischen den ideologischen Polen Arbeitsbeschaffung und Ausbeutung Reichtum scheffelten. Noch heute wird im Gebirge mit großer Hochachtung von Barbara Uttmann gesprochen. In der Zeit ihres Wirkens gab es keine katastrophalen Hungersnöte; das damalige Leben ist uns als bescheiden und erträglich überliefert.

In den folgenden Jahrhunderten schwand die Bedeutung der Städte Annaberg und Buchholz. Nach dem Dreißigjährigen Krieg versiegte der üppige Silberfluß. Der Bergbau, insbesondere auf Kobalt und Nickel, spielte weiterhin eine Rolle – die sächsischen Porzellanmanufakturen brauchten Rohstoffe für Farben. Industriell wurde Annaberg erst Ende des 19. Jh. wichtig. Begünstigt durch die Eisenbahnanschlüsse von 1866 (Annaberg-Flöha-Chemnitz) und 1888 (Annaberg-Schwarzenberg) und die Einrichtung von Ausbildungsstätten zur maschinellen Posamentenfertigung, entwickelte sich Annaberg zu einer international bekannten Posamentenstadt. Auch andere Industriezweige, etwa die Kartonagen- und Prägeindustrie, trugen zum erneuten Aufschwung der Stadt bei. Die Existenz eines amerikanischen Konsulats um die Jahrhundertwende zeigt, daß die USA damals das Hauptabnehmerland für Posamenten waren. Leonische Waren, d.h. unechte Gold- und Silbertressen, waren Renner im transatlantischen Handel. Um 1900 wurden jährlich für 45 Millionen Reichsmark Posamenten in die Vereinigten Staaten exportiert.

Nach dem 1. Weltkrieg zog wieder eine wirtschaftliche Flaute in die erzgebirgischen Werkstätten ein; Kriegsfolgen, insbesondere Reparationen, und die Weltwirtschaftskrise waren die Ursachen. Eine Reihe kleiner Posamentenfabriken, die Depression und 2. Weltkrieg überstanden hatten, wurde 1958 zu zwei großen Produktionsgenossenschaften gebündelt. Später bastelten die zentralistischen Wirtschaftslenker in einer ruhigen Minute daraus die Obererzgebirgischen Posamenten- und Effektenwerke (OPEW), zu DDR-Zeiten einer der größten Arbeitgeber im Obererzgebirge.

Kleiner Stadtrundgang

Ganz gleich, aus welcher Richtung man in die alte Bergstadt kommt, das Augenmerk richtet sich sogleich auf die imposante **St. Annenkirche**. Die größte spätgotische Hallenkirche Sachsens soll die erste Station unseres Rundgangs sein.

Der Grundstein der Kirche wurde 1499 gelegt, die Einweihung fand 1525 statt. Die heilige Anna war in Sachsen und Thüringen die Schutzheilige der Bergleute – daher der Name. Kirchenbaumeister waren Konrad Pflüger, Peter Ullrich und Jacob Haylmann aus Schweinfurt. Von Haylmann stammt das schöne Schlingrippengewölbe in der Kirche. Es wurde 1975-80 restauriert; dabei konnten Originalbemalungen freigelegt werden. Die Empore zieren 100 Bilder

Bergbau in Annaberg um 1500

Ölgemälde von der Rückseite des Bergaltars der St. Annenkirche

von Franz *MAIDBURG*. Da die Kirche zunächst katholisch war, also lateinisch gepredigt wurde, dienten die Illustrationen als Bilderbibel. Ein von Maidburg gemalter Lebensreigen gilt als einmalig auf dem Gebiet der neuen Bundesländer. Vom gleichen Künstler stammt die Kanzel aus Sandstein mit dem Bergmannsrelief, eine meisterhafte Darstellung eines Bergmanns unter Tage. Der Taufstein in der Mitte der Kirche und die sogenannte »Schöne Tür« stammen von Hans Witten, dem Schöpfer der Tulpenkanzel im Freiberger Dom. Im Altarraum stehend, sieht man rechts einen Altar mit Bildern aus der Cranachschule, daneben den Marienaltar eines unbekannten Künstlers. Der Hauptaltar stammt aus Augsburg, gefertigt von den Gebrüdern Daucher aus zehn verschiedenen Marmorsorten. Der bekannteste Altar der Annenkirche ist der **Bergaltar** eines unbekannten Künstlers. Der von Bergleuten gestiftete Altar trägt rückseitig vier Tafelbilder von Hans Hesse. Das Kunstwerk ist über die Landesgrenzen hinweg bekannt; es ist die erste Darstellung von Bergleuten bei der Arbeit. Kopien befinden sich im Museum für Deutsche Geschichte in Berlin und im Bergbaumuseum Bochum.

Die St. Annenkirche ist aus Gneisbruchstücken gemauert. Sehenswert ist das monumentale Eingangsportal. Merkwürdig ist der Turm. Ein alter Zaubermeister namens Soltau hat hier oben Quartier bezogen und genießt die hervorragende Aussicht auf die Stadt. Das ehemalige Zaubergeschäft »Soltau« liegt nur wenige Meter entfernt. Leider dürfen Fremde den Turm nicht besteigen. Allerdings soll es schon vorgekommen sein, daß Herr Soltau jemanden zu sich heraufgelassen hat. Uns ist es nicht gelungen.

Schräg gegenüber der Kirche befindet sich das **Erzgebirgsmuseum**, das 1887 erstmals seine Pforten öffnete. Heute sieht man in dem historischen Gebäude mit spätgotischem Gewölbe Ausstellungsstücke, die eng mit der Stadtgeschichte zusammenhängen. Der Bergbau des 16.-19. Jh. wird durch Werkzeuge und andere Gegenstände aus dem bergmännischen Leben dokumentiert. Auch der Münzgeschichte sind viele Exponate gewidmet. Neben volkskundlichen, handwerklichen und sakralen Objekten wird die Spitzenklöppelei ausführlich gewürdigt. Eine geologisch-mineralogische Sammlung erklärt anhand von Erzstufen und Karten die geologischen Besonderheiten des Erzgebirges.

Tritt man wieder auf die Straße und geht die große Kirchgasse bergab, gelangt man zum **Marktplatz**. Das **Rathaus** stammt in der heutigen Form von dem Dresdener Hofarchitekten Johann Christoph von *NAUMANN*, dessen Baupläne jedoch nicht exakt ausgeführt wurden. Neben einigen Patrizierhäusern steht an der Nordwestseite des Marktplatzes die **Bergkirche**. 1511 gebaut, erhielt sie nach mehreren Stadtbränden 1688 ihr endgültiges Aussehen. Aus der Zeit der Stadtentstehung rührt auch der **Wilde Mann** links vom Rathaus her, 1507 als Wohnhaus für den kurfürstlichen Berg- und Münzmeister Albrecht von Schreibersdorf gebaut. Im Haus zeugen Zellengewölbe und eine spätgotische Holzdecke von der hohen handwerklichen Kunst dieser Epoche. Der »Wilde

1

2▲

5▼

6▲

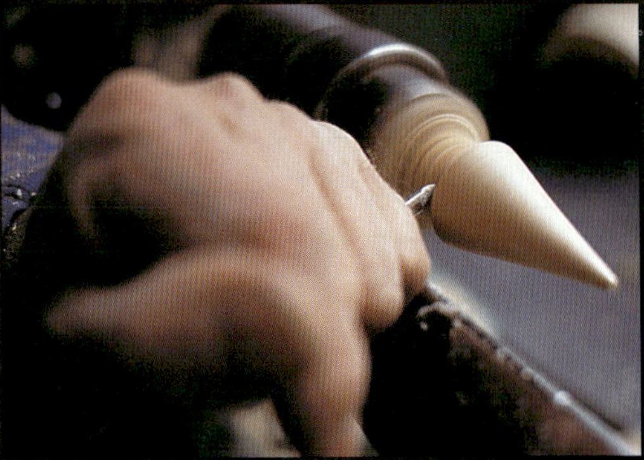

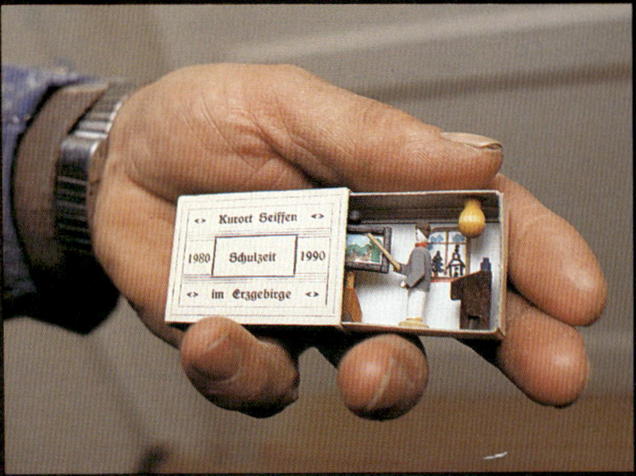

9 ▲▲ 10 ▲ 11 ▼

⑫ ▲▲ ⑬ ▲

⑭ ▲

17 ▲

18 ▼

Markt und Rathaus Annaberg

Mann« wurde später als Gasthof und Hotel genutzt und galt bis zum 2. Weltkrieg als eine der besten Adressen Annabergs. Danach wechselte das Publikum, was der Beliebtheit jedoch keinen Abbruch tat. Ob der »Wilde Mann« wieder der Alte werden kann, ist ungewiß; momentan steht das Gebäude leer.

Schräg gegenüber finden wir den **Erzhammer**. Zu DDR-Zeiten diente das Haus mit Gaststätte und Saal als Kulturhaus; auch jetzt werden dort Konzerte, Ausstellungen und andere kulturelle Veranstaltungen abgehalten.

Im Straßenbild von Annaberg-Buchholz macht sich ein herber Kontrast bemerkbar. Zum einen trifft man Wendegewinnler, Leute, die im eleganten Anzug oder zünftigen Trachtenlook jedermann ihren Sieg über die Geschichte demonstrieren. Zugleich schlendern Figuren durch die Straßen, denen die Niederlage in diesem historischen Spiel ins Gesicht geschrieben steht. Und so ist es kaum verwunderlich, daß hier im September 1993 die Deutsche Demokratische Republik ihre nostalgische Auferstehung erlebte. Die letzten Vertreter des guten alten DDR-Rock feierten im »Erzhammer« mit einem großen Konzert ein sentimentales Comeback. Glaubte mancher seinen Augen nicht zu trauen, als er die ewigen Puhdys auf den Plakaten angekündigt sah, so war die Party für viele ein endgültiger Abschied von ihrer Jugend und vielleicht auch von ihrer Geschichte.

Andere zelebrieren im ehrwürdigen Annaberg schwarze Messen mit Ziegenblut, Satanskult und Hokuspokus. Mit Gerhard Schöne, Pension Volkmann und den Puhdys ist bei jungen Annabergern kein Blumentopf zu gewinnen. Der Stadt gebührt der zweifelhafte Ruhm, sich zur ostdeutschen Hochburg einer Musikrichtung entwickelt zu haben, die auf den schönen Namen »Death Metal« hört. Was sich dahinter verbirgt, können wir bei einer Arbeitslosenquote von über 18 Prozent ohne weiteres erahnen.

Am Erzhammer beginnt die Buchholzer Straße, die Geschäftsstraße und Fußgängerzone. Ein Spaziergang lohnt sich, beispielsweise findet der Erzgebirgsfan hier diverse Volkskunstgeschäfte. Am Ende der Buchholzer Straße steht auf der linken Seite das neu renovierte **Eduard-von-Winterstein-Theater**. Der berühmte deutsche Schauspieler, dessen Namen die kleine Bühne trägt, arbeitete mehrere Jahre in Annaberg. Am Eingang des Theaters erinnert eine Tafel an ihn. Übrigens verbrachte in Annaberg die Rocklady Nina Hagen einen Teil ihrer Schulzeit.

Auch ein Annaberger war der berühmte Rechenmeister *ADAM RIES* (1492-1559). Sein früheres Wohn- und Schulhaus in der Johannisgasse ist heute Museum. Im **Adam-Ries-Museum** sind dessen Leben und Werk dokumentiert. Ries kam 1523 aus dem Fränkischen hierher. Er hatte schon einen Ruf als Zahlenkünstler und arbeitete im Annaberger Bergamt als Rezeßschreiber. Als Verfasser von Rechenbüchern – sein zweites wurde in 108 Auflagen gedruckt – blieb er weit über seinen Tod hinaus bekannt. Gleiches gilt für seinen Bierkonsum. Im Museum kann man sich mit den Maßen und Gewichten des früheren Sachsen und mit mittelalterlichen Rechenmethoden vertraut machen. In Annaberg leben noch Nachfahren des Mathematikers.

Bei einem ausgiebigen Stadtbummel werden Sie in den vielen Gassen, abseits der größeren Straßen, manches schöne Detail entdecken. So sind beispielsweise große Teile der Stadtmauer – teilweise aus Grubengestein – vorhanden. Ein Besuch der berühmten »Annaberger Kät« ist zu empfehlen. Das älteste und größte Volksfest des Erzgebirges beginnt am zweiten Samstag nach Pfingsten und dauert eine Woche. »Kät« ist vermutlich von der mundartlichen Aussprache von Dreifaltigkeit – »Drafaldschkät« – abgeleitet. Das Fest hat eine 450jährige Geschichte. 1519 wurde der Trinitatisfriedhof mit heiliger Erde bestreut, die man extra aus Rom angekarrt hatte, was den Ort des ewigen Friedens in einen der Wallfahrt verwandelte. Prompt säumten Verkaufsstände aller Couleur die Friedhofsmauer. Die Buden trugen den Sieg über Trinitatis davon, es setzte ein recht unfrommes Treiben ein. Seit 1869 hat die Kät ihre Heimstatt auf dem Kätplatz.

AUSFLUG ZUM PÖHLBERG

Vor allem bei gutem Wetter lohnt sich ein Ausflug auf den **Pöhlberg**. Sie können mit dem Auto hinauffahren oder einen schönen Spaziergang unternehmen. Nördlich des Kätplatzes überqueren Sie die B 95 und gelangen in den Stadtpark. Nicht weit davon entfernt ist das Wildgehege. Folgen Sie anschließend der ausgeschilderten Bergstraße.

Der Pöhlberg war, ähnlich wie Bärenstein und Fichtelberg, lange Zeit unbewaldet. Erst mit dem Vordringen des Fremdenverkehrs in das obere Erzgebirge Mitte des 19. Jh. wurde mit Fichtenbeständen aufgeforstet. Der Berg weist eine geologische Besonderheit auf. Als nördlichster von drei Basalttafelresten – Bärenstein und Scheibenberg sind die anderen – ist die geologische Situation an einem Aufschluß an der Westseite des Pöhlberges gut erkennbar. Auf dem Gneis liegen mitteltertiäre Kiese und Sande, und erst darüber kommt der Basalt. Für die Existenz einer Ergußdecke spricht, daß die Basaltsäulen – »Butterfässer« genannt – senkrecht stehen. Basaltsäulen bilden sich stets im rechten Winkel zur Flußrichtung des Lavastroms aus. Daraus folgt, daß der Lavastrom sich hier horizontal ausgebreitet hat.

Auf dem Gipfel haben Sie bei schönem Wetter vom Turm einen umwerfenden Ausblick auf den Erzgebirgskamm. In der Gaststätte des Berghotels können Sie sich bei erzgebirgischen Gerichten und einem guten Bier eine Verschnaufpause gönnen.

EINE BERGBAUKUNDLICHE SPAZIERFAHRT NACH ST. BRICIUS

Fahren Sie die B 101 in Richtung Freiberg und folgen am Ortsausgang dem Wegweiser nach Geyersdorf. Am Ortseingang – auf der Höhe des Skiliftes – kann man parken. **Geyersdorf** hat eine Dorfkirche mit spätgotischem Interieur. Im mittleren Ortsteil findet man guterhaltene Fachwerkhäuser. Vielleicht gelingt es Ihnen, das Rätsel der Steinkreuze aus rötlichem Granit zu lüften, die am Dorfplatz neben der alten Schule stehen. Der Weg zum Altbergbaugebiet ist als Wanderweg ausgeschildert, er zweigt gleich am Ortseingang rechts ab.

Sie werden von dem ländlichen Charakter der Gegend östlich des Pöhlberges angenehm überrascht sein. Man betritt eine andere Welt. Dem Naturfreund werden auf den Ackerterrassen seltene Pflanzen wie die Mondviole oder der bunte Eisenhut auffallen. Nach etwa zwei Kilometern haben wir das Altbergbaugebiet erreicht. Hier sind schon Mitte des 15. Jh. silberhaltige Kupfererze abgebaut worden. Von ursprünglich zwei Grubengebäuden ist das Huthaus des unteren St. Briciusstollens erhalten. Das als Wohnhaus dienende Gebäude steht unter Denkmalschutz. Der über 400 Jahre dauernde Bergbau wurde 1881 eingestellt. Zwischen 1934 und 1936 schürfte man nochmals auf Kobalterze, aber mit geringem Erfolg. Oberhalb des Huthauses sehen Sie Halden aus der Zeit des Altbergbaus.

Lohnend ist auch der Ausblick auf die Waldhufen von Königswalde. Wer sich bis hierher mit dem Auto vorgewagt hat, kann bis Königswalde weiterfahren und dort rechts in Richtung Cunersdorf abbiegen. Man überquert nun die B 95 (Gasthaus »Morgensonne«) und fährt hinunter ins Sehmatal. Dort bietet

Blick von St. Bricius auf die Waldhufen

sich die Möglichkeit, ein Bergbaugebiet unter Tage zu befahren – wie der Bergmann sagt. Die Interessengemeinschaft Dorotheastollen Cunersdorf e.V. (Führungen nach Voranmeldung: Herr Süß, Karlsbader Straße 4, 09465 Sehma, Tel. 037 33/60 97) unterhält einen Zugang zum Annaberger Grubenrevier »Himmlisch Heer«. Dieses Revier mit einem Streckennetz von etwa 50 km Länge ist zum Teil befahrbar. Der Bergbau währte mit Unterbrechungen von 1500 bis zum Jahre 1954. Abgebaut wurden Silbererze, später Kobalt- und Nickelmineralien und zur Wismutzeit Uranpechblende. Unter Tage sieht man mittelalterliche ausgemauerte Grubenbaue und Wasserhaltungsanlagen. An bis zu einem Meter mächtigen Erzgängen kann Radioaktivität gemessen werden.

DER FROHNAUER HAMMER UND DAS ALTBERGBAUGEBIET MARKUS RÖHLING

Fahren wir das Sehmatal in nördlicher Richtung weiter, so gelangen wir wieder nach Annaberg-Buchholz. Man läßt den Stadtteil Buchholz links liegen und erreicht bald die Nachbargemeinde Frohnau. Dort befindet sich eines der bekanntesten technischen Denkmäler des Erzgebirges, der **Frohnauer Hammer**. Der Weg ist gut ausgeschildert. Die Gemeinde Frohnau wurde 1397 erstmals urkundlich erwähnt. Das Gebäude des Frohnauer Hammers diente in der ersten Hälfte des 15. Jh. als Getreidemühle. Auf der Wiese »bei der alten Mühle in Grunde« hat sich 1492 die Kommission getroffen, die sich über die planmäßige Anlage der Neustadt am Schreckenberg – so der Name Annabergs vor 1501 – beriet.

Herzog Georg von Sachsen wollte die neue Stadt, die das Bergvolk aufnehmen sollte, in unmittelbarer Nähe der Gruben anlegen. Weise stellte er eine Kommission aus erzgebirgischen Kapazitäten zusammen, die den idealen Standort der neuen Siedlung festlegen sollte. Unter Leitung von Ulrich Rülein von Calw kam diese am 21. September 1496 zu dem Schluß, die Stadt an dem dem Schreckenberg gegenüberliegenden Osthang des Sehmatales »in dem dicken und finsteren Walde, der voller Steinblöcke und Felsen war, und gleich einer Warte vom Piehlberg überragt wurde«, anzulegen, »dieweil man auf diesem Berg aus Meißen und Böhmen am besten gehen, fahren und reiten und auch unten am Piehlberge aus denen Brunnen das Wasser an leichtesten in die Stadt geführet werden könnte«.

Um das Silber beim Fundort vermünzen zu können, baute man die Mühle zur Münzstätte um. Zwischen 1498 und 1502 wurden hier die berühmten Schreckenberger, auch Engelsgroschen genannt, geprägt.

Bis in das 17. Jh. hinein wurde das Gebäude als Mühle, später als Kupfer- und Silberschmiede genutzt. 1657 wurde es zum Eisenhammer ausgebaut und erhielt sein heutiges Aussehen. Im Hammerwerk sind die mit Wasserkraft betriebenen Hämmer (der kleinste in voller Funktion), die alte Ausstattung der Schmiede sowie in zwei kleineren Räumen schmiedeeiserne Produkte zu besichtigen. Frohnauer Kunstschmiedearbeiten wurden sogar an den sächsischen Hof in Dresden geliefert. Neben dem **Museum** können Sie in der Volkskunstgalerie unter anderem obererzgebirgische Schnitzereien bewundern. Im alten Hammerherrenhaus, einem sehr schönen Fachwerkbau, können die originalen Wohnräume der Hammerherrenfamilie Martin besichtigt werden. In der Klöppelstube werden traditionelle Klöppeltechniken vorgeführt. Im Erdgeschoß des Herrenhauses bietet die Traditionsgaststätte »Frohnauer Hammer« Einkehr. Eine besondere Attraktion sind Schauschmiedeveranstaltungen bei Fackelschein mit gastronomischer Untermalung. Die Gaststätte »Zur Schmiede« und eine Imbißstube befinden sich direkt neben dem Frohnauer Hammer.

Falls Sie in der Hochsaison in der Gegend weilen und Neoplan-Reisebusse, laute Menschen mit Camcordern und Massenabfertigung nicht mögen, haben wir einen Geheimtip parat: eine Tour zum **Huthaus Markus Röhling**. Hier können Sie in aller Ruhe die eigenartige Atmosphäre des Schreckenberges auf sich wirken lassen. Links vom Herrenhaus fahren oder gehen Sie die Arnoldstraße hinauf nach Frohnau und folgen rechts an der Wegkreuzung dem Wegweiser in Richtung Huthaus. Auf Schildern wird die bergbauliche Geschichte von Gebäu-

Bergschmiede Markus Röhling

den und Halden erzählt. Über Namen wie »Malwine« und »Eisernes Schaf« werden Sie sich Ihre eigenen Gedanken machen. Im Haldenmaterial des Altbergbaus – Sammeln verboten oder nicht erwischen lassen – kann man typische Annaberger Mineralien wie Flußspat oder Blei-, Kobalt- und Nickelerze finden.

Beim Wegweiser mit der Übersichtskarte des bergbaukundlichen Lehrpfades haben Sie bald das Huthaus erreicht. Noch einige Schritte durch den Wald, und die Gaststätte »Markus Röhling« lädt zum Besuch (Mi-So 10-18 Uhr). Im Sommer bietet zuweilen ein Kiosk seine Dienste an. Das originelle Wirtshaus wurde vor 10 Jahren unter recht schwierigen Umständen in Privatinitiative von Herrn Tippmann in der alten Bergschmiede eingerichtet. Fußgänger können vom Huthaus direkt wieder zum Frohnauer Hammer wandern.

Zum Abschluß eine Empfehlung für den, der vom Altbergbau so angetan ist, daß er den Schreckenberg untertage befahren möchte: Fährt man die Straße von Frohnau in Richtung Schönfeld, so kommt man nach einigen Kilometern zum Schaubergwerk »Markus Röhling Stollen« (Mo-So 9-15 Uhr). Hier kann man mit einer Grubenbahn 700 Meter in den Stollen einfahren und mit Schlegel und Eisen herausgehauene Stollen sowie alte Wasserradstuben bestaunen. Bergbautechnik aus der Wismutzeit wird ebenfalls geboten.

VON ANNABERG NACH SCHLETTAU, SCHEIBENBERG UND CROTTENDORF

Wir verlassen Annaberg auf der B 101 in Richtung Schwarzenberg und erreichen bald Schlettau. Der Reisende wird sich kurz vor Schlettau über die Ortsbezeichnung Neu-Amerika wundern. Hier ließ sich einst ein Auswanderer nieder, der den Sprung über den großen Teich nicht schaffte. So mußte die neue Heimat wenigstens dem Namen nach einen Hauch von Ferne bieten. Heute lädt die Ausflugsgaststätte »Neu Amerika« (9-19 Uhr, So 10-20 Uhr, Mi Ruhetag) zur Einkehr. **Schlettau** bietet zwei Sehenswürdigkeiten, das **Schlettauer Schloß** mit Park und die **St. Ulrichskirche**. Das Schloß stammt aus dem 12. Jh.; sein heutiges Aussehen erhielt es nach mehreren Umbauten. Die St. Ulrichskirche ist durch die Sage vom Mönchsgesicht bekanntgeworden.

An der östlichen Außenseite der Kirche zu Schlettau befindet sich in etwa acht Ellen von der Erde ein Stein in der Mauer, der angeblich, ohne von Menschenhänden bearbeitet zu sein, einem Mönchsgesichte täuschend ähnlich sein soll. Das Volk erzählt sich darüber folgende wunderbare Geschichte:

Um das Jahr 1520 war Johannes Küttner, ein Bruder des Grünhainer Abtes Küttner, Pfarrer in Schlettau. Da begab es sich, daß in stiller Winternacht, als dieser noch eifrig in den Werken der Kirchenväter studierte, ein bleicher Schatten vor ihn hintrat und also sprach: »Fürchte dich nicht, ich bin der Geist eines deiner Vorgänger, der vor nunmehr hundert Jahren, als die Hussiten in der Nähe waren, ein silbernes Kruzifix um Mitternacht in der Kirchenmauer vergrub, wo es noch ist; ich ward am nächsten Morgen von den Hussiten erschlagen und bin jetzt gekommen, um dich aufzufordern, das heilige Kreuz an seinen früheren Ort auf dem Altar zu stellen; Du wirst den Fleck, wo es vermauert ist, leicht erkennen, denn es wird sich deinem Auge ein Lichtschein zeigen, und da, wo derselbe erglänzt, schlage ein und du wirst es sogleich entdecken!« Damit verschwand der Geist. Der fromme Pfarrer eilte in die Kapelle, wo der Sakristan ihn bereits zur Messe erwartete. Diesem teilte der Pfarrer das Erlebte mit und hieß ihn, am folgenden Mittag mit Hammer und Spitzhaue zur Hand zu sein, um das Kruzifix aus seinem Versteck herauszunehmen.

Kaum aber war der Pfarrer gegangen, da versuchte der Böse das dem Geize zugewendete Herz des Sakristans. Er beschloß, den Versuch zu machen, das Kruzifix zu entdecken, den Raub auf die Seite zu schaffen und dann den Fleck möglichst gut wieder auszubessern, damit man von dem Diebstahl nichts gewahren möge. Nach kurzem Suchen fand er das Lichtlein, und als er an der Stelle, die hohl klang, einschlug, blinkte ihm das Silber entgegen; allein er hatte bei dem Schlage das eherne Bildnis des Heilands mit zerschlagen. Da fuhr auf einmal ein Donnerschlag vom Himmel herab, und die Kirchenglocken fingen von selbst an Sturm zu läuten. Der Pfarrer fuhr aus seinem Schlummer empor, eilte herab und sah eine Menge Volk um die Kirche versammelt, weil man glaubte, dieselbe stehe in Flammen. Als die Türen geöffnet wurden, fand man sie zwar ganz hell, aber nirgends sah man Feuer, wohl aber lag der Räuber zerschmettert neben dem herabgestürzten Kruzifix am Boden. Sein Kopf war wie abgehauen vom Rumpf. Als man danach suchte, fand man ihn dort, wo das Kruzifix eingemauert gewesen war. Der Pfarrer ließ das zerschlagene Bild des Heilands aus den Trümmern zu-

sammensuchen, den Körper des Verbrechers aus der Kirche schaffen und befahl, den Kopf nach Morgen zu in der Mauer zum ewigen Gedächtnis einzumauern. Als aber der Tag anbrach, da sah man das bleiche Gesicht des Sakristans zu Stein geworden aus der Mauer heraussehen, und dort steht es noch, denn es läßt sich weder übertünchen noch vermauern, ja man erzählt, daß es oft Tränen vergieße und allemal, wenn dem Städtchen Gefahren drohen, im gelben Licht leuchte.

Scheibenberg

Das schachbrettartig angelegte Städtchen Scheibenberg wurde in Verbindung mit dem Bergbau durch die Schönburger 1522 gegründet und erhielt 1530 Stadtrecht. Das Ensemble um den Markt herum bietet sehenswerte Gebäude, etwa das barocke Apothekerhaus mit reichen Stuckdecken.

In der 1559/71 errichteten und 1754/56 erneuerten **Stadtkirche St. Johann** befindet sich der Grabstein des Erzgebirgschronisten Christian *LEHMANN* (1611-1688). Der Scheibenberger Pfarrer und Chronist schrieb das Buch »Historischer Schauplatz derer natürlichen Merckwürdigkeiten in dem Meißnischen Obererzgebirge«. Das Werk, das als Reprint erhältlich ist, dokumentiert das damalige erzgebirgische Leben. Lehmann verfaßte auch das »Chronicon Scheibenbergense«. Das bis dahin nur handschriftlich vorhandene Skript wurde 1992 gedruckt. Das Chronikon enthält neben anderem Ratsstatuten über die Bestrafung von Fehlverhalten. Die Strafregister beweisen, daß das Mittelalter nicht gerade tugendhaft, aber auch im Verteilen von Strafen keineswegs zimperlich war. So wurde bei Tanzveranstaltungen das Zu-Winkel-Kriechen oder das Entblößen der Scham mit einer Buße von 59 Groschen, immerhin fast 2 Taler, bestraft. Wer dagegen Hurenvolk behauste oder ins Kraut oder die Rüben anderer ging, kam mit 10 Groschen Bußgeld aus. Nähere Auskünfte zu heutigen Gepflogenheiten in Scheibenberg erteilt der Fremdenverkehrsverband am Scheibenberg, 09487 Schlettau, Tel. 037 33/651 51.

Der Scheibenberg

Der imposante Scheibenberg mit seinen Orgelpfeifen war im 18./19. Jh. Gegenstand eines Gelehrtenstreites. Der Vater der Mineralogie, der Freiberger Professor Abraham Gottlob *WERNER*, trat dabei als Neptunist (nach dem Meeresgott Neptun) auf. Da die Basaltsäulen des Scheibenberges auf tertiären Kiesen, Sanden und Schottern liegen, behauptete Werner, diese wären Meeresablagerungen. Recht behalten sollte dagegen sein Schüler Karl Wilhelm *VOIGT*, der als Plutonist (nach Pluto, Gott des Reichtums aus dem Erdinneren) die vulkanische Herkunft des Basaltes erkannte. Im schönen Berggasthaus kann man sich über die geologische Besonderheit der Reliefumkehr bei Speis und Trank seine Gedanken machen. Tatsache ist, daß die basaltische Ergußdecke hier zum Berg wurde. Auf der Westseite des Scheibenberges ist das Ausstreichen der Tone und Sande unter dem Basalt in Aufschlüssen deutlich erkennbar.

Crottendorfer Räucherkerzen

Wir verlassen Scheibenberg in Richtung Süden. Wer eine kleine erzgebirgische Privatbrauerei kennenlernen möchte, hat im Scheibenberger Ortsteil Oberscheibe dazu Gelegenheit. Schon seit 1813 braut die Brauerei Fiedler Bier. Der in der DDR nicht verstaatlichte Kleinbetrieb lädt zur Besichtigung und Verkostung ein.

Die nächste Station unserer Tour ist das **Kalkwerk Oberscheibe**. Wanderer können von hier aus südlich (grüne Markierung) über die Wolfner Mühle in das riesige Waldgebiet hinter dem Fichtelberg gelangen. Die »Wolfner Mühle« erfreute sich früher als Ausflugsgaststätte und Erholungsheim großer Beliebtheit. Der heutige Wanderer muß mit einem Imbiß vorlieb nehmen. Allerdings soll das ehrwürdige Etablissement demnächst wieder geöffnet werden. Westlich der Wolfner Mühle thront das Pumpspeicherwerk Markersbach über den Tälern. Die Anlage haben wir bereits auf der Seite 66 besprochen. Südlich der Wolfner Mühle kann man in den Gneisen des Hemmberges jene roten Granate (Halbedelsteine) finden, denen der böhmische Granatschmuck seinen Weltruhm verdankt.

Crottendorf

Wir fahren vom Kalkwerk Oberscheibe weiter nach Crottendorf (Auskünfte über den Fremdenverkehrsverband am Scheibenberg, Markt 1, 09487 Schlettau, Tel. 037 33/651 51).

Berühmtheit erlangte dieses kleine Industriedorf durch zwei Produkte, die weit über die Landesgrenzen hinaus für erzgebirgische Kultur stehen. Frau Freya Graupner besitzt Urheberrecht und Monopol auf die »Original Crotten-

Fischers Posamentenmaschine

dorfer Räucherkerzchen«. Die Räucherkegel aus der winzigen Crottendorfer Manufaktur bringen um die Weihnachtszeit hunderttausende Räuchermänner in aller Welt zum Qualmen. Herstellung und Rezeptur sind streng geheim. Wer als Souvenir einige Schächtelchen erwerben möchte, stößt dagegen bei der Räuchermeisterin auf offene Ohren.

Streng geheim ist auch die Rezeptur des berühmten Grenzlandlikörs von Fritz Ficker. In der seit 1882 bestehenden Destillation werden nach alten Rezepten Schnäpse und Liköre kreiert. Der Inhaber ist stolz darauf, daß er seine Liköre durch handverlesene »Drogen« geschmacklich nuanciert, wogegen andere Likörhersteller mit bereits fertigen Essenzen arbeiten. Daß Qualität sich auszahlt, merkt der rüstige Kleinfabrikant am Umsatz. Wurde zu DDR-Zeiten die Produktion durch ein Spritlimit auf niedrigem Niveau gehalten, so muß Herr Ficker heute in verschiedenen Betriebsteilen produzieren, um den stetig steigenden Bedarf zu decken. Im kleinen Stammwerk kann man alle hier produzierten Schnäpse und Liköre kaufen. Für 1994 ist die Eröffnung eines Firmenmuseums geplant.

Auch ein anderes charakteristisches Produkt erfreut sich nach wie vor großer Beliebtheit: erzgebirgische Posamenten. Das Kleinunternehmen von Peter Fischer auf der Annaberger Straße 64c verkauft Posamenten, Flechtereien und Leonische Waren an Fans in Finnland, Litauen und den USA.

Fickers Likörfass

Von Crottendorf fahren wir südöstlich über Neudorf nach **Kretscham-Rothensehma**. Hier erreicht die letzte dampfgetriebene Schmalspurbahn des mittleren Erzgebirges die Mitte der Strecke von Cranzahl nach Oberwiesenthal. Fahrplanmäßig qualmend und schnaubend mühen sich täglich zehn Züge hinauf ins Gebirge und wieder zurück. Zweimal am Tag führt der Zug einen bewirtschafteten Salonwagen, der die Fahrt zu einem besonderen Erlebnis macht (Platzbestellungen über Bahnhof Oberwiesenthal, Tel. 037 348/320). Zurück nach Annaberg können wir durch das Sehmatal über Neudorf, Cranzahl, Sehma und Cunersdorf fahren.

8 *AUF INS BÖHMISCHE*

Bevor Sie sich ins Böhmische aufmachen, wollen wir Ihnen einen geschichtlichen Abriß mit auf den Weg geben. Das Böhmische Erzgebirge unterscheidet sich in manchen Dingen von seinem sächsischen Nachbarn, und wer mit nichts anderem als einer bundesdeutschen Touristenbrille auf diese Gegend schaut, wird ihr vielleicht wenig abgewinnen können.

ZUR GESCHICHTE DER GEGEND RUND UM ST. JOACHIMSTHAL (JACHYMOV)

Seit dem frühen Mittelalter gehörte dieser Teil des Erzgebirges zum Königreich Böhmen und somit zum Habsburger Kaiserreich. Die Bewohner der Grenzregionen waren fast ausschließlich Deutsche. Kam man weiter ins Böhmische hinein, so stieg der Anteil der tschechischen Bevölkerung. Bis zum Ende der Österreichischen Doppelmonarchie im Jahr 1918 brachte das Zusammenleben von Deutschen und Tschechen, vergleicht man es mit dem anderer gemischtbevölkerter Teile Böhmens, keine besonderen Probleme mit sich. Das Verhältnis von Tschechen und Deutschen änderte sich nach Gründung des Tschechischen Staates 1918 insofern, als die Verwaltungsinstitutionen nun mehr und mehr die Interessen der Tschechen betonten. Die wirtschaftliche Situation wandelte sich durch die Gründung der CSR nicht wesentlich, da der neue bürgerliche Staat die teilweise quasifeudalen Besitzverhältnisse nicht ändern konnte. Nur in Nordböhmen wurde der beträchtliche Einfluß des deutschböhmischen Adels durch kapitalistische Interessen eingedämmt.

Im Gegensatz zum sächsischen Staatsforst befand sich der böhmische Wald fast ausschließlich in der Hand des Adels. Gleiches galt für die Glas- und Porzellanfabriken im Egertal wie Royal Dux oder die Thunsche Porzellanfabrik. Die freien Bergstädte Sachsens mit ihrem hochentwickelten Bürgertum vermochten sich jedoch bereits mit ihrer Gründung im 16. Jh. der Vormundschaft des niederen Adels zu entledigen. Die sächsische Monarchie wiederum versöhnte das freie Unternehmertum der Bergstädte mit der straffen zentralstaatlichen Führung, indem sie ihm lediglich eine Abgabe abforderte. Dem sächsischen Unternehmergeist waren damit vergleichsweise wenig Fesseln angelegt.

Die Gegend zwischen Karlsbad und Teplitz-Schönau stand wirtschaftlich und kulturell sehr hoch. Karlsbad genoß als Kurbad weltweit einen erstklassigen Ruf. Ein beträchtlicher Teil der böhmischen Glas- und Porzellanindustrie war in Nordböhmen angesiedelt. Die Moserglaswerke in Karlsbad belieferten alle ersten Adressen der Welt. Infolge der Weltwirtschaftskrise in den 20er und 30er Jahren blieben nationalistische Interessenkonflikte nicht aus. Die deutsche Bevölkerung der Grenzregion orientierte sich mehr und mehr am deutschnationalen Kurs des Dritten Reiches. Unter Konrad Henlein organisierten sich viele Sudetendeutsche in einer Partei, die politisch der NSDAP nahe stand. Durch das Münchner Abkommen von 1938 kam das Sudetenland und somit das böhmische Erzgebirge unter deutsche Verwaltung. Die Rechte der Tschechen wurden stark eingeschränkt, Widerstand im Keim erstickt. Nach Kriegsende wechselten wieder die Fronten. Tausende Sudetendeutsche wurden um Haus und Hof gebracht, in Lagern interniert und außer Landes gewiesen. Eine Minderheit, die bereit war, die tschechoslowakische Staatsbürgerschaft anzunehmen, blieb.

Vor diesem Hintergrund wird der desolate Zustand manch böhmischer Siedlung im Grenzbereich verständlicher. Hier wurde die traditionelle Sozialstruktur unwiderruflich zerschlagen. Die neuen Bewohner kamen großenteils aus der Slowakei, vor allem aus den Waldkarpaten, die nach Kriegsende unter sowjetische Herrschaft fielen. Darüber hinaus versuchte die Prager Administration, hier Sinti und Roma seßhaft zu machen. Die urbanistischen Experimente der KPC verliefen nicht immer zur Zufriedenheit aller Beteiligten.

Die CSSR beutete außerdem die riesigen Braunkohlenvorkommen am Südhang des Erzgebirges ohne Rücksicht auf Natur und Umwelt aus. Die Verarbeitung der Kohle unweit der Bergwerke trug dazu bei, die Wälder in manchen Regionen schwer zu schädigen.

Nach der Wende haben die enormen Lohn- und Preisunterschiede zwischen Deutschland und Tschechien in der Grenzregion eine eigenartige Situation geschaffen. Fast alle Industrie- und Gewerbebetriebe liegen brach. Im Einzugsbereich der Grenzübergänge etablieren sich schmuddelige Straßenmärkte, auf denen sparsames Volk aus Sachsen sich beim Kampf ums Schnäppchen drängelt. Nur der Fremdenverkehr bietet die Chance eines bescheidenen Aufschwunges. Vor dem 2. Weltkrieg bereits beliebtes Urlaubsziel, kann Nordböhmen an früheres Renommeé anknüpfen. Trotz aller Probleme ist das böhmische Erzgebirge eine Reise wert. Gerade die Gegend um St. Joachimsthal und Platten hat nicht nur kulturhistorisch Bedeutsames, sondern auch eine entlegene Landschaft von eigenem Reiz zu bieten, die ihrer Entdeckung harrt.

Reisetechnisch ist Böhmen recht problemlos. Die Deutsche Mark wird im Grenzgebiet jederzeit akzeptiert, allerdings zu einem etwas schlechteren Wechselkurs (normal: – Ende ´93 – 1 DM = 17 Kronen). Durch die magische Anziehung der DM und den neuen Geschäftssinn der Grenzlandbewohner entstanden in den letzten Jahren viele preiswerte Privatquartiere. Eine Übernachtung mit Frühstück ist bereits ab 10 DM zu haben. In zahlreichen, zum Teil sehr einfachen Wirtshäusern kann man die böhmische Küche und das ausgezeichnete böhmische Bier genießen. Die Preise sind teilweise phänomenal niedrig. Ein Schweinebraten mit Knödeln ist oft schon für 3 DM zu bekommen, der halbe Liter Bier für nur fünfzig Pfennig! Die Tankstellendichte ist geringer als in Deutschland. Die Benzinpreise (auch bleifrei) entsprechen den deutschen.

VON GOTTESGAB ÜBER PLATTEN UND BÄRRINGEN NACH JOACHIMSTHAL

Für unsere Tourenempfehlung wählen wir den Grenzübergang Oberwiesenthal/ Bozi Dar, der an der F 95 (Chemnitz-Annaberg-Karlsbad) liegt. Ab Bärenstein (Basaltberg mit schönem Berggasthaus) fährt man immer an der Grenze entlang. Auf der böhmischen Seite fallen große alte Fabrik- und Wohngebäude ins Auge. Der böhmische Grenzort zu Bärenstein, Weipert, war vor dem Krieg ein nicht unbedeutender Industriestandort. Textilien, Posamenten und Gewehre wurden hier produziert. An der Größe des Bahnhofes erkennt man die einstige Bedeutung. Weiter geht es durch einige kleine Ortschaften; bald erreicht man den sächsischen Grenzort Oberwiesenthal.

Oberwiesenthal war zu DDR-Zeiten ein beliebter Wintersportort. International bedeutende Skisportler, wie etwa Jens Weisflog, absolvierten hier die Skischule. Für DDR-Bürger war das sächsische St. Moritz oftmals die einzige Möglichkeit, alpinen Skisport zu treiben. Die gesamte DDR-Prominenz einschließlich hochrangiger Politiker und Funktionäre machte hier in speziellen Quartieren Winterurlaub. Heute präsentiert sich Oberwiesenthal als moderner Urlaubsort; das Preis/Leistungsverhältnis hält dem Vergleich mit anderen deutschen Wintersportorten jedoch nicht stand.

Nachdem wir Oberwiesenthal passiert haben – die Umgehungsstraße Richtung Karlsbad führt nicht durch den Ort – sind wir bald von zwei hohen Bergen umgeben. Links grüßt der höchste Gipfel des Erzgebirges, der Keilberg (1244 m) und rechts sein kleinerer Bruder, der Fichtelberg (1214 m), die höchste Erhebung Sachsens. Beide Berge sind mit dem Fahrzeug, zu Fuß oder mit Seilbahnen zu erreichen. Die Preise der Berghotels entsprechen durchaus ihrer Höhenlage, wobei der Keilberg wegen des böhmischen Standortes günstiger abschneidet. Auch die Liftpreise gestalten sich im Böhmischen freundlicher, so daß mancher Skihase trotz Alpenerfahrung hier gern seine Bogen stemmt.

An der Grenzstation angekommen, genügt für Deutsche zum Passieren ein Personalausweis; Bürger anderer Staaten benötigen einen gültigen Reisepaß. An der Grenze kann Geld gewechselt werden. Im Winter ist es hier oben oft eisig kalt; ohne Winterreifen und Schneeketten hat man schlechte Karten. Abstecher: Kurz hinter dem Grenzübergang führt eine Straße links in Richtung Keilberg (Klinovec) und weiter über Kupferberg (Medenec) nach Komotau (Chomutov). In Kupferberg gibt es ein Kupferbergwerk zu besichtigen. Sehenswert ist auch der Kupferhübel mit Kapelle.

Gottesgab (Bozi Dar)

Unsere Tour führt uns nach Gottesgab (Bozi Dar). Gleich am Ortseingang rechts

»Grünes Haus in Gottesgab

steht das »Grüne Haus«, eine erzgebirgische Traditionsgaststätte, in der schon Martin Luther gespeist haben soll. Im Vorzimmer erinnern Wandmalereien an frühere Zeiten. Gottesgab, die höchstgelegene Stadt Mitteleuropas, hat viele Gaststätten und Fremdenzimmer. Das Bergrecht bekam es 1529 in Verbindung mit Silbervorkommen; die Stadt wurde 1546 erbaut, und von 1558 an gehörte sie zu Böhmen. Nach dem Niedergang des Bergbaus mußten sich die Bewohner mit Torfstechen, Spitzenklöppeln und Waldarbeit durchschlagen. Ein großer Brand legte Gottesgab 1808 in Schutt und Asche. Das Bild der wiedererbauten Stadt hat sich bis heute kaum verändert.

Für traditionsbewußte Erzgebirgler ist der Name Gottesgab Synonym für eine Legende des Gebirges: den Volksdichter *ANTON GÜNTHER (1876-1937)*, der hier lebte. Seine zahlreichen Lieder vertrieb er im Selbstverlag u.a. auf Postkarten mit eigenen Lithographien. Sie kamen auf diese Weise und durch fahrende böhmische Musikanten weit herum. Zu Günthers Grab auf dem alten Friedhof Gottesgabs wallfahrten auch jene, die Tradition und Deutschtümelei nicht trennen können. Günther war der bedeutendste Lieddichter des Erzgebirges; einige seiner Lieder sind jedoch nicht frei von deutschnationalen Ideen. Wie gegen den Schriftsteller Karl May aus Hohenstein-Ernstthal bei Chemnitz verhielten sich die DDR-Kulturpolitiker auch Anton Günther gegenüber distanziert. Am liebsten hätten sie das »Volksgedudel« vergessen gemacht. Dies verhinderten Volkskunstgruppen wie die »Caldarellis« (siehe S. 89) oder das Volksmusiktrio »Heiteres Erzgebirge« – mit großem Erfolg. Die populären Lieder erklangen auf unzähligen Heimatabenden wie auch auf Weihnachts- und Erzgebirgsschallplatten. Wer Günthers Grab besichtigen möchte, findet es auf dem Friedhof an der rechten Mauer.

Anton Günther

Am Ortsausgang von Gottesgab erstreckt sich ein großes, unter Naturschutz stehendes Flachmoor zum steil aufsteigenden Spitzberg (Spicak) hin. Die Sage berichtet, daß derjenige, der die alle tausend Jahre blühende blaue Wunderblume findet, Zugang zu ungeahnten Schätzen im Inneren des Berges hat. Ein Lehrpfad, der auf die Besonderheiten der Landschaft hinweist, führt durch das Moor. Aus der Fülle der botanischen Seltenheiten ist auf jene Pflanzen hinzuweisen, die infolge der Quartärvereisung von Norden her in diese Gegend kamen und nach Rückzug des Eises im rauhen Gebirgsklima heimisch wurden, zum Beispiel die Zwergbirke und die Karpatische Birke, die sonst nur in arktischen und subarktischen Zonen vorkommen. Neben vielen anderen botanischen Kostbarkeiten findet man den Sonnentau oder die seltene Orchideenart Korallenwurz. Bergbautechnisch ist ein Kunstgraben interessant, der sich westlich von Gottesgab bis nach Platten (Horni Blatna) hinzieht. Für den Plattener Bergbau bildete dieser Graben im Mittelalter eine wichtige Wasserzufuhr.

Von Gottesgab fahren wir westlich, in Richtung Platten (Horni Blatna) weiter. Die Straße auf der Hochfläche führt über die ehemaligen Gebirgsdörfer Försterhäuser (Myslivny), Seifen (Ryzovna) und Irrgang (Bludna). Von diesen früheren Zinnseifnerorten ist bis auf einige Ruinen kaum etwas übriggeblieben. Die klimatisch ungünstige Lage der Dörfer schreckte nach der Vertreibung der deutschen Einwohner neue Bewohner ab. Die Gegend hat durch die Ruinen und die spärliche Vegetation etwas Geisterhaftes an sich.

Kurz vor der alten Bergstadt Platten beginnt wieder Hochwald; ein Wanderweg weist rechts zum **Plattenberg** (Blatensky vrch). Sie sollten sich auf jeden Fall die Zeit nehmen, diesen Berg zu besteigen. Man kann dies auch von Platten aus auf einem rot markierten Wanderweg tun. Auf dem Plattenberg stand vor dem Krieg ein Berggasthaus. Davon ist nur der Aussichtsturm übriggeblieben, den man am Wochenende besteigen kann. Dann ist der Plattenberg provisorisch durch Kioskbetrieb bewirtschaftet. Vom Turm aus bietet sich ein guter Rundblick auf den Erzgebirgskamm.

Außer der schönen Fernsicht haben die **Wolfs-** und die **Eisbinge** den Berg bekanntgemacht. Die Bingen liegen am Wanderweg Richtung Platten (roter Wanderweg) etwa zehn Minuten vom Gipfel entfernt und sind bergbauliche

Zeugnisse besonderer Art. Man kann sich nur schwer vorstellen, daß im Mittelalter in dieser wildromantischen Gegend in einer Höhe um die 1000 Meter reger Zinnbergbau betrieben wurde. Die eingestürzten Grubenbaue bieten einen schaurigen Anblick. In der kleineren Eisbinge hält sich das Wintereis bis in den Hochsommer. Erzgebirgschronisten berichten, daß jenes Eis bis nach Leipzig zur Messe gebracht wurde. Nach der Leipziger Völkerschlacht soll es die Beschwerden der Verwundeten gelindert haben.

Die Wolfsbinge

Platten (Horni Blatna)

Die Bergstadt Platten wurde 1539 angelegt, nachdem man in der Gegend bereits um 1520 Zinnerze abbaute. Ein Schachbrettmuster bestimmte den ursprünglichen Stadtplan. Der Name Platten wird auf den Joachimsthaler Schulmeister Petrus Plateanus zurückgeführt, der hier mit seinen Schülern nach Zinn geschürft haben soll. 1653 vertrieb Kaiser Ferdinand III. von hier aus die letzten Evangelisten aus Böhmen. Diese wanderten über die sächsische Grenze und gründeten nur einige Kilometer weiter 1654 Johanngeorgenstadt. In den letzten Jahrhunderten verdingten sich die Bewohner von Platten mit Glacéhandschuh-, Löffel- und Holzproduktion. Sie nutzten die Wasserkraft des Plattener Kunstgrabens für ihre Werkstätten. Heute lebt Platten fast ausschließlich vom Fremdenverkehr. In den zahlreichen Pensionen kann man problemlos unterkommen. In der alten Kirche wird für die wenigen deutschen Bewohner in deutscher Sprache gepredigt.

Platten hat einen Eisenbahnanschluß an der Strecke Johanngeorgenstadt-Karlsbad, die erst seit kurzer Zeit wieder befahren wird. Die Züge verkehren mehrmals täglich von Johanngeorgenstadt über den Grenzort Breitenbach (Potucky) nach Platten und schlängeln sich den steilen Südabhang des Erzgebirges über Neudeck (Nejdek) bis nach Karlsbad. Die Bahnfahrt ist eine lohnende Alternative zu Pkw oder Bus.

Von Johanngeorgenstadt aus kann man auch über den Fußgänger- und Fahrradgrenzübergang nach Breitenbach gelangen. Dies wird monatlich von zehntausenden Sachsen genutzt, um auf dem Breitenbacher Markt billig einzukaufen. Rings um das Marktgelände gibt es viele Gaststätten. Hier regiert die Jagd nach der schnellen Mark und nicht erzgebirgische Gemütlichkeit. Die berühmte Dreckschänke, die vor dem Krieg als Ausflugslokal im ganzen Erzgebirge jahrzehntelang ein Begriff war, existiert in ihrer früheren Form nicht mehr. An der alten Stelle steht ein neues Lokal mit gleichem Namen.

Von Platten fahren wir südlich nach **Bärringen** (Pernink). Die Gründung dieser Bergstadt 1533 ist ebenfalls auf den Zinnbergbau zurückzuführen. Von Bärringen kann man schöne Wanderungen (gelbe Wegmarkierung) zum Peindlberg (Tisovsky vrch) und in die benachbarten Orte **Neuhammer** (Nove Hamry) und **Eibenberg** (Tisova) unternehmen. Beide waren schon um die Jahrhundertwende beliebte Sommerfrischen. Neuerdings gibt es hier wieder Gaststätten und Pensionen. Fährt man von Eibenberg in Richtung Neudeck (Nejdek), so kommt man zu dem Ausflugslokal »Schöne Aussicht« (Krasna Vylidka). In der Tat hat man einen vorzüglichen Blick in das Neudecker Tal. Drinnen gibt's gute böhmische Küche und allerlei Kurzgebratenes. Die Fremdenzimmer sind nicht selten alle belegt, da die »Schöne Aussicht« gern aufgesucht wird.

Von Bärringen nach Joachimsthal

Von Bärringen haben wir drei Möglichkeiten, nach Joachimsthal zu gelangen. Der schnellste Weg führt am alten Torfstich (links) vorbei nach **Abertham** (Abertamy). Dieser Ort ist früher durch seine Glacéhandschuhproduktion bekannt gewesen. Auch heute werden hier Handschuhe hergestellt. Im Mittelalter waren in Abertham und im benachbarten Hengstererben (Hrebecna) viele Silber- und Zinnbergwerke ansässig. Das Roherz wurde bis nach England exportiert. 1529 soll ein Viehzüchter beim Ausheben einer Milchgrube auf große Erzlager gestoßen sein. Von Abertham führt eine gute Straße östlich zur Fernverkehrsstraße nach Joachimsthal. Einige Kilometer hinter Abertham fallen große Bergbauhalden links und rechts des Weges ins Auge. Diese stammen vom Joachimsthaler Uranbergbau. Am Rand der Halden stehen eine nette kleine Pension und die Gaststätte »Barbora« mit ausgezeichneter böhmischer Küche, böhmischen Bieren und vernünftigen Preisen.

Ein Hinweis für Skifreunde: Die Gegend eignet sich winters hervorragend für Langlauftouren. Das Gebiet zwischen Gottesgab und Breitenbach ist eine Hochfläche, die nur von wenigen Tälern unterbrochen wird. Nach Süden hin fällt sie sehr steil ab, so daß sich mit den Touren rasante Talfahrten verbinden lassen. Im Sommer kann man auf der Hochfläche prächtig radeln; die relativ breiten Waldwege lassen sich nicht nur mit einem Mountainbike problemlos befahren. Für Wanderfreunde möchten wir von Abertham eine schöne Route nach Joachimsthal beschreiben.

Von Abertham nach Joachimsthal

Man verläßt Abertham östlich und folgt einem grün markierten Wanderweg Richtung **Pleßberg** (Plesivec). Den Gipfel (1028 m) dieses Berges erreicht man in einem straffen halbstündigen Fußmarsch. Auf dem Gipfel des vulkanischen Berges lädt ein Berghotel (15 DM ÜF/Person) mit Aussichtsturm zur Einkehr. Vom Turm aus bietet sich bei schönem Wetter ein prachtvoller Blick vor allem nach Süden hin. Der Ausblick reicht vom Fichtelgebirge über das Duppauer Gebirge bis zum Kaisergebirge; auch die nördlichen Erzgebirgsgipfel Auersberg, Plattenberg, Keilberg und Fichtelberg sind deutlich zu sehen. Vielleicht ist der Ausblick vom Pleßberg der schönste des ganzen Erzgebirges. Eine interessante Abstiegsvariante vom Pleßberg geht in südwestlicher Richtung nach Salmthal (Pstruzi). Dort befinden sich ebenfalls eine Gaststätte mit Hotel (Zelene Udoli) sowie die Reste einer alten Fabrik; die alte deutsche Firmierung ist noch gut erkennbar.

Wir folgen der blau-gelben Markierung nach Osten. Man kommt an der Pension »Orion« vorbei und erreicht bald die »Schweizerbaude« (Svycarska bouda). Diese schöne Baude ist leider seit einigen Jahren geschlossen. Sie wurde im Dritten Reich von der deutschen Luftwaffe als Jagdhütte errichtet. Bis zu ihrer Schließung war sie ein beliebtes Urlaubsquartier; sie dürfte in naher Zukunft wieder geöffnet werden. Hundert Meter südlich der Schweizerbaude bietet der Aussichtspunkt K Vyhlidce eine prächtige Fernsicht bis in die Gegend um Karlsbad. Geologisch interessant sind hier liegende Säulen von Nephelinit; aus diesem basaltischen Gestein besteht auch der Pleßberg.

Der Weg nach Joachimsthal ist blau markiert und führt durch schönen Hochwald. Bevor man die Joachimsthaler Neustadt erreicht, durchquert man große Teile des einstigen Uranbergbaugebietes. Überall sieht man noch alte Halden und Reste der Bergwerksanlagen.

Von Bärringen über das Salmthal nach Joachimsthal

Die dritte Tour nach Joachimsthal ist für Auto- oder Fahrradfahrer konzipiert. Wir fahren südlich von Bärringen über Salmthal nach Merkelsgrün (Merklin). Dort zweigt eine Straße nach links in Richtung Lindig (Lipa) ab. Am Ortsausgang befindet sich auf der rechten Seite in schöner Lage die Pension »U Jasanu«. Im Sommer kann man im Garten zelten, für ein Imbißangebot sorgt Fam. Schreiner.

An der nächsten Abzweigung fahren wir rechts weiter nach **Mariasorg** (Marianska) – ein Ort, der vom Schicksal schwer geprüft wurde. Bis 1948 befand sich hier ein Kapuzinerkloster mit einer Wallfahrtskirche. Die Kirche wurde 1699 erstmals urkundlich erwähnt, das eigentliche Kloster existierte ab 1754. Es wird berichtet, daß, bevor das Kloster entstand, hier oben der Einsiedler Jan Niavis lebte. Dieser Herr sagte in seinen Versionen die drei Bergsegen der Stadt Joachimsthal voraus. Im März 1965 wurden die Gebäude gesprengt. An das einstige Kloster erinnern Reste der Klostermauer, eine demolierte Kapelle und ein Gedenkstein, dessen kupferne Platte zu allem Überfluß 1991 gestohlen wurde.

Von 1948 bis 1958 erlangte Mariasorg traurige Berühmtheit. In Verbindung mit den Urangruben stand hier das berüchtigtste Gefängnis Böhmens. Vor allem Kriegsgefangene, Sudetendeutsche und politische Häftlinge waren hier inhaftiert. Wie viele in diesem Nachkriegslager ihr Leben lassen mußten, ist nicht bekannt. Wer dazu und zur Klostergeschichte informiert werden will, wendet sich an Herrn Hladisov im Restaurant »Na Marianske« (Marianska 163), der eine Ausstellung zu diesem düsteren Kapitel tschechischer Geschichte plant. Am Ortsausgang von Mariasorg – wir fahren rechts in Richtung Joachimsthal weiter – erinnert vor einer Pension ein großes Kreuz mit Stacheldraht an die Opfer.

Schon bald haben wir einen herrlichen Ausblick über Joachimsthal. In Serpentinen geht es am Turm der ehemaligen Schlickschen Burg vorbei hinunter ins Tal. Man staunt nicht schlecht: Die Straße führt direkt durch die Bergwerksanlagen der Grube »Eintracht« (Svornost) hindurch, in Europa die einzige, die von einem Thermalbad betrieben wird. Nach vorheriger Anmeldung besteht die Möglichkeit, in das Bergwerk einzufahren.

ST. JOACHIMSTHAL (JACHYMOV)

Die Stadtchronik belegt die historische Bedeutung von St. Joachimsthal. Im 15. Jh. stand hier die Siedlung Konradsgrün, die zum Herrschaftsbereich der Grafen Schlick in Schlackenwerth (Ostrov) gehörte. Um 1512 soll Kaspar Bach aus Geyer mit dem alten Oeser den Heiligen-Drei-Königsstollen betrieben, wegen Geldmangels den Ort aber bald wieder verlassen haben. Graf *SCHLICK* erfuhr von den Silberfunden und gründete in Karlsbad eine Grubengewerkschaft. Diese betrieb den Bergbau mit großem Erfolg, und bereits 1516 wurde die Stadt gegründet, die zunächst einfach Thal hieß.

Der reiche Bergsegen lockte Tausende an, vor allem aus Sachsen. Es galt die

Parole: »*Ins Thal, ins Thal, mit Mutter, mit all.*« 1517 bekam die Stadt den Namen des heiligen Joachim, und 1520 hatte Joachimsthal alle Privilegien einer freien Bergstadt. Da der geschäftstüchtige Graf Schlick das geschmolzene Silber an die Handelshäuser Weser in Nürnberg und Fugger in Augsburg lieferte, waren seine Gewinnspannen nicht allzugroß. Daher ließ er 1517 von Stefan Gemlich und Utz Gebhart auf Burg Freudenstein heimlich Münzen prägen. 1520 erwirkte Schlick vom Böhmischen Landtag und von König Ludwig das Recht zur Münzprägung. Im selben Jahr wurden die Joachimsthaler in Umlauf gebracht. Man nannte sie kurz »Taler«. Das Münzrecht der Schlicks wurde später eingeschränkt; ab 1528 durften nur noch Münzen im Namen des Böhmischen Königs geprägt werden. 1534/36 errichtete Ferdinand I. in Joachimsthal eine eigene Prägeanstalt.

Die **Taler**, die massiven Silbermünzen aus Joachimsthal, wurden weithin zu einem begehrten Zahlungsmittel. Und nicht nur der deutsche Taler erhielt seinen Namen von dieser respektablen Münze, sondern auch der amerikanische Dollar. Im Erzgebirgischen wird Tal »Dhol« gesprochen, und der »Dholer« war der Vorgänger des Dollar.

Die Silberstadt Joachimsthal rückte zu einem geistigen und wirtschaftlichen Zentrum Böhmens auf. 1520 wurde eine berühmte Lateinschule gegründet, deren Werke zum Teil erhalten sind. Berühmte Gelehrte zog es her. 1527 kam Georgius *AGRICOLA*, der Verfasser der ersten Bergwerksbücher, und wirkte als Arzt und Schriftsteller. Er beschäftigte sich mit Bergbau, Mineralogie und Metallurgie und schrieb den »Bermannus«, der unter Absprache mit Erasmus von Rotterdam 1530 in Basel gedruckt wurde. Eine andere Koryphäe, Johannes *MATHESIUS*, ein Freund Luthers, verbrachte als Rektor der Lateinschule und als Prediger viele Jahre im Thal. Mathesius verfaßte unter anderem die »Sarepta«, Skripte seiner wissenschaftlichen Predigten, und eine »Lutherbiografie«.

Die Einwohnerzahl läßt ahnen, welchen Stellenwert Joachimsthal zu dieser Zeit hatte. Mit 18 200 Bewohnern war sie nach Prag die größte Stadt Böhmens, in Europa rangierte sie an achtzehnter Stelle. Doch der große Bergsegen ging in der zweiten Hälfte des 16. Jh. zurück; Epidemien, Brände und die Folgen des Dreißigjährigen Krieges beendeten die erste Blütezeit der Stadt. Die Rekatholisierung zwang die Protestanten zur Auswanderung. Die Münzstätte wurde 1651 nach Prag verlegt. Um den Bergbau zu beleben, wurde 1716, veranlaßt durch Karl IV., die erste Montanschule der Welt gegründet. 1779 besuchte Kaiser Franz

aus: Agricola, De re metallica libri XII, S. 301

Josef II. Joachimsthal, 1785 reiste Goethe während eines Karlsbader Kuraufenthaltes hierher.

Im 19. Jh. wurde in Joachimsthal in erster Linie Bergbau auf Kobalt betrieben. Ab 1854 wurde Uranerz gefördert und in einer staatlichen Fabrik zu Farben verarbeitet, die das berühmte böhmische Glas und Porzellan schmücken. 1873 zerstörte ein Großfeuer fast die gesamte Stadt; 4000 Menschen wurden obdachlos. Auch die Pfarrkirche mit den berühmten Cranachgemälden verbrannte. Just als die österreichische Regierung Ende des 19. Jh. beschloß, die unrentablen Gruben zu schließen, leitete Henry *BECQUERELS* Entdeckung der Radioaktivität (1896) eine neue Ära der Stadt ein. Pierre und Marie *CURIE* gewannen aus den bis dahin wertlosen Rückständen der Uranfarbenwerke das neue Element Radium und erhielten dafür gemeinsam mit Becquerel 1903 den Nobelpreis für Physik. Nach dem Tod ihres Mannes setzte Marie Curie die Forschungsarbeiten fort. Sie hielt sich mehrere Male in Joachimsthal auf. 1911 bekam sie erneut den Nobelpreis, diesmal für Chemie.

Das Atomzeitalter hatte begonnen, und für Joachimsthal setzte das nächste Kapitel großer Geschichte ein. Die Stadt lenkte die Aufmerksamkeit der Weltöffentlichkeit auf sich. 1906 wurde das erste **Radiumbad** überhaupt gegründet und das luxuriöse Kurhotel »Radiumpalast« öffnete 1912 seine Pforten. Die Erkundungsarbeiten an den radioaktiven Wässern, deren Heilwirkung den Bergleuten von jeher bekannt war, leiteten die Wiener Physiker Heinrich Mache und Stephan Meyer. Das Kurbad wurde zur »VIP-Schaukel«; zu den Kurgästen gehörten Persönlichkeiten wie der ägyptische König Fuad. Die Außenminister der Kleinen Entente (CSR, Rumänien, Jugoslawien) tagten 1927 im Radiumpalast.

Ab 1907 produzierte man das Element Radium in einer speziellen Fabrik. Bis zum 1. Weltkrieg hatte Joachimsthal das Monopol darauf; bis 1938 kam ein Drittel der Weltproduktion des teuren Metalls von hier. 1938 übernahm die »Degussa« im Zuge des Anschlusses an Deutschland die Radiumproduktion und stellte den Rohstoff für die »Uranmaschine«, den Prototyp eines Atomreaktors, her. Das Material, mit dem Otto *HAHN* 1938 im Kaiser-Wilhelm-Institut in Berlin-Dahlem die erste Atomspaltung der Welt gelang, stammte aus Joachimsthaler Gruben. Hahn war 1966 anläßlich der 450-Jahr-Feier persönlich zu Gast. Im 2. Weltkrieg wurden die Kurhäuser als Lazarette genutzt und die Radiumfabrik zerstört.

Nach 1945 brach in Joachimsthal die dritte und finsterste Bergbauperiode an. Unter Leitung sowjetischer Ingenieure bauten tausende Zwangsarbeiter das begehrte Uranerz ab – zur Herstellung des globalen Gleichgewichts. Joachimsthal wurde zur Sperrzone erklärt; die Arbeiter hausten unter Bedingungen, die stark an die gerade geschlossenen Konzentrationslager erinnerten. Nach Schließung der Urangruben im Jahr 1963 wurde der Kurbetrieb wieder aufgenommen und besteht auch heute.

Rathaus Joachimsthal

Kleine Stadttour

Der Besucher, der die Stadtgeschichte kennt, wird wohl erst einmal enttäuscht sein. Kommt man von Oberwiesenthal die Fernstraße hinunter ins Tal, winken einem am Ortseingang Prostituierte aus halbverfallenen Häusern zu. In über Nacht errichteten Gasthäusern und Marktständen tummelt sich die Halbwelt. Die neuen bürgerlichen Freiheiten sind für manche ohne solche Kontraste offenbar nur halb so schön. Doch wir lassen uns nicht von dem Vorhaben abbringen, nachzusehen, ob Spuren des einstigen Joachimsthal zu finden sind.

Gegenüber der St. Joachimskirche stoßen wir auf das imposante **Renaissancerathaus** von 1545; eine Tafel erinnert an Mathesius. Im Ratskeller kann man zünftig essen und trinken, in den ehemaligen Kellergewölben befindet sich eine Weinstube. Hinter dem Rathaus steht das Gebäude der **Königlichen Münzstätte** von 1536. In diesem Haus eröffnete man 1976 ein Stadt- und Bergbaumuseum mit reichen Sammlungen, unter anderem einmaliger mittelalterlicher Werke der einstigen Lateinschulbibliothek. Nach nur sechsjährigem Bestehen wurde das Museum wieder geschlossen, weil durch Holzwurmbefall eine Decke eingebrochen war. Für die Renovierung werden gegenwärtig Sammlungen veranstaltet.

An der Hauptstraße talwärts können wir viele interessante Gebäude entdekken. Im Haus Nr. 72 wohnten früher die Schlickschen Grafen, auch Haus Nr. 146 stammt aus der Blütezeit der Stadt. Beide Häuser haben sehenswerte Portale. Im Haus Nr. 282 befand sich das erste radioaktive Bad der Stadt. Der ausgediente

Bergmann Johann Prennig brachte das Wasser aus der Grube Werner in Holzbötten in das Privatbad des Bäckers Kuhn. Hinter einigen Häusern gehen Stollen direkt in den Berg. Das Stollenmundloch des Fundstollens befindet sich hinter dem Haus Nr. 496. Das Mundloch des Bockstollens sieht man im linken Seitental beim Kulturhaus rechts hinter dem Kesselhaus, den Radiumpalast rechts am Ortsausgang Richtung Karlsbad. Seine Dependancen aus der Sezessionszeit lassen auf die einstige Bedeutung des Kurortes schließen. Die Villen auf dem Hügel gegenüber des Kurkomplexes stellen teilweise bemerkenswerte Architektur der k.u.k.-Epoche dar.

Wer sich Zeit nimmt, wird in der näheren Umgebung viel Sehenswertes bemerken. Mineralienfreunde können auf hunderten von Halden rund um die Stadt viele lagerstättentypische Mineralien finden. Der Mineralreichtum der Gegend – etwa 200 vorkommende – führte in der Mineralogie zur internationalen Benennung dieses Lagerstättentypes nach der Stadt. Östlich von Joachimsthal kann man mit einem Sessellift zum höchsten Erzgebirgsgipfel, dem Keilberg, schaukeln. Im Winter nutzen dies vor allem Skifreunde. Der katastrophale Zustand vieler Häuser dürfte sich in absehbarer Zeit bessern. Investoren aus Deutschland kaufen ganze Häuserzeilen fast zum Nulltarif. Die exponierte Lage zwischen Chemnitz und Karlsbad läßt für die nächsten Jahre hoffen.

9 *WOLKENSTEIN*

Kurzbeschreibung

Die kleine Stadt Wolkenstein, auf einem Felsen hoch über der Zschopau gelegen, ist unser Ausgangspunkt für Touren und Wanderungen in den östlichen Teil des mittleren Erzgebirges. Der anmutige Name hält, was er verspricht. Wolkenstein zählt zu den reizvollsten Orten des Gebirges. Die Lage, der alte, gepflegte Stadtkern und die schöne Umgebung machen es zu einem erzgebirgischen Kleinod.

ANFAHRT	• von Chemnitz: B 174 über Zschopau, dann über Scharfenstein durch das Zschopautal • von Freiberg: B 101 über Pockau • von Annaberg: B 101 • mit der Bahn: Wolkenstein liegt an der Strecke Chemnitz-Flöha-Annaberg • mit dem Bus: Von Wolkenstein gibt es • Busverbindungen nach Annaberg, Marienberg, Dresden und Freiberg.
AUSKÜNFTE	• Fremdenverkehrsamt, Markt 11, 09429 Wolkenstein, Tel. 037 369/4 12
UNTERKUNFT	• Eine Liste aller Fremdenzimmer kann über das Fremdenverkehrsamt angefordert werden.
GASTSTÄTTEN	• In Wolkenstein gibt es mehrere Gaststätten mit normalen Preisen. Nicht schlecht sind zwei Imbißstuben am Markt, wo ab 3 DM erzgebirgische Hausmannskost serviert wird. Echt erzgebirgisch ist die »Erzgebirgsschänke«, Marienberger Straße 32 (Mo, Di, Fr, Sa, 14.30-24 Uhr, So 9-12 u. 14-24 Uhr). Hier bekommt man für wenig Geld landesübliche Gerichte, und alles in erzgebirgischer Atmosphäre.
SEHENSWERTES	• Heimatmuseum Wolkenstein, Schloßplatz 1 (Di-So 9-16 Uhr) • St.-Bartholomäus-Kirche neben dem Schloß • Historischer Stadtkern
AKTIVITÄTEN	• In der näheren und weiteren Umgebung gibt es eine Menge lohnender Wander- und Ausflugsziele (s.u.)

DIE STADT WOLKENSTEIN

Wolkenstein ist eine der ältesten Städte des Erzgebirges. Urkundlich erscheint es erstmals 1323, vermutlich reicht die Gründung der Burg am alten böhmischen Steig (Stollberg-Prag) aber in das späte 12. Jh. zurück. Die Burg war im Besitz derer von Waldenburg, bevor sie 1478 als erledigtes Lehen an die Wettiner, also an die sächsischen Landesfürsten fiel. In der Nähe befanden sich einige Silbergruben. Eine eigene Prägeanstalt arbeitete bis 1539. Die Münzen waren Pfennigmünzen aus Silber mit einem Viertelgramm Gewicht. Sie wurden Wolkensteiner Brakteaten genannt. Durch den Niedergang des mittelalterlichen Bergbaus und den Wegfall der Münzstätte wurde Wolkenstein im ausgehenden 16. Jh. zu einer kurfürstlichen Amtsstadt, in deren Herrschaftsbereich 10 Städte und 46 Dörfer fielen. In den folgenden Jahrhunderten verlor Wolkenstein an Bedeutung und entwickelte sich zu einer landwirtschaftlichen Kleinstadt mit Ackerbürgern und Handwerkern. Der Bergbau wurde wiederholt aufgenommen, zuletzt von 1945 bis 1954 durch die SDAG Wismut auf Uranerz.

Kleiner Stadtrundgang

Für unseren Spaziergang wählen wir den Bahnhof an der Zschopau als Ausgangspunkt. Die Stadt mit Burg und Kirche liegt auf einem Gneisfelsen wie eine Festung über uns. Wir überqueren die Zschopaubrücke und folgen den Serpentinen der Annaberger Straße hinauf, bis rechter Hand der Stadtberg steil aufragt. Durch das **Mühltor** gelangen wir zum **Schloßplatz**. Das alte Schloß beherbergt das **Stadtmuseum** (Di-So 9-16 Uhr) und wird als Wohnraum sowie für gemeinnützige Zwecke genutzt. Das Museum verbreitet im Gegensatz zu manch moderner Ausstellungsstätte einen Hauch von Nostalgie. Die Hauptattraktion ist ein originalgetreues Wolkensteiner Stadtmodell im Maßstab 1:100.

Die ältesten Mauern der **St. Bartholomäuskirche** schräg gegenüber dem Schloß stammen aus dem 15. Jh. Im Inneren steht ein Barockaltar von Johann Böhme aus dem Jahr 1648. An der Südseite der Kirche sieht man das alte Wappen derer von Waldenburg als Relief. Neben der Kirche finden wir das Pfarrhaus mit herrlichem Fachwerk aus dem 17. Jh. Durch die Große Kirchgasse gelangen wir zum **Markt**. Das Rathaus aus den 30er Jahren harmoniert ausgezeichnet mit den älteren Häusern. Die alte Postdistanzsäule wurde in den 60er Jahren wiedergefunden und am Markt aufgestellt.

Schloß, Kirche und Markt bilden eines der harmonischsten Stadtensembles des Erzgebirges. Wolkenstein strahlt große Geruhsamkeit aus. Wer in der Abendsonne durch die stillen Gassen schlendert, wird sich dem schlichten Reiz dieses Städtchens nicht entziehen können. Die Wolkensteiner sanieren ihren lange Jahre vernachlässigten Ort auf möglichst dezente Weise. Man wird nicht mit jenem militanten Weiß konfrontiert, das die Urlaubssiedlungen andernorts dominiert. Mag mancher auch Anstoß nehmen am Grau der alten Gebirgsstädte,

Blick auf Wolkenstein

an verfallenen Häusern hier und da, an holprigen Straßen, so bietet doch gerade diese Gegend das Erlebnis von Geschichtlichkeit. Offen und ungeschönt treten die geschichtsträchtigen Siedlungen dem Besucher entgegen. Freilich muß man ein Auge dafür haben; die Maßstäbe der Moderne passen hier nicht. Hoffen wir, daß die Sanierungsfehler des Westens vermieden werden.

Kuriositätenliebhaber konnten bis vor wenigen Jahren im Haus am Pförtchen südlich des Marktes eine Entdeckung machen. Hier befand sich die Schlosserei des Unger Karl. Seit den 20er Jahren sammelte dieser so ziemlich alles, was gesammelt werden kann. Sein Haus war bis unters Dach mit allen möglichen Raritäten gefüllt. Leider wurde Ungers Sammlung nach seinem Tod aufgelöst, so daß nur noch das lustige Haus eine Besichtigung wert ist. Vielleicht treffen Sie in einer der Schänken einen alten Wolkensteiner, der Anekdoten vom Unger Karl erzählen kann.

AUF DEN SPUREN DER PRESSNITZTALBAHN NACH JÖHSTADT

Dieses Tal ist ein landschaftlicher Geheimtip, auch wenn die schmalspurige Preßnitztalbahn schon zu DDR-Zeiten abgerissen wurde. Eine reizvolle Alternative zur einstigen Bimmelbahnfahrt ist eine Fahrradtour an die böhmische

Grenze. Als Ausgangspunkt wählen wir wieder den Wolkensteiner Bahnhof, von wo die Bahn über 36 Brücken hinauf bis nach Jöhstadt führte.

Einige Kilometer geht es nun durch das Zschopautal. Kurz vor Streckewalde beginnt das eigentliche **Preßnitztal**. Hinter dem Großrückerswalder Ortsteil Boden – vielleicht nach einem Abstecher zur Großrückerswalder Wehrkirche (zu den erzgebirgischen Wehrkirchen siehe S. 187) – führt eine Straße rechts nach **Mauersberg**. Dort liegt die Ruhestätte des international bekannten Dresdener Kreuzkantors Rudolf *MAUERSBERGER* (1889-1971), dem die Ausstellung im Heimatmuseum des Ortes gewidmet ist. Eine 1953 von Mauersberger gestiftete Kapelle steht auf dem Friedhof. Sie wurde im Stil der ehemaligen Wehrkirche des Ortes gebaut. Etwa zwei Kilometer weiter zweigt links eine Straße in das Schindelbachtal ab. Das malerische Tal und besonders die Schindelbachmühle werden gern besucht. In der Gaststätte »Schindelbachmühle« (kein Ruhetag) kann man Zimmer mieten.

Im Preßnitztal erreichen wir als nächstes **Niederschmiedeberg**. Im Mittelalter standen hier Eisenhämmer; noch im 19. Jh. wurde Eisen verhüttet und weiterverarbeitet. Danach produzierte man in kleinen Fabriken Pappe und Papier. In der DDR stand hier ein Zweigwerk des Kühlgeräteherstellers dKK Scharfenstein. Die in eine GmbH umgewandelte Firma »FORON« machte nach der Wende mit dem ersten FCKW- und CKW-freien Kühlschrank der Welt Schlagzeilen. In der Ortsmitte treffen Sie links die gemütliche Erzgebirgsschänke mit eigener Schnitzausstellung. Etwa hundert Meter oberhalb lädt die Gaststätte und Pension »Bergschänke« zur Einkehr.

Im nächsten Ort entlang des Preßnitztales, in **Mittelschmiedeberg**, beherbergt ein altes Fachwerkhaus die »Hammerschänke«. In dieser einfachen, gemütlichen Gaststätte kann man echte erzgebirgische Hausmannskost genießen. Die zum Braten gereichten grünen Klöße und die vortrefflichen Knödel lassen die Nähe des Böhmischen ahnen. Fremdenzimmer gibt es für 25 DM mit Frühstück. Die schöne Lage wird leider durch ein militärisches Sperrgebiet beeinträchtigt, das sich östlich bis nach Reitzenhain hinzieht.

Über Oberschmiedeberg kommt man nach **Steinbach**; der Ort bietet ebenfalls zwei Gasthäuser, eine 1686 erbaute Dorfkirche mit Kanzelaltar und spätgotischem Schnitzaltar und schöne Fachwerkhäuser. Von hier aus können Sie einen Abstecher in eine höchst eigentümliche Region machen, die auch einen längeren Aufenthalt lohnt.

Abstecher auf die Satzung-Kühnhaider Hochfläche

Die Satzung-Kühnhaider Hochfläche sucht im Erzgebirge ihresgleichen. Am ehesten findet man eine ähnliche Kammlandschaft auf der Hochfläche der Deutschen Zwicke südlich von Rittersgrün. Der sturmzerzauste Gebirgskamm empfängt uns mit ausgesprochen launischem Wetter; auf eitel Sonnenschein folgen unvermittelt dunkle Unwetter, die von ungestümen Winden ebensoschnell wieder davongetragen werden. Mit 151 Nebeltagen im Jahr herrscht hier das rauheste Klima des Gebirges.

Falls Sie das Abenteuer wagen, fahren Sie von Steinbach in Richtung Reitzenhain und biegen rechts nach Satzung ab. Nach ungefähr 2,5 km weist ein Schild rechts auf die Abzweigung zum **Hirtstein** hin. Ein Besuch des eigenartigen Berges ist unbedingt zu empfehlen. Die 891 m hoch aufragende Klippe bietet das rauheste Wetter, eine erstklassige Aussicht und diverse Sehenswürdigkeiten. Bekannt ist der Berg vor allem durch seine Basaltfächer. Das basaltische Gestein hat eine schöne Rosette gebildet. Die Lage der Basaltsäulen läßt auf einen vulkanischen Schlot schließen. Selbstverständlich wurde hier der Erzgebirgsverein aktiv. 1926 wurde auf dem Kamm das Berggasthaus »Hirtsteinbaude« eröffnet (Gaststätte: tägl. ab 11 Uhr, Mo Ruhetag. Unterkunft: Tel. 037 364/214; DZ 35 DM, EZ 20 DM).

Der Hirtstein zeigt einen Umweltschaden, den Unkundige häufig dem gesamten Gebirge zuschreiben. Die ehemals dichten Fichtenwälder westlich und südwestlich des Hirtsteins wurden in den 70er und 80er Jahren stark rauchgasgeschädigt, besonders durch die Braunkohlekraftwerke im böhmischen Brüx (Most). Von vielen höheren Punkten des mittleren Erzgebirges aus sieht man die Windräder auf dem hinteren Teil des Hirtsteins. Das kleine Windmühlenkraftwerk auf dem Hirtstein weist an dieser exponierten Stelle auf Alternativen hin: Windkraft und andere regenerative Energieträger könnten solche Waldschäden vermeiden. Ein Teil der kahlen Flächen ist mit der rauchgasresistenteren Blaufichte aufgeforstet worden.

Eine wahrhaft hinterwäldlerische Einöde umgibt das südlich vom Hirtstein gelegene **Satzung**, mit 844 m eines der höchstgelegenen Dörfer Sachsens. Hier scheint die Zeit wahrhaft stillzustehen. »Günthers Gasthof« ist ein sehenswertes Relikt vergangener Zeiten. Lange wird man sicherlich den Geruch nach Omas guter Stube, die schlichte Täfelung und Bier für 1,50 DM nicht mehr genießen können. Gut übernachten können Sie im Gasthof »Sonnenhof« kurz vor der böhmischen Grenze. Für Radfahrten oder Regentage, die nur im Pkw zu ertragen sind, empfehlen wir eine stimmungsvolle Tour auf dem Kamm über Reitzenhain und Kühnhaide nach Rübenau. Eine kleine, kurvenreiche Waldstraße führt immer an der Grenze entlang und passiert unterwegs einige gemütliche Schänken. Falls Sie Zeit und Muße haben, können Sie die Tour nach Olbernhau oder zur Spielzeugstadt Seiffen (siehe S. 172) verlängern; die Straße führt auf dem Kamm weiter bis Deutscheinsiedel.

Südlich von Satzung liegen die Naturschutzgebiete Schwarze Heide und Kriegswiese. In den Moorlandschaften existieren geschützte Reptilien wie Waldeidechse, Erdkröte und Kreuzotter sowie ornithologische Seltenheiten. So soll hier neben dem Birkhuhn und dem Rauhfußkauz der Sperlingskauz, die kleinste einheimische Eule, gesehen worden sein. Außerdem brüten verschiedene Raubvögel in dem geschützten Gelände. Bitte behelligen Sie die selten gewordenen scheuen Tiere nicht mit Ihrer Neugier. Sie werden solche Aufmerksamkeit nicht zu schätzen wissen.

Vor 200 Jahren hätten wir von einem Besuch der dichten Wälder zwischen Satzung und Schmalzgrube dringend abraten müssen. Damals trieben berüchtigte Wilderer hier ihr Unwesen. Irgendwo am Ortsausgang von Satzung stand vor einiger Zeit noch eine Tafel mit der Aufschrift:

Hier ruht der lustige Hans
Mit Flint, Flasch und Gefieder.
Er trank viel Schnaps
Und schoß viel Wild
Und hier schoß man ihn nieder.

Der Lustige Hans war Wilderer und Gelegenheitsräuber. Er wohnte in einem Waldhäusl nahe Christofhammer auf der böhmischen Seite der Grenze und wurde durch seine Freundschaft mit *KARL STÜLPNER*, einer legendären erzgebirgischen Figur, bekannt. Stülpners Revier lag zwischen Scharfenstein und Großolbersdorf. Waren ihm die Häscher auf den Fersen, so suchte er Zuflucht in St. Christofhammer, dem heutigen Kristofovy Hamry. Wenn Räuber- und Wildererbanden anwesend waren, führte Stülpner die »Weiterbildung« durch. Nach der Ortschronik hat der berühmte Freischütz bis 1830 in den Häusern Nr. 2, 4, 22 und 49 logiert. Im Haus Nr. 45 wohnte ein weiterer Genosse Stülpners, Franz Kreißl, genannt Berndt Franz. Seine Ahnen bewahren eine alte Waidtasche von Stülpner auf. Der Lustige Hans wurde vom Steinbacher Oberförster erwischt und nach einem Handgemenge von dessen Kutscher erschossen. Sein Grab soll im Forstrevier Steinbach Abt. 41 liegen. Stülpner wäre das wohl nie passiert. Von ihm hieß es, er sei kugelfest.

Wer mehr über die verwegenen Burschen wissen will, dem sei ein Besuch im »Klingheis´l« in der Ziegengasse empfohlen. Hier hat die Heimatschriftstellerin *LUISE PINC* gelebt und gearbeitet. Heute befindet sich in dem dreihundert Jahre alten Haus ein kleines Museum und eine Puppensammlung. Die Dame, die in über tausend Liedern, Geschichten, Gedichten und Theaterstücken der Satzinger Mundart ein Denkmal gesetzt hat, korrespondierte mit Lokalgrößen wie dem Großolbersdorfer Stülpnerforscher Johannes Pietzonka (siehe S. 155). Sogar Anton Günther soll sich im Klingheis´l zum Plausch eingefunden haben.

Wenn Sie vom launischen Wetter und der kargen Welt der Hochfläche genug haben, können Sie die Tour fortsetzen. Das schmucke Jöhstadt sollten Sie sich auf keinen Fall entgehen lassen. Fahren Sie nach Steinbach zurück und biegen hier Richtung Schmalzgrube ab. Wieder zurück im Preßnitztal, gelangen Sie nach kurzer Fahrt nach **Schmalzgrube**. Der Name verrät es: Hier befanden sich im Spätmittelalter Hochöfen und Hammerwerke. Reste eines Hochofens von 1819 sind erhalten, ebenso das Hammerhaus von 1766.

Von hier aus haben wir bis zum Jöhstädter Bahnhof exakt 4,8 Kilometer zurückzulegen. Die Marke »4,8« ist zugleich das Ziel einiger unverwüstlicher Eisenbahnliebhaber, die die Kleinbahnstrecke restaurieren wollen. Bis Schlössel, 1,2 km vom Jöhstädter Bahnhof entfernt, haben sie ihren Plan schon verwirklicht. Zu Pfingsten, am Tag der deutschen Einheit und zu anderen festlichen Anlässen rollt sie wieder, die dampfende Legende des Preßnitztales. Unterstützt durch Spenden und ABM-Stellen ist der Ausbau zum Schmalzgruber Forellenhof bis 1995 geplant. Ein Streckenneubau bis Wolkenstein (23 km) würde über eine Milliarde DM kosten. Vor solchen Größenordnungen müssen selbst Kleinbahnenthusiasten kapitulieren. Respekt vor dieser Rührigkeit hier oben im Grenzland! Am Jöhstädter Lokschuppen befindet sich ein kleines Museum.

Jöhstadt ist eine alte Bergstadt. Ursprünglich hieß sie Josephstadt und war nach Annaberg, Marienberg und Joachimsthal die vierte Bergsiedlung, deren Namen von der heiligen Familie stammte. Das Stadtrecht erhielt sie 1655. Nach dem Niedergang des Bergbaus im 17. und 18. Jh. entwickelte sich Jöhstadt zu einem Zentrum des Arznei- und Laborantenwesens. 1817 gab es hier über 100 Arzneimittelhändler, auch Schnupftabakfabriken und Destillen. Durch den Bahnanschluß von 1892 entstand diverse Kleinindustrie. Heute ist Jöhstadt vor allem Sommerfrische und Wintersportort mit Gaststätten, Übernachtungsmöglichkeiten und zwei Jugendherbergen.

HIMMELMÜHLE, KALTER MUFF UND NACKTE JUNGFERN

Die folgende Tour ist als Rundstreckenwanderung gestaltet. Sie führt uns von Wolkenstein durch das Zschopautal in Richtung Annaberg. Als Ausgangspunkt wählen wir wieder den Wolkensteiner Bahnhof und wandern oder radeln in südliche Richtung. Wir halten uns rechts der Zschopau, kommen durch den Schönbrunner Ortsteil Scheibe, überqueren bei den Fischhäusern die Zschopau das erste und im Ortsteil Niederau das zweite Mal. Ab jetzt lassen wir den Zschopaufluß immer links liegen und erreichen bald den malerisch im Tal gelegenen Komplex der **Himmelmühle**.

Man staunt über den alten weiträumigen Fabrikkomplex in gottverlassener Gegend. Wir stehen vor einer Werksiedlung des 19. Jh. Ab 1834 war hier eine Spinnerei mit bis zu 300 Beschäftigten und einer eigenen Fabrikschule ansässig.

Während des 1. Weltkrieges dienten die Räumlichkeiten einem Bekleidungs- und Elektrizitätswerk. In den 20er Jahren galt die Schokoladenfabrik Himmelmühle als die erste ihrer Art im Erzgebirge; sie war mit modernsten Maschinen ausgerüstet. Nach dem 2. Weltkrieg waren hier Bergleute der SDAG Wismut untergebracht, von 1953 bis 1963 mußte die Himmelmühle als Frauengefängnis herhalten. Heute bieten die Gebäude einen interessanten, aber ruinösen Anblick. Lediglich die Fachwerkhäuser um den Hof machen einen passablen Eindruck. Auf dem Hauptfabrikgebäude stehen noch die Losungen des aufblühenden Arbeiter- und Bauernstaates.

Jugendstilkirche Wiesa

Auf der bewaldeten Höhe gegenüber – auf der anderen Zschopauseite – thront ein imposantes Gebäude: die Jugendstilvilla **Hohenwendel** mit englischem Park, um die Jahrhundertwende von einem Berliner Großindustriellen errichtet. Zu DDR-Zeiten diente sie den oberen FDJ-Funktionären als Schul- und Erholungsheim. Unterhalb der Villa kann man heute im alten Gestüt Reitferien machen. Sie können das Schlößchen nur über Wiesenbad anfahren.

Wir bleiben auf der rechten Zschopauseite und kommen am **Thermalbad Wiesenbad** vorbei, das seit dem Mittelalter besteht und von mehreren mineralhaltigen Quellen (bis 26 °C) gespeist wird. Momentan versuchen ehrgeizige Leute mit einer großangelegten Bauaktion, hier einen modernen Kurort zu schaffen.

Kurz nach Hinterfalkenbach zweigt rechts der **Seidelgrund** ab, wo eine geologische Störung, die »Wiesenbader Störung«, ausstreicht. Das heißt: Während der Gebirgsbildung wurden große Spaltensysteme mit Quarz mineralisiert, der im Seidelgrund in Form des Halbedelsteins Amethyst vorkommt. Dieser Schmuckstein wurde hier bereits im 17. Jh. bergmännisch gebrochen. Auch heute findet man im Bach- und Berggeröll noch manches schöne Stück. Wir müssen allerdings darauf hinweisen, daß dieses Gebiet als Flächennaturdenkmal geschützt und damit das Graben nach Amethysten streng verboten ist.

Bald erreichen wir das kleine **Wiesa** mit seiner weithin sichtbaren Bergkirche. Die 1903/04 errichtete Jugendstilkirche gilt als die erste und bedeutendste des Erzgebirges. Die Inneneinrichtung sowie die Glasfenster schuf der Dresdener Paul Perks. In der Nähe der Kirche befand sich früher die Bergschänke, die als Gaststätte leider nicht mehr existiert.

Zurück nach Wolkenstein wählen wir die Strecke über Neundorf zum **Kalten Muff**. Von dieser Anhöhe hat man einen sehr schönen Ausblick auf den Erzgebirgskamm. Vom Kalten Muff können Sie am Vogelstein vorbei durch das wunderschöne Heidelbachtal nach Wolkenstein zurückwandern. Eine Straße führt über Falkenbach und Schönbrunn direkt zum Wolkensteiner Bahnhof.

Im Heidelbachtal wurde früher Bergbau auf Zinn und Kalk getrieben. Am Ende des Tales zweigt links eine Straße nach Drebach ab. Wer im zeitigen Frühjahr vorbeikommt, kann ein wahrhaft einmaliges Naturschauspiel erleben: das Blühen tausender Krokusse, im Volksmund »Nackte Jungfern« genannt. Der Arzt und Pfarrer David *REBENTROST* (1614-1703) soll die Pracht gepflanzt haben. Rebentrost hatte Johann Georg II. einen pikanten medizinischen Dienst erwiesen und daraufhin aus dem botanischen Garten in Dresden die Zwiebeln erhalten. Durch günstige ökologische Bedingungen konnten sich die Krokusse ungewöhnlich gut entwickeln und jahrhundertelang erhalten.

NACH GROSSOLBERSDORF

UNTERWEGS MIT MOLTKE, KRUG UND STÜLPNER

Vom Wolkensteiner Markt gelangen wir über die Marktstraße links in die Annaberger Straße. Diese laufen wir bis zur Linkskurve und bleiben dann geradeaus auf dem Fahrweg. Auf einem markierten Wanderweg gelangen wir zur Anton-Günther-Höhe mit gutem Fernblick auf den Erzgebirgskamm. Mit Bänken, Feuerstelle und Schutzhütte eignet sich die Anhöhe hervorragend als Picknickplatz.

Ein Moltkedenkmal hat hier oben den Sozialismus überlebt. Helmuth von *MOLTKE* (1800-1891) war preußischer Generalstabschef. Der General soll stundenlang mutterseelenallein durch die Landschaft geritten sein und jede Kleinigkeit in sein Tagebuch notiert haben. Auf seinen Erkundungsritten im preußisch-österreichischen Krieg von 1866 hat er hier Position bezogen und den Ausblick beschrieben. Etwa 500 m westlich kann man über die Himmelsleiter in der **Wolkensteiner Schweiz**, einer gern besuchten Graugneisfelsgruppe, ins Zschopautal absteigen.

Wir bleiben auf dem weiß-rot-weiß markierten Wanderweg Richtung Warmbad und durchqueren das Hüttenbachtal. Drei Einkehrmöglichkeiten bieten sich: die »Waldmühle« etwas unterhalb im Tal, die »Hüttenmühle« und die Gaststätte und Pension »Waldfrieden«.

An der Hüttenmühle vorbeimarschiert, sind wir in **Warmbad**. Seit dem 15. Jh. wurde die ursprünglich 29 °C warme Quelle vor allem vom sächsischen Adel, seit dem letzten Jahrhundert vom neureichen Bürgertum für Badekuren genutzt. In der DDR erholten sich hier Bergleute aus den sächsisch-thüringischen Urangruben. Im Sommer empfiehlt sich das schöne Freibad des Ortes.

Von Warmbad laufen wir die Straße weiter Richtung Großolbersdorf. Am Ortsausgang befindet sich rechts eine Jugendherberge. Links und rechts des Weges liegen verwahrte Schächte. Bevor wir Großolbersdorf erreichen, weist rechts ein Wegweiser auf die »Wurzelbachschänke« (ab 15 Uhr, So ab 10 Uhr geöffnet, Sa Ruhetag). Die kleine Kneipe hat man mit viel Sorgfalt erzgebirgisch ausgebaut. Geschnitzte Figuren zieren die Gaststube. Vor der Wende wurde die Schänke einige Zeit sogar illegal betrieben. Was es nicht alles gab in der Diktatur! Im Sommer kann man sich sein Pils im Freien genehmigen. Wem vom Wandern die Füße schwer geworden sind, dem bietet unweit der Gaststätte ein Gestüt die Dienste eines Pferdes an.

Karl Stülpner – ein erzgebirgischer Mythos

In Großolbersdorf befindet sich das Grab einer Legende: Der Robin Hood des Erzgebirges, **Karl Stülpner** (1762-1841), fand nach einem rastlosen Leben hier die letzte Ruhe. Eine Besichtigung des Grabes ist ein Muß für jeden Erzgebirgsfreund. Volkskünstlerisch ist sein Leben auf dem Karl-Stülpner-Berg in der Schnitzerstube des Ortes nachgestaltet (So 9-12 Uhr).

Auch im Traditionslokal des Ortes, der Großolbersdorfer »Linde« (Mo Ruhetag), ist man ganz auf den Freischütz fixiert. Die bekannte Gaststätte im wunderschönen Fachwerkhaus wandelte sich schon vor der Wende von der rustikalen Stülpnerkneipe zum Ausflugslokal für den gehobeneren Anspruch. Vom spätsozialistischen Biedermeier angekränkelt, hat die Kneipe ihr authentisches Flair etwas eingebüßt. Stülpner würde die Flucht ergreifen. Aber das Lokal ist allemal einen Besuch wert. In der Winterszeit – »wenn's draußen stürmt und schneit« –

Großolbersdorfer Linde

Ein melancholischer Wilderer – aber gefährlich!

werden Sie eine wohlig wärmende Rast vor dem Kaminfeuer zu schätzen wissen.

Immerhin haben sich hier einige Kapitel Stülpnergeschichte abgespielt. Manfred *KRUG* hat in einer Fernsehserie den Stülpner Karl dargestellt. Krug, der gern populäre Rebellen mimte, nahm während der Dreharbeiten in der »Linde« einige Biere zu sich – kein Schultheiß übrigens – und stiftete ein signiertes Foto. Nachdem Krug die DDR verlassen hatte, verschwand sein Konterfei von der Wand, wohl, weil die Betreiber sonst ihre Chancen beim Gastronomenwettkampf »Goldener Kochlöffel« – einer Art sozialistischer Gourmetprüfung – aufs Spiel gesetzt hätten. Die Jury zeigte sich für den guten politischen Geschmack erkenntlich.

Wer war Karl Stülpner? In der Dachkammer der »Linde« wohnte jahrzehntelang ein Mann, der sich der Klärung dieser Frage verschrieben hatte. Johannes Pietzonka ist es in seinem sehr lesenswerten Buch »Karl Stülpner – Legende und Wirklichkeit« gelungen, über den Wust unzähliger Romane, Theaterstücke, Fernsehspiele, Stories und Artikel hinweg zu einer seriösen Darstellung zu kommen.

Stülpner hauste mit seinen Spießgesellen als Freischütz in den tiefen erzgebirgischen Wäldern, ähnlich vielen anderen: Denken wir nur an den Lustigen Hans aus Satzung, den Hühnl Sepp aus Reischdorf, den Blechlieb aus Stollberg oder an edle Räuber anderer Gegenden wie den rheinischen Schinderhannes, den Karraseck, den Lips Tulian, den böhmischen Wenzel. Nach dem Siebenjährigen Krieg nahm das Bandenunwesen in den erzgebirgischen Wäldern verheerende Ausmaße an. Sonderkommissar Zahn gelang es 1755, eine Räuberbande dingfest zu machen, die aus sage und schreibe 45 Personen bestand, meist arme Bauern, denen kein anderer Weg blieb, ihr Leben zu fristen.

Im August 1790 erhoben sich die sächsischen Bauern gegen Grundherrn, Forstbeamte und Gerichtsdirektoren. Wäre der Sächsische Bauernaufstand auf die Städte übergegangen, hätte sich die Französische Revolution möglicherweise auch in Sachsen ausgebreitet. Doch schon am 9. September 1790 meldete der Amtmann Hilberth von Wolkenstein dem Kurfürsten nach Dresden, daß die alte Ordnung noch einmal stabilisiert werden konnte: »*Alles ist ruhig im ganzen Amtsbezirk, darin sich unter 12 Rittergutsherrschaften und zugehörigen 25 Ort-*

schaften die Untertanen empört haben. Ohne Gewalt – in aller Stille und Güte.« Doch in den Augen der Untertanen hatte der Staat seine Legitimität eingebüßt. 1794 kehrte Stülpner aus dem Krieg gegen Frankreich zurück und traf überall im Gebirge auf frustrierte und gedemütigte Menschen, die zum Aufbegehren bereit waren. Stülpner – ein Außenseiter, ein Mensch ohne Halt im feudalen System und ohne Perspektive, ein verwegener Draufgänger – diese Figur wurde zum Hoffnungsträger der Rechtlosen und Armen.

Der Freischütz, Deserteur und Vogelfreie Stülpner ist nicht zu fassen – für die Obrigkeit. Das Volk munkelt von unglaublichen Begebenheiten und hilft ihm, wo es kann, trotz der immensen 50 Taler Kopfprämie. Lange vor der Ankunft der Häscher wußte Stülpner immer schon Bescheid. Bei dem einen Dörfler war seine Flinte versteckt, der andere gewährte ihm Unterkunft, Speis und Trank, dritte transportierten das erlegte Wild auf geheimen Pascherwegen. Sogar Rittmeister von Zinsky, der Herr von Hilmersdorf, dessen Unterschrift unter Stülpners Steckbrief stand, soll ihm alle 14 Tage ein Viertel Korn spendiert haben.

Die Großolbersdorfer erzählen, daß eines Tages plötzlich eine Abteilung Soldaten im Dorf auftauchte, um Stülpner zu fangen. Stülpner aber war in der Räucherkammer des Bocksgutes am Dorfteich gut versteckt. Als die Gefahr vorüber war, wanderte er zum Entsetzen der Dörfler seinen Häschern seelenruhig hinterher nach Marienberg. Bei einer der größten Fahndungsaktionen drehte der tollkühne Bursche den Spieß um. Am 12. Oktober 1795 kam es zur legendären Belagerung der Burg Scharfenstein durch Karl Stülpner. Ein dreißigköpfiges Kommando hatte versucht, Stülpner im Hause seiner Mutter zu überraschen. Wie immer fand man nichts – außer Stülpners Jagdausrüstung. Doch das war offenbar dem Freischütz schon zuviel. Als sich die Verfolger zerstreuten, begegnete einer der Beteiligten, der Scharfensteiner Ortsrichter, dem Gesuchten. Im amtlichen Bericht lesen wir:

Und wie nun dieser Richter seiner Behausung abgehet und nebst noch einem Nachbar dahin zu kommen willens ist, so begegnet Stilpner diesen beyden und fraget den Richter, ob er nicht wisse, waß vor Cerls und Soltaten um sein Logis herumstünden. Da nun dieser antwortet, Er wisse es nicht, replicirt Stilpner, Er wolle nur seine Kugel-Büchse holen und gehet fort. Hierauf kam der Richter und meldete, daß Stilpner nicht im Hause sey, sondern ihm begegnet hätte.

Die Führer des solcherart brüskierten Kommandos beschlossen, die Suche einzustellen und auf Schloß Scharfenstein den Pferden Futter zu geben. Danach wollten der Oberförster Pügner und der Förster Töpel nach Hause reiten. Der Amtsbericht vom 16. Oktober 1795 schildert das Unfaßbare:

Da wir ongefähr 50 Schritte über den Schloßhoff weg sind und an das Thor kommen, so sehen wir ongefähr 100 Schritte vor uns einige Mannschaft streiten

Frische Blumen
auf Stülpners Grab

und schlagen, wißen aber nicht, wer es ist, noch weniger, weß dieses zu bedeuten haben soll. Auf einmal aber sehen wir, daß ein Cerl mit einer Kugel-Büchse auf uns anschlägd und mit gräßlicher Stimme schreid: »Hald! Hald! Ihr tausdend Sacramenter!« Darauf sagt der Töpel: »Das ist Stilpner.« Sogleich wenden wir, um hinter das Thor zu reiten, um dort sicher zu seyn. Allein in dem Moment, da wir die Pferde wenden, so giebt der Cerl Feuer und schießt mir mein Pferth unter den Leibe mit der Kugel auf die rechte Keule.

Stülpner nahm dem ganzen Trupp unmittelbar vor dem Schloßtor die konfiszierte Jagdausrüstung ab, stieg seelenruhig in seinen Jagdrock, lud seine beiden Büchsen und legte sich vor dem Schloß auf die Lauer. Den ganzen Tag über ließ sich niemand blicken, von der sagenhaften Treffsicherheit des Schützen eingeschüchtert. Erst nachdem der Freischütz in der Dämmerung seinen Posten aufgegeben hatte, wagte man in Begleitung von Militär den Heimweg. Der Oberförster, dem Stülpner gerne Einladungen zum Frühstück überbringen ließ, war der Situation gegenüber völlig hilflos und fragte bei seinen Vorgesetzten an, *»wie wir uns in Zukunft bey allen diesen Vorfällen ferner zu verhalten haben. Ob ich gleich unterthänig versichere, daß ich in meinen ganzen Leben das Wort Furcht nicht gekannt, aber, mich von einen Schlechten Cerl vielleicht auf eine infame Art und Weise dodt schießen zu lassen, wäre einfäldig von mir gedacht.«* In der Tat. – All dem setzte Stülpner die Krone auf, als er, 32jährig, die 17jährige Tochter des Scharfensteiner Ortsrichters, Johanne Christiane Wolf, zur Geliebten und später zur Frau nahm. Zum Entsetzen ihrer Familie wird sie Stülpners wichtigste Gefährtin.

Stülpnerlegenden gibt es unzählige. Jedes Dorf hier hat seine eigenen. Von seinen Genossen weiß man nicht viel. Die »Rächer der Armen« handelten nicht als streng organisierte Banden, sondern taten sich immer nur für einige Zeit zusammen, um dann anderswohin zu ziehen. Stülpner zog sich immer wieder ins böhmische St. Christofshammer zurück. Hier lebte sein Freund Berndt Franz, und hier traf sich die Wildererschar zu feuchtfröhlichen Gelagen. In St. Christofhammer hauste auch der Lustige Hans, dem wir schon bei der Tour nach Satzung begegnet sind.

Den eigenen Rückzug nach Wolkenstein kann man über Scharfenstein (mittelalterliche Burg und Geburtsort von Karl Stülpner) oder Hopfgarten (kürzere Tour) durch das Zschopautal organisieren.

ÜBER DIE DREI-BRÜDER-HÖHE NACH MARIENBERG

Diese Tour kann man mit dem Auto in 15 Min. absolvieren. Interessanter gestaltet sich die Strecke natürlich zu Fuß oder mit dem Fahrrad. Auf der Marienberger Str. verlassen wir Wolkenstein nach Osten. Am Sportplatz laufen wir die kleine Fahrstraße geradeaus, überqueren die Hauptstraße und gelangen in den Herbstgrund. Die kleinen bewaldeten Geröllhalden zeigen, daß wir durch ein ehemaliges Bergbaurevier wandern.

Die Gegend um die Bauernhäuser, auf die man nach gut einer Viertelstunde trifft, wird im Volksmund nach einer alten Grube Himmelreich genannt. Die Halden stammen aus der Zeit nach 1768, allerdings wurde hier bereits im 16. Jh. Bergbau auf Silber und Kupfer betrieben. Das nötige Kapital kam teilweise sogar aus Holland. In der Nähe des Himmelreiches erkennt man Reste von Schachtanlagen und das Überbleibsel einer großen Kegelhalde aus der Uranbergbauzeit von 1946 bis 1954.

Wir laufen den markierten Wanderweg zur Drei-Brüder-Höhe weiter und treffen auf ein Bergbaudenkmal: den Felber Stolln und Kunstschacht aus dem 18. Jh. Von der Kellerhalsmauerung beeindruckt, die der Marienberger Bergmeister Heinrich von Trebra in dieser Gegend einführte, blickt man in den übergitterten tonnenlägischen, also schrägen Schacht. Wir laufen einige hundert Meter weiter und begegnen rechts einer alten Scheune. Sie gehörte zum Anwesen des Neuglöckner Schachtes. In dessen Huthaus – man sieht noch die alten Kellergewölbe – betrieb man bis zu Beginn dieses Jahrhunderts eine Wirtschaft zur Versorgung der Bergleute. Als die Förderung zur Neige ging, legte die Besitzerin in einer Gewitternacht Feuer im Anwesen. Der Versicherungsbetrug wurde aufgedeckt, die Frau in Chemnitz verhaftet.

Jetzt geht es durch das Kiesholz – der Name stammt von der Erzbezeichnung Kupferkies/Schwefelkies – steil nach oben. Im Wald sieht man immer wieder alte Halden und verstürzte Schächte und Stollen. Bald erreichen wir das alte Huthaus Neue Drei Brüder, das nach Ende des Bergbaus von der Chemnitzer Reformschule bis 1945 als Landheim und später von den Zschopauer Motorradwerken als Schulungsheim genutzt wurde. Noch einmal geht es bergauf, und man erklimmt den höchsten Punkt der Gegend, die **Drei-Brüder-Höhe**. Der Name geht der Sage nach auf drei italienische Brüder zurück, die hier im Mittelalter nach Silber schürften. Früher krönte der eiserne Prinzeß-Marien-Turm diese Höhe, der aber nach dem Krieg abgerissen wurde. Heute steht auf der Drei-Brüder-Höhe ein modernes Berghotel; das nach westlichem Standard eingerichtete Haus ist allerdings nicht gerade billig (DZ 120 DM).

Unterhalb des Berges zieht sich ein Armeegelände bis nach Marienberg hin. Wir halten uns links davon und unternehmen einen kleinen Abstecher nach

Lauta. Dort finden sich mit dem Rudolfschacht (rechts an der B 174 Richtung Marienberg) und dem Abrahamschacht (südöstlicher Ortsrand) zwei berühmte Gruben des Marienberger Bergbaurevieres. Am Rudolfschacht steht das alte Huthaus, ein Dachreiter führt das Bergbauzeichen. Auf der Halde des Abrahamschachtes (nur noch Reste erhalten) suchten Mineraliensammler aus aller Welt hier einmalig vorkommende Mineralien. In der internationalen Mineraliennomenklatur ist das Mineral Lautit (Kupfer-Arsen-Sulfid), das sonst nur noch im Elsaß vorkommt, nach diesem Ort benannt. Während des Uranabbaus nach dem Krieg kamen die anfallenden Silbererze mit auf die Abraumhalde. Als in den 70er Jahren die Kegelhalde des Abrahamschachtes abgetragen wurde, konnten Sammler seltene Silberminerale in großen Mengen zusammentragen.

Wir laufen nun den Fahrweg links der B 174, vorbei an dem alten Huthaus Drei Weiber, nach Marienberg hinein.

10 *DAS GEBIRGSLAND UM MARIENBERG*

Kurzbeschreibung

Marienberg wurde als die letzte der großen Bergstädte im oberen Erzgebirge gegründet. Erst zu Beginn des 16. Jh. entdeckte man die reichen Silbererzvorkommen. Das Wahrzeichen der Stadt, die St.-Marien-Kirche, gilt als die jüngste spätgotische Hallenkirche Obersachsens.

ANFAHRT	• von Chemnitz: B 174 • von Praha/Chomutov/Reitzenhain: B 174 • von Annaberg: B 101 • von Freiberg: B 101 • von Olbernhau/Seiffen: B 171 • mit dem Bus: von MarienbergDirektverbindungen u.a. nach Zschopau-Chemnitz, Annaberg, Olbernhau und Freiberg. • mit der Bahn: Die Stadt hat Bahnanschluß über Pockau nach Flöha und von dort nach Chemnitz und Dresden.
AUSKÜNFTE	• Landratsamt Marienberg/Sachgebiet Tourismus, Fremdenverkehrsbüro Ratsstraße 7, Eingang Töpferstraße. Tel. 037 35/2 23 32, Markt 7, O9496 Marienberg, Tel. 037 35/60 12 22 • Tourist-Information, Hauptstraße 40, 09548 Seiffen, Tel. 037 362/438
UNTERKUNFT	• Berghotel Drei-Brüder-Höhe, 09496 Marienberg-Wolfsberg, Tel. 0 37 35/60 00 (DZ + Frühst. 120 DM) • Hotel Gasthof Grenzland, 09496 Marienberg, Landring 1, Tel. 037 35/222 88 (DZ + Fr 70 DM) • Das Verzeichnis aller Pensionen, Ferienwohnungen und Privatzimmer von Marienberg und Umgebung kann über das Landratsamt angefordert werden.
SEHENSWÜRDIGKEITEN	• Heimatmuseum Zschopauer Tor, Tel. 037 35/235 06 (9-17 Uhr) • St. Marienkirche

MARIENBERG – DIE JÜNGSTE DER GROSSEN BERGSTÄDTE

Den ersten Silbererzgang Marienbergs soll 1519 Clemens Schmidt entdeckt haben. Aufgrund reicher Silberfunde plante 1520 Herzog Heinrich der Fromme hier eine Stadtgründung. Zu dieser Zeit ging in den Annaberger und Buchholzer Gruben die Fündigkeit langsam zurück, so daß ein Großteil der neuen Bewohner aus diesen Städten in die neue Bergstadt übersiedelte. Als Gründungstag der nach der heiligen Mutter Maria benannten Stadt gilt der 27. April 1521, das volle Stadtrecht erhielt der Ort am 19. Dezember 1523.

Als Stadtplaner fungierte wieder einmal Ulrich Rülein von Calw, der Freiberger Bürgermeister, Naturwissenschaftler und Stadtarzt, nach dessen Plänen 1496 bereits die Bergstadt Annaberg errichtet wurde. Seine norditalienischen Vorbildern nachempfundene Konzeption der Stadtstruktur wird in Marienberg besonders deutlich. Die schachbrettartige Anlage rund um den einen Hektar großen Marktplatz erinnert in ihrer Regelmäßigkeit an amerikanische Stadtgründungen.

Der Bergbau brachte einige fette Jahre, aber schon 1614 kam er durch einen verheerenden Schachtbrand zum Erliegen. An diesem Beispiel wird die Wasserhaltungssituation in den mittelalterlichen Gruben deutlich. Da bis zur ersten Hälfte des 16. Jh. die oberflächennahen Silbererze fast vollständig abgebaut waren, mußte der Bergbau nun vor allem in die Tiefe betrieben werden. Der Hauptfeind der Bergleute war hierbei das Wasser. Man machte sich den Feind zum Freund und betrieb mit Hilfe von Grubenwasser sogenannte Kunstgezeuge. Dies waren große Wasserräder, verbunden mit hölzernen Pumpkonstruktionen, die mittels Aufschlagwasser das gehobene Wasser aus größeren Teufen über Stollen wieder abführten. Das Aufschlagwasser gelangte über ein ausgeklügeltes und exakt vermessenes System aus Stollen und Röschen zu den Gruben.

Die Marienberger Grube Kaiser Heinrich verdeutlicht die technische Leistung. Hier konnte man mittels dieser Wasserkünste schon 1562 in einer Teufe von 350 m unter Tage Erze abbauen. Im gleichen Schacht zerstörte der schon erwähnte Brand die Wasserkünste, ein Absaufen der Schächte war die verheerende Wirkung. Die Bergleute verrichteten sogar sonntags Dienst, um die so wichtigen Wasserkünste zu betreiben und zu überwachen. Mit den Wasserkünsten war oft ein mechanisches Geläut übertage verbunden, das akustisch das ordnungsgemäße Funktionieren der Entwässerung signalisierte.

Dreißigjähriger Krieg, Stadtbrände 1610 und 1687 und die Pestjahre 1633 und 1640/41 hinterließen am Marienberger Bergbau ihre verheerenden Spuren. 1767 sollten mit der Einstellung des Bergmeisters Friedrich Wilhelm Heinrich von Trebra (1740-1819) für den Bergbau um die Stadt wieder bessere Zeiten anbrechen. Gemeinsam mit dem Kunstmeister Johann Friedrich Mende (1743-1798)

Marienberg um 1590, nach einem Stich von J. Houfnagel

führte von Trebra in den Gruben wesentliche technische Verbesserungen ein, der Verwaltungsapparat wurde umorganisiert und nicht zuletzt der Lohn der Bergleute angehoben. In den Hungerjahren 1771 und 1772 kaufte der geschickte Organisator von Trebra billiges Getreide aus Holland. Zudem holte er sehr viel holländisches Kapital für die Bergbauvorfinanzierung in die Stadt. Trotz aller späteren Bemühungen setzten die überseeische Konkurrenz und die Einführung der Goldwährung in Deutschland (1873) und vor allem der Wegfall staatlicher Subventionen (1904) dem Bergbau im Marienberger Revier zu Beginn dieses Jahrhunderts ein Ende. Lediglich der Uranbergbau 1947-1954 führte noch einmal zur Belebung der Gruben.

Neben den Bergbautätigkeiten ernährten sich die Marienberger vor allem von der Tuchmacherei, Spinnerei, Klöppelei und der Posamentenindustrie. Seit dem 19. Jh. bot die Holzwaren- und Blechspielzeugindustrie zusätzliche Möglichkeiten des Broterwerbs.

Während der Freiheitskriege war Marienberg ein wichtiger Etappenort. In der zweiten Hälfte des Jahres 1813 sollen Truppen von über einer Million Mann Stärke durch die Stadt gezogen sein, oftmals sehr zum Leidwesen der Bevölkerung. Schillernde Persönlichkeiten wie Freiherr Heinrich Friedrich Karl vom Stein und der russische Großfürst Repnin sowie die Monarchen Rußlands und Österreichs nahmen hier Quartier. Auch der umstrittene österreichische Kanzler

Fürst Metternich beehrte zu dieser Zeit die Bergstadt. Seit Ende des 18. Jh. ist Marienberg Garnisonsstadt, und auch heute noch bewachen hier Panzereinheiten die erzgebirgischen Wälder.

Stadtrundgang

Wer aus Richtung Chemnitz kommt, muß vor dem **Zschopauer Tor** rechts abbiegen. Früher zwängte sich der Straßenverkehr direkt durch das Nadelöhr hindurch. Das Tor mit den Resten der Stadtmauer aus dem 16. Jh. beherbergt ein sehr sehenswertes **Museum**. Erzgebirgische Schnitzkunst, mechanische Weihnachtsberge und Exponate aus der Stadt- und Bergbaugeschichte sind zu besichtigen.

Geht man die Zschopauer Straße weiter, so erreicht man bald den für erzgebirgische Verhältnisse großen Marktplatz. Das imposante Bronzedenkmal des Stadtgründers, *HEINRICH DER FROMME*, entstand um 1900 in der Eisen- und Bronzegießerei Lauchhammer, damals eine der bedeutendsten Deutschlands. Das stattliche **Rathaus** wurde 1537-1541 errichtet, sein heutiges Aussehen erhielt es nach den Stadtbränden von 1610 und 1684. Das Eingangsportal aus dem Jahr 1539 ist eines der ersten obersächsischen Portale der Renaissancezeit, das völlig frei von gotischen Elementen ist. Interessant sind die geschnitzten bergmännischen Reliefs in der Eingangstür; die Szenen schuf 1938 Prof. Reinhold Langner.

Das älteste Bergamt der Stadt befand sich im Gebäude Markt 4, mit einem schönen Eingangsportal ebenfalls von 1539. Andere schmucke Häuser von durch Bergbau und Handel reich gewordenen Marienberger Bürgern aus der Barockzeit findet man in den Gebäuden Markt 5, Markt 6 und Zschopauer Straße 20. Die weniger begüterten Marienberger Bergleute ahmten die schmucken Portale in viel einfacherer, aber dennoch schöner Art und Weise nach. Ein solches Berghäuerhaus ist das Lindenhäuschen in der Bergstraße 14, östlich des Marktes. Das Haus – möglicherweise das älteste Bergarbeiterhaus der Stadt – wird von zwei riesigen Linden flankiert.

Portal am Rathaus

Die weithin sichtbare **St. Marienkirche** wurde unter der Leitung des Pirnaischen Ratsbaumeisters Wolf Blechschmidt zwischen 1558 und 1564 erbaut. Den großen Altar bemalte 1610 der sächsische Hofmaler Kilian Fabritius. In der Kirche befinden sich viele Grabsteine und Epitaphe, teilweise sogar mit Porträts ehemaliger bedeutender Bürger Marienbergs. Unweit der Marienkirche, am Ende der Schulstraße, ist der **Rote Turm** als einziger der ehemals vier Rundtürme der Stadtbefestigung noch erhalten.

Bevor wir Marienberg über die Freiberger Straße in östliche Richtung verlassen, möchten wir auf eine interessante Jugendstilvilla hinweisen. Das stattliche Gebäude, in dem ein Schülerfreizeitzentrum untergebracht ist, befindet sich zwischen Freiberger Straße und Anton-Günther-Weg. Anfang dieses Jahrhunderts ließ ein Knopffabrikant sie – vermutlich von Dresdener Architekten und Kunstgewerblern – gestalten. Von der Inneneinrichtung ist leider fast nichts erhalten. Ein Besuch lohnt sich dennoch; die Eingangshalle, das Refektorium und der Wintergarten sind sehenswert.

VON MARIENBERG NACH OLBERNHAU

Wir verlassen Marienberg auf der B 171 und kommen in die Ortschaften Hüttengrund und Rittersberg.

Im **Hüttengrund** – der Name weist darauf hin – wurde bereits um 1523 Silber geschmolzen. Später kamen ein Kupferhammer und eine Kupferhütte hinzu; der Hammer wurde 1662 in eine Mahlmühle umgebaut. Vom Hüttengrund aus wurden viele Entwässerungsstollen in das Marienberger Bergbaurevier getrieben, so der St.-Ullrich-, St.-Catharina- und Gläserstollen. Ein gut erhaltenes Stollenmundloch kann man am nordöstlichen Ortseingang von Rittersberg besichtigen. Unterhalb der Mündung der Roten Pockau in die Schwarze Pockau war hier der Tiefe Weißtaubner Erbstollen als bedeutendste Entwässerungsanlage des östlichen Marienberger Bergreviers in den Berg getrieben worden. Ursprünglich nannte man ihn Fürstenstollen, da er auf Empfehlung Herzog Heinrichs von sächsischen Fürsten finanziert wurde. Im sehr engen Hüttengrundtal entwickelten sich im 19. Jh. aus den bestehenden Mühlengebäuden mehrere Kleinbetriebe, vor allem Holz- und Spielzeuggewerbe. Die Straße kreuzt die hier durchführende Eisenbahnlinie mehrmals, flankiert von alten Fabriken und Erzgebirgswald – eine fantastische Vorlage für jeden Modellbahnbauer.

Kurz hinter Hüttengrund führt ein Abzweig rechts nach **Pobershau**. Dieser kleine, aber sehr langgestreckte Ort war jahrhundertelang vom Bergbau geprägt. Die Entstehung von Pobershau ist eng mit der Marienbergs verbunden. Im Schaubergwerk Tiefer Molchner Stollen (Amtsseite Dorfstraße 65, täglich 9-16 Uhr) konnte man sich schon in den 30er Jahren ein Bild vom mittelalterlichen Bergbau in dieser Gegend machen. Dem Schaubergwerk ist eine rustikale Erzgebirgsgaststätte (täglich geöffnet) angeschlossen. Im oberen Ortsteil auf der östlichen Seite gelangt man schließlich zum **Katzenstein**. Das Auto kann man auf einem großen Platz parken. Nicht weit von hier lädt die Bergschänke und das »Berghaus am Katzenstein« zur Einkehr. Der Katzenstein gehört zu einem 3 ha großen Felsgebiet, das teilweise bis zu 80 m über dem Tal der Schwarzen Pockau thront. Talabwärts erstreckt sich eine im Erzgebirge einmalige, 200 m lange

Katzenstein

Ringmauer. Hier soll 1612 Kurfürst Johann Georg I. mehrmals Jagdfrühstück abgehalten haben.

Wir fahren wieder nach **Rittersberg** zurück und die Talstraße weiter bis zur **Kniebreche**. Hier befand sich früher eine der beliebtesten Erzgebirgsgaststätten. Heute wird das Gebäude von der »Erzgebirgsszene« als alternatives Jugendzentrum genutzt; am 3. Oktober 1993 waren alle Fenster demonstrativ rot geflaggt. An der Kniebreche befindet sich die Einfahrt in das wildromantische Tal der **Schwarzen Pockau**, das sich von hier aus fast 20 km bis hinauf an die böhmische Grenze nach Kühnhaide erstreckt. Befahrbar ist nur der erste Abschnitt des Tales bis etwa zur »Schwarzbeerschänke« (DZ + Frühstück und Sauna 120 DM, Gaststätte 11-24 Uhr geöffnet) im Ortsteil Hintergrund. Unmittelbar an der Gaststätte befinden sich mehrere komfortable Ferienhäuser für jeweils 4 Personen (45 DM zuz. Nebenkosten). Das Feriendorf Schwarzwassertal (Heidrun Arnold, Hinterer Grund 17a, 09496 Pobershau, Tel. 037 35/235 86) und das Hotel Schwarzbeerschänke eignen sich besonders gut als Ausgangspunkte für Wanderungen in die Gegend um das Tal der Schwarzen Pockau.

Nachdem wir Hintergrund verlassen haben, beginnt das eigentliche Tal. Ein Seitenweg führt in südöstliche Richtung zum Vogeltoffelfelsen, unter dem sich ein bekannter geologischer Aufschluß befindet. Im Augen- und Granodioritgneis ist eine 50 m mächtige sedimentäre Gneisschicht eingelagert. Vom Vogeltoffelfelsen hat man eine schöne Aussicht auf das Tal. Wir wandern im Schwarzwassertal weiter und bewundern die Schönheit der Natur. Der Weg am Flüßchen entlang wird immer wieder von skurrilen Felsbildungen gesäumt; Teufelsmauer und Nonnenfelsen stehen sich gegenüber.

Bergbaulich interessant ist der **Grüne Graben**, der sich auf der rechten Talseite etwa ab dem Katzenstein auf halber Höhe parallel zum Tal hinzieht. Der 8,2 km lange Graben durch romantische Wald- und Wiesenlandschaft wurde 1680 nach nur 58 Wochen Bauzeit zur Versorgung der Pobershauer Gruben mit Aufschlagwasser fertiggestellt. Am Grünen Graben führt ein Wanderweg entlang, die »Grabentour«. Teile des technischen Denkmals Grüner Graben führen sogar untertage, als sogenannte Röschen. Sehenswert sind auch alte Stollenmundlöcher; so wurde kurz nach Hintergrund (rechts) von Altbergbaufreunden ein Stollen aufgewältigt und verwahrt. Dieser Stollen trägt den wundervollen Namen »Tiefer Blühend Glück Stollen«; leider konnte der 1855-1886 betriebene bergmännische Aufschluß die Erwartungen, die man in ihn gesetzt hatte, nicht recht erfüllen.

Weiter oben wird das Schwarzwassertal sanfter, immer wieder tun sich im tiefen Wald verwunschene Moorwiesen auf. Die Schwarzwasserwiesen sind reich an Arnika. Am oberen Ende des Schwarzwassertals kann sich der Wanderer in der »Schwarzwassertalschänke« erholen. Wer das Tal von hier durchwandern möchte, kann auf dem Parkplatz sein Auto abstellen. Die rauhen Kammlagen um Kühnhaide zeichnen sich durch eine eigenartige Atmosphäre aus. Im 18. Jh. trieben hier Räuber und Pascher ihr Unwesen, ein fünfzig Mann starkes Détachement mußte im Jahre 1755 für klare Verhältnisse sorgen.

Für die Weiterfahrt nach Olbernhau möchten wir Ihnen zwei Möglichkeiten nennen. Die schönere Tour führt an der böhmischen Grenze entlang. Die Alternative von der Kniebreche über Zöblitz beschreiben wir im Anschluß daran.

Von Kühnhaide/Rübenau durch das Natzschungtal nach Olbernhau

Von Kühnhaide fahren wir an der tschechischen Grenze entlang nach **Rübenau**. Die Häuser dieser Ortschaft wirken teilweise wie hingeworfen, man befindet sich in einer erzgebirgischen Streusiedlung. Die Entstehung Rübenaus hängt indirekt mit dem Bergbau zusammen. Da man im Mittelalter sehr viel Holz für die Grubenbaue benötigte, entstanden Ortschaften, die diesen Bedarf durch Holzschlag und Flößerei deckten. So wurde auch Rübenau im 16. Jh. im Zuge der Natzschungflößerei gegründet. Später kamen andere Erwerbszweige hinzu; wie in Kühnhaide gab es in Rübenau Anfang des 19. Jh. ein Hammerwerk und einen speziellen Sensenhammer. Um die Jahrhundertwende baute man Schlitten und Spielzeug. Die Bevölkerung blieb bis auf wenige Ausnahmen sehr arm.

Wir verlassen die unbewaldete Hochfläche um Rübenau in östlicher Richtung und kommen in das waldreiche **Natzschungtal**. Nach einem Kilometer grüßt uns die romantisch gelegene »Lochmühle«, eine Ausflugsgaststätte, die sich schon zu Beginn dieses Jahrhunderts großer Beliebtheit erfreute. Leider ist die Lochmühle zur Zeit geschlossen. Daß das Wasser hier oben im Gebirge noch klar ist, beweist eine Forellenzucht unweit der Mühle. Im weiteren Verlauf des

Natzschungtals werden Sie sehr eigentümlicher Wildromantik begegnen. Viele Felsklippen – einige eignen sich zum Klettern – steigen am Talhang empor. Etwa 4 Kilometer hinter der Lochmühle ragt der 80 m hohe Stößerfelsen 170 m über das Tal. Der Name dieses Felsens kommt vom Wanderfalken, der im Flug seine Beute stößt. Zu dem Felsmassiv führt ein Wanderweg von Rothenthal aus, der nächsten Ortschaft im Natzschungtal.

Rothenthal wurde auf 1626 auf Initiative des kurfürstlichen Faktors auf der Saigerhütte Grünthal, August Rohdt, gegründet. Rohdt erhandelte für sich und seine Nachfahren beim sächsischen Kurfürsten das Recht, hier einen Drahthammer betreiben zu dürfen. Der Kurfürst erteilte die Erlaubnis, obwohl er in Lohmen bei Pirna einen eigenen Drahthammer besaß; er übertrug sogar die Gerichtsbarkeit an den Hammerherrn. Er wollte sich damit vor der böhmischen Konkurrenz schützen, da die vielen erzgebirgischen Nadelmacher ihre Rohstoffe sonst jenseits der sächsischen Grenze bezogen hätten. Hochofen und Hammer bestanden allerdings nur bis etwa 1750. Die Konkurrenz – diesmal das Drahthammerwerk von Veit Hans Schnorr von Carolsfeld im westerzgebirgischen Carlsfeld – schmälerte die Gewinne beträchtlich. Um 1750 war endgültig »der Ofen aus«, da die Holzvorräte auf sächsischer wie böhmischer Seite erschöpft waren und nur noch minderwertiger Eisenstein zur Verfügung stand. Später produzierte man hier Papier; die Wasserkraft der Natzschung diente als Energiequelle für zahlreiche andere Kleinbetriebe.

In Rothenthal lebte eine Zeitlang *EMIL ROSENOW*, der Verfasser der zeitkritischen Komödie »Kater Lampe«, die nach der Jahrhundertwende im ganzen Erzgebirge Furore machte. Die Vorlage für den Komödienstoff sollen die Rothenthaler Bürger selbst gegeben haben.

Unser letztes Ziel an der Natzschung ist der Olbernhauer Stadtteil **Grünthal**. Hier befindet sich die »Saigerhütte«. Sie ist das einzige in Europa erhaltene technische Denkmal der Buntmetallurgie. 1537/38 wurde die Hütte von dem Annaberger Hans Lienhart gemeinsam mit dem Nürnberger Unternehmer Conrad Weber gegründet. 1550 kaufte Christoph Uttmann das florierende Unternehmen. Nach dessen Tod führte seine Frau Barbara Uttmann, die bekannte Klöppeleiverlegerin, die Geschäfte. Im Jahre 1567 entzog der Landesfürst Grünthal das Monopol des Kupfererzkaufs und erwarb das Anwesen anschließend recht günstig für 8000 Gulden. Fast 300 Jahre stand die Saigerhütte samt Hämmern unter landesherrlicher Regie. Von 1750 an wurden hier sogar sächsische und polnische Kupfermünzen geprägt.

In sozialer Hinsicht ist bemerkenswert, daß dieser frühkapitalistischen Kupferhütte eine Wohnanlage und eine ganze Reihe von Versorgungseinrichtungen angeschlossen waren. Die Löhne lagen über dem damaligen Durchschnitt. Eine eigene Werksschule mit akademisch geschulten Lehrern bildete die Belegschaft aus. Die Kupferhütte mit ihren Hämmern legte den Grund für die Kupferindustrie in Olbernhau, die um die Jahrhundertwende bis zu tausend Beschäf-

Burgruine Niederlauterstein

tigte zählte. Den wasserkraftbetriebenen Althammer kann man heute in voller Funktion besichtigen (wie schon 1711 Zar Peter I. von Rußland); der größte Teil der angeschlossenen historischen Gebäude ist erhalten oder restauriert worden. Gegenwärtig wird das Herzstück der Anlage, die Saigerhütte, nach alten Plänen wieder aufgebaut. Öffnungszeiten: Di-So 9.30-12 und 13-17 Uhr.

Von der Kniebreche über Zöblitz nach Olbernhau

Bevor wir die B 171 in Richtung Olbernhau weiterfahren, ein Hinweis für Freunde alter Burgruinen. In **Niederlauterstein**, an der Schwarzen Pockau flußabwärts der nächste Ort, befindet sich eine der bekanntesten Ruinen des Erzgebirges. Nach archäologischen Grabungen in den 70er Jahren durch das Landesmuseum für Vorgeschichte Dresden gilt als sicher, daß hier seit Mitte des 12. Jh. eine Burganlage stand. Herren auf Lauterstein waren die Schellenberger; Burggrafen wie Albrecht von Altenburg und Otto von Leisnig residierten hier. 1434 besaß die Freiberger Patrizierfamilie Berbisdorf das Anwesen, bevor es 1559 an den sächsischen Kurfürsten August zwangsverkauft wurde. Dieser errichtete auf Lauterstein ein kurfürstliches Amt. Die letzte Stunde schlug der Burganlage am 14. März 1639. In den Wirren des Dreißigjährigen Krieges wurde Burg Niederlauterstein zerstört. Der heutige Anblick läßt die einstige Dimension noch erahnen.

Vom Schwarzpockautal geht es steil hinauf in die Serpentinstadt **Zöblitz**. Seit dem Mittelalter wird in den Steinbrüchen östlich der Stadt der Naturstein

Zöblitz um 1828, Steinzeichnung von E. Maeschel

Serpentin oder Schlangenstein gebrochen und weiterverarbeitet. Schon 1546 erwähnte Georgius Agricola das Vorkommen. Im 16. Jh. wurden mit dem Naturstein bedeutende sächsische Bauwerke verziert: Man findet ihn am Dresdener Stallhof oder in der Fürstengruft zu Freiberg. Aber auch jede Menge Dosen, Tabaksköpfe, Leuchter, Tische und vieles mehr wurden von Zöblitzer Meistern über Jahrhunderte gefertigt; bis nach London gelangten die Zöblitzer Erzeugnisse. Vom 18. Jh. an verdrängte die aufkommende Porzellanmode den Serpentin. Auch das Zeitalter der Industrialisierung bescherte dem Schlangenstein keine nennenswerte Renaissance, sieht man von kleineren künstlerischen Arbeiten – der Münchener Jugendstilmeister Wilhelm von Drebschitz ließ nach seinen Entwürfen 1906 Schalen in Zöblitz anfertigen – einmal ab.

In der Zöblitzer **Heimatschau** (Bahnhofstraße 1, Mo-Do 9-15.30 Uhr) kann man u.a. eine alte Serpentindrechslerwerkstatt besichtigen. Die ursprünglich aus Marienberg stammende Werkstatt veranschaulicht die Bearbeitung des Schlangensteins um die Jahrhundertwende. In der Zöblitzer **Stadtkirche**, 1728/29 von dem Dresdner Baumeister Johann Christian Simon errichtet, kann man herrliche Serpentinverzierungen aus dem 18. Jh. bestaunen. Die zweimanualige Orgel schuf *GOTTFRIED SILBERMANN* 1738-1742.

Nicht weit von der Kirche befindet sich am Markt 78 (Tel. 037 363/246) Gasthof und Hotel zum »Schwarzen Bären«. Dies ist eines der wenigen Restaurants, wo man noch einen Eindruck von den Anfängen des Fremdenverkehrs im Erzgebirge gewinnen kann. Der Gast fühlt sich willkommen und behaglich. Wo andernorts blinde Modernisierungswut das alte Inventar mitsamt Täfelung, Geschirr und Hirschgeweih beseitigt hat, trifft man im »Bären« auf Originalität, Besinnung und vortreffliche Küche. Daß die Köchin die Klöße noch nach altem erzgebirgischem Rezept zubereitet, ist nicht nur an den im Garten zum Trocknen aufgehängten Kloßsäcken zu bemerken, sondern auch am ausgezeichneten Geschmack. Der »Bär« ist keine folkloristische Urlauberbaude. Nebenan am Stammtisch dreschen die Einheimischen zünftig Skat, und die Wirtin ist gern zu einem kleinen Schwätzchen mit Fremden bereit. Hier ist es gelungen, das Schicksal so mancher Traditionsgaststätte zu vermeiden, wo nach dem Einzug der Urlauber die Stammtischler die Flucht ergriffen und damit der soziale Ort »Kneipe« zum Fremdkörper im eigenen Dorf wurde. Eine ausgesprochen preiswerte Erzgebirgsküche und einheimisches Bier runden das organische Bild dieser gastlichen Stätte ab. Der Gasthof ist täglich von 10.30-24 Uhr geöffnet, das Doppelzimmer mit Frühstück kostet 35 DM.

Naturfreunden ist ein Abstecher zu den Serpentinsteinbrüchen zu empfehlen. Der Serpentin ist teilweise durch Eisenoxide hellgrün, braun oder rot gefärbt, in der Regel liegt er aber schwarzgrün vor. Erkennen kann man das Gestein außerdem an der geringen Härte. Die Serpentine bestehen hauptsächlich aus Magnesiumsilikaten. Da diese auf den Steinbruchhalden in großer Menge vorhanden sind, bildete sich dort eine spezielle Serpentinflora. Farnarten wie der braungrüne Streifenfarn (Asplenium adulterinum) oder der keilblättrige Serpentinstreifenfarn (Asplenium cuneifolium) gedeihen nur auf serpentinigen Böden. Serpentinfloren gibt es auch in der Steiermark, im Fichtelgebirge und in der Gegend von Marienbad in Böhmen.

Die nächste Ortschaft in Richtung Olbernhau ist die Gemeinde **Ansprung**. Von hier aus kann man über die Morgensternhöhe und den Vogeltoffelfelsen ebenfalls in das Tal der Schwarzen Pockau gelangen. In der hiesigen **Heimatstube** (vorherige Anmeldung erforderlich; Rudi Richter, Hauptstraße 10, 09517 Ansprung, Tel. 037 363/243) werden Serpentinprodukte und Serpentinverarbeitungswerkzeuge gezeigt. Das an der Hauptstraße gelegene Wirtshaus »Goldene Sonne« nannte der Volksmund früher *Neckermannbar*. Es kursierte das Gerücht, Teile der Ausstattung seien anläßlich des Besuches von Erich Honecker in der hiesigen Rinderzuchtanlage eigens über die auch im Osten sprichwörtliche Firma Neckermann bezogen worden. Das berühmte Foto »Erich Honecker und die verdienten Rinderzüchter«, das im Hinterzimmer an den prominenten Besucher erinnerte, ist nach der Wende entfernt worden. Für gutes Essen ist die Goldene Sonne aber die richtige Adresse.

Bis **Olbernhau** sind es noch einige Kilometer, mit dem Auto in wenigen Minuten zu rückzulegen. Die Stadt erlebte Mitte des vorigen Jahrhunderts durch die Kupferverarbeitung einen rasanten wirtschaftlichen Aufschwung. Arbeiter aus den angrenzenden Regionen sollen Fußmärsche bis zu 18 km in Kauf genommen haben, um zu den Fabriken zu kommen. Außer dem metallverarbei-

Der Tivoli in Olbernhau

tenden Gewerbe war hier Spielwaren-, Holz- und Kartonagenindustrie angesiedelt. Bis 1857 gab es in Olbernhau eine bedeutende Gewehrproduktion, die sogar das sächsische Heer belieferte.

Die alte Bausubstanz deutet an, welche Rolle Olbernhau, das 1875 einen Eisenbahnanschluß bekam, um die Jahrhundertwende spielte. Fabriken und Villen erzählen ohne nostalgische Schwärmerei von der guten alten Zeit. Die Gaststätte **Tivoli** mit ihrem großen Saal ist als Jugendstilbau denkmalgeschützt. Die Größe des Tivoli läßt ahnen, daß das kulturelle Leben hier oben damals nicht so trist war wie heute. Auch als Fremdenverkehrsort war Olbernhau als »Stadt der sieben Täler« über Sachsen hinaus bekannt. Es bleibt zu hoffen, daß Olbernhau an alte Traditionen anknüpfen kann und wieder eine schmucke Erzgebirgsstadt mit florierender Kleinindustrie wird. Anstrengungen werden allerorts gemacht, die Umgestaltung der Fußgängerzone und der Aufbau der Saigerhütte sind erste Beispiele. Über die Entwicklung der Stadt kann man sich im **Haus der Heimat** (Markt 7) informieren. Ein Besuch des Museums mit seinen umfangreichen Sammlungen aus vielen Bereichen erzgebirgischer Kultur ist sehr zu empfehlen.

DAS SPIELZEUGDORF SEIFFEN

Wir verlassen Olbernhau über den Ortsteil Grünthal und kommen zum Eisenbahnhaltepunkt Oberneuschönberg. Dort folgen wir einer der beiden ausgeschilderten Straßen in Richtung Seiffen und erreichen bald das Spielzeugdorf. **Seiffen** gilt als Synonym für das Erzgebirge schlechthin. Die hölzerne Seiffener Ware wird in Anchorage im fernen Alaska mit derselben Selbstverständlichkeit angeboten wie in Tokio oder in vielen europäischen Metropolen. Wie entstand die volkskünstlerische Holzproduktion in Seiffen?

Daß Seiffen eine bergbauliche Gründung darstellt, läßt sich schon am Namen erkennen. Die Bergbaugeschichte des Ortes ist nur unzureichend erforscht. Gesichert ist, daß Mitte des 16. Jh. im Gebiet um den Schwartenberg nach Zinn geseift wurde. Als bekanntes Relikt aus den frühen Bergbaujahren steht die 1593 durch Grubenzusammenbrüche entstandene Seiffener Binge östlich der Barockkirche. So richtig reich geworden ist wohl niemand durch den Zinnbergbau, auch läßt das rauhe Gebirgsklima keine einträgliche Ackerwirtschaft zu.

Nach dem Dreißigjährigen Krieg eskalierte die Not durch den Zuzug böhmischer Exulanten. Auch die Tagelöhnerei in der Holzwirtschaft brachte den Seiffenern nur gelegentlichen Broterwerb. Findige Seiffener stellten sich die Frage, ob denn nicht irgend etwas Nützliches aus »unserem Holz« zu machen sei. Die Herstellung hölzerner Schüsseln, Spindeln und Schindeln brachte seit dem 17. Jh. zumindest ein karges Zubrot ein. Das Drechslerhandwerk allein – es kam um 1650 in Seiffen auf – schuf zunächst keinen entscheidenden Durchbruch, weil um 1780 der Zinnbergbau nochmals kurz florierte. Kaum hatte sich das Zinnfieber wieder gelegt, stand man vor dem alten Problem.

Schon 1760 packte der Seiffener Händler Christian Friedrich Hiemann all seine Drechslerware zusammen und zog mit dem Schiebbock nach Leipzig zur Messe. Dort staunte man nicht schlecht über die vielfältigen Produkte aus dem rauhen Erzgebirge und – kaufte! Hiemann prüfte die Messeauslagen und rechnete sich gute Marktchancen aus. Mit tollen Ideen und Aufträgen zog er in die Heimat zurück.

Jetzt konnte es richtig losgehen. Die Phantasie der Drechsler kannte keine Grenzen, Kinderträume in Holz wurden wahr. Händler aus Olbernhau und Grünhainichen hörten von den glänzenden Geschäften mit der Seiffener Ware und orderten große Mengen. Auch das Bergamt half tatkräftig mit. Die alten wassergetriebenen Pochwerke gestalteten sich über Nacht zu Drechselwerkstätten. Aus dem Schiebebock wurde ein vierspänniger Wagen; abwechselnd fuhr er einmal die Woche nach Leipzig und Nürnberg. Von dort brachten Händler die vielen bunten Spielzeuge und Weihnachtsartikel schon im Jahre 1787 nach Übersee. Anfang des 19. Jh. entwickelte sich die bis dahin völlig unbekannte Reifendreherei. Im Seiffener Freilichtmuseum ist diese Technik zu besichtigen.

Geschickte Arbeitsteilung – Kinder und Frauen waren in Heimarbeit mit Malen und Kleben beschäftigt –, großes Sortiment, originelle Verpackung und ein geringer Preis erklären den großen Erfolg der Seiffener Holzwaren. Trotz des riesigen Absatzes gelangte nur ein kleiner Teil der Bevölkerung zu bescheidenem Wohlstand. Die Lebensbedingungen der Seiffener waren bis zu Beginn dieses Jahrhunderts miserabel. Von 100 geborenen Kindern starben 32, noch ehe sie das sechste Lebensjahr erreichten. Die Ernährung bestand oft nur aus Kartof-

feln, Leinöl, Quark und einem gelegentlichen Hering.

Die hölzernen Produkte aus Seiffen sind Volkskunst im wahrsten Sinne des Wortes.Die kleinen Figuren zeigen prägnante Typen des Gebirges, ob Förster, König oder Reisigfrau – die ausgesprochen individuell gestalteten »Männln« sind kleine Kunstwerke, die nicht nurKinderherzen höher schlagen lassen.

Erst spät hielt die Technik Einzug in die Werkstätten. 1868 brachte die Dampfmaschine als Antrieb der Drehbänke erste Erleichterung. 1912 ermöglichte der Anschluß Seiffens an das Elektrizitätsnetz den Einsatz von Elektromotoren. Einzelne Fabriken entstanden, die kleineren Werkstätten allerdings dominierten weiterhin. Die materielle Notlage der Spielzeugmacher endete erst nach dem 2. Weltkrieg.

»Original Seiffen« blieb ein begehrter Exportartikel. Der DDR-Sozialismus bescherte den Spielzeugmachern nicht das Himmelreich auf Erden. Aber Hunger und Not gehörten der Vergangenheit an. Ein Drittel der Seiffener Produktion wurde für dringend benötigte Devisen in alle Welt exportiert. Die restliche Produktion wurde nur als sogenannte Bückware gehandelt. So manches Trabantersatzteil, etliche Rollen Rauhfasertapete und unzählige Fliesen wurden mit Nußknackern oder Räuchermännchen bezahlt.

Wie sieht es heute in den kleinen Werkstätten aus? Jede hat ihre eigene Spezialität. Kurz entschlossen fragen wir Bauarbeiter, die gerade einen neuen Wegweiser aufstellen. »Zu'n Gläsor, Wärner sull'e mir gehe« – seit drei Generationen wird in der Bahnhofstraße 11 schon gewerkelt. Trotz reichlich Arbeit – die Weihnachtsproduktion läuft auf Hochtouren – bittet man uns herein. Man entschuldigt sich für die Unordnung und die vielen Späne, aber wir wollten ja keine aufgeräumte Werkstatt sehen, sondern Spielzeugproduktion, wie sie wirklich ist - wir haben Glück gehabt. Geduldig führt uns der Spielzeugmacher durch sein Reich und erläutert uns die einzelnen Arbeitsgänge. Moderne Maschinen, kombiniert mit traditioneller Handarbeit wie vor hundert Jahren - wir bekommen ein Bild von der Arbeit des Spielzeugmachers.

Die Auftragslage ist momentan ausgezeichnet, hören wir. Liegen die Stundenlöhne der angestellten Spielzeugmacher mit 6-10 DM hart an der Grenze des Erträglichen, eine Arbeitslosenrate von unter acht Prozent spricht jedoch für einen funktionierenden sozialen Konsens. Große Unterschiede im Tarifgefüge gibt es sowieso nicht – man gibt sich mit dem Wenigen zufrieden. Die meisten Spielzeugmacher – 80% der Einwohner leben von diesem Gewerbe – blicken optimistisch in die Zukunft. Mit der fernöstlichen Billigware im Nacken werden immer neue Produkte kreiert. Da schreibt der sonst so bodenständige Erzgebirgler auch schon mal »500 Years Columbus« für den amerikanischen Kunden auf den Nußknacker. Die Seiffener sind sich sicher: Die fernöstlichen Autos mögen eine nennenswerte Konkurrenz für die heimische Industrie darstellen, mit guter Seiffener Ware dagegen kann es keiner aufnehmen! Natürlich erwerben wir zum Abschied eine Pyramide und einen Räuchermann vom Meister; in über fünfzig Werksgeschäften kann man in Seiffen direkt vom Produzenten kaufen.

Die Geschichte der Spielzeugindustrie ist im **Spielzeugmuseum** (tägl. 9-17 Uhr) eindrucksvoll dokumentiert. Das **Freilichtmuseum** in der Hauptstr. 203 präsentiert im Sommer und zur Adventszeit die traditionelle Technik des Reifendrehens (9-12 u. 13-17 Uhr, außer Mo). Darüber hinaus erlauben einige Spielzeugmacher den Besuch ihrer Werkstätten bei laufender Produktion. Über diese Möglichkeiten informiert man sich am besten bei der Tourist-Information, Hauptstraße 40. Dort kann auch ein Zimmernachweis angefordert werden. Wir möchten ausdrücklich darauf hinweisen, daß an Wochenenden, besonders in der Adventszeit, der Ort stark besucht ist. An manchen Adventswochenenden sind 60 000 Besucher gezählt worden.

Was bietet Seiffen noch? Als Miniaturausgabe in Holz, umgeben von Kurrendesängern, ist die Seiffener Barockkirche in aller Herren Länder exportiert worden. Das Original wurde 1779 geweiht. Als Architekt wirkte Christian Reuther, ein Schüler von Georg Baehr. Baehrs Frauenkirche in Dresden diente als Vorbild für dieses kleine Gotteshaus.

Die nähere und weitere Umgebung Seiffens lädt zu ausgedehnten Spaziergängen und Wanderungen ein; ein spezieller **Bergbaulehrpfad** um die Binge führt dem Besucher die bergbauliche Vergangenheit der Stadt vor Augen.

Der markanteste Punkt um Seiffen dürfte der in nördlicher Richtung anderthalb Kilometer entfernte **Schwartenberg** sein. Vom 789 m hohen Gipfel hat man bei gutem Wetter eine ausgezeichnete Fernsicht. Der Auersberg, von hier 65 km entfernt, ist dann gut zu erkennen, ebenso die Halsbrücker Esse bei Freiberg. Wandert man vom Schwartenberg in östliche Richtung, so gelangt man in den schon zu Neuhausen gehörenden Ortsteil **Heidelbach**. Dieser Ort ist im Zusammenhang mit der erzgebirgischen Glasindustrie erwähnenswert. Schon im 15. Jh. wurde hier Glas produziert. Diese Glashütte – zu ihrem Sortiment gehörten gemalte, geschliffene und Spiegelgläser – war lange Zeit die bedeutendste im Erzgebirge. Im 19. Jh. hielt sie der Konkurrenz nicht mehr stand und wurde nach und nach abgerissen. Nur die alte Glasniederlage entging diesem Schicksal. Sie wurde zu einer Gaststätte umgebaut. Leider ist dieses schöne Wirtshaus geschlossen.

11 DAS GEFÄLLIGE LAND UMS FLÖHATAL

Kurzbeschreibung

Die Region befindet sich südöstlich von Chemnitz und wird von den Tälern der Zschopau und Flöha eingeschlossen. Westlich ist das Gebiet von der durch Chemnitz über Marienberg ins Böhmische führenden B 174 tangiert. Von Freiberg aus kann man mit dem Auto auf der B 101 in die Region gelangen. Von Freiberg oder Chemnitz aus bestehen über Flöha regelmäßige Bus- und Bahnverbindungen.

AUSKÜNFTE
- Fremdenverkehrsamt, Marienberger Str. 29b, 09573 Augustusburg, Tel. 037 291/65 51
- Fremdenverkehrsamt, 09514 Lengefeld, Tel. 037 367/22 45
- Gemeindeverwaltung, Rathausstr. 10, 09509 Pockau, Tel. 037 367/94 55
- Fremdenverkehrsbüro, Siedlungsstraße 1, Tel. 037 367/95 17

HOTELS
- Hotel Café Friedrich, Hans-Plauer-Str. 1 09573 Augustusburg, Tel. 037 291/66 66
- Hotel »Morgensonne«, Morgensternstr. 2, 09573 Augustusburg, Tel. 037 291/508
- Gasthof »Jägerhof«, Chemnitzer Str. 33 09573 Augustusburg, Tel. 037 291/208 50

JUGENDHERBERGEN
- Schloß Augustusburg, Tel. 037 291/202 56
- JH Pockau, Siedlungsstr. 34, Tel. 037 367/95 89

FAHRRADAUSLEIHE
- Erdmannsdorf, Bahnhof, Tel. 037 291/565 (täglich von 7 bis 18 Uhr).

DIE AUGUSTUSBURG UND DIE SÄCHSISCHEN KURFÜRSTEN

Wer im mittleren Erzgebirge unterwegs ist, wird am Horizont immer wieder eine eigenartige Erscheinung wahrnehmen. Wie eine Fata Morgana ragen sie in der Ferne auf, die vier weißen Türme der Augustusburg. Hier hat sich die albertinische Linie des sächsischen Herrscherhauses unter Kurfürst August I. ein großartiges Monument geschaffen. August I. ließ in den Jahren von 1567 bis 1572 die imposante Feste errichten. Und obwohl sie nur 515 m hoch liegt, hat man stets den Eindruck, dem sächsischen Herrscherhaus unverwandt ins Antlitz zu schauen.

Wir nähern uns der Herrscherin des Gebirges von Chemnitz aus und fahren auf der Zschopauer Landstraße (B 174) aus Chemnitz in Richtung Zschopau. Einen Kilometer nach dem Ortsausgang weist ein Schild linker Hand nach Kleinolbersdorf. Auf der schmalen Dorfstraße schlenkern wir in munteren Kurven ins Sternmühlental hinab. Es scheint, daß hier die Samstagnachmittagsidylle des bürgerlichen Spaziergangs erfunden wurde. Meiden Sie besagten Tag, so können Sie unbedenklich Ihr Fahrzeug auf dem Parkplatz vor der Gaststätte »Zur Sternmühle« (Sa-Mi 10.30-18.30 Uhr) abstellen und einen beschaulichen Bummel durch die dichten Fichtenwälder unternehmen. Auf dem Adelsberg erwartet Sie ein lustiges Gasthaus zur Einkehr (tägl. ab 11 Uhr).

Im Sternmühlental wandern oder fahren Sie weiter bis nach Kunnersdorf und von da aus das Zschopautal hinunter nach **Erdmannsdorf**. Im Gasthof »Kadow« (Mo 16-21, So, Di-Do 11-21 Fr Ruhetag, Tel. 037 291/208 00) Uhr kann man gut zu Mittag speisen und dann den Aufstieg zum Schellenberg machen. Wer die Fitneßprobe scheut, sucht die Talstation der 1911 erbauten Drahtseilbahn auf und schaukelt gemächlich die 1282 m bis zum Ort **Augustusburg** hinauf. Bis 1899 hieß das beschauliche Städtchen Schellenberg, genau wie das nebenan liegende Dorf. Durch die steilen Gassen der Altstadt gelangt man zum Aufstieg zur Burg.

Um die Jahrhundertwende machte der Ort von sich reden. Von der Industrialisierung vollständig verschont, avancierte Augustusburg zum Wochenend- und Sommersitz Chemnitzer Unternehmer. Mittels einer eigens gegründeten Baubank errichteten Fabrikbesitzer und Bankiers eine Villensiedlung im Waldgebiet südlich des Schlosses. Zu DDR-Zeiten versuchten ganze Scharen älterer Damen, an dem verblichenen Glanz der Chemnitzer Hautevolée zu partizipieren. Das berühmte Café »Friedrich« war stets gut besucht. Das Café und die Damen wurden eins in morbidem Flair. Zwei Häuser weiter, im »Waldhaus«, zehrte man ebenfalls von früheren goldenen Zeiten. Und der Onkel aus dem Westen beugte sich über die Schwarzwälder Torte und raunte Tante Frieda hinter vorgehaltener Hand ins Ohr: »Die kommen wieder, die alten Zeiten.« Ach, er sollte Recht behalten (Cafe Friedrich ab 10 Uhr geöffnet, 11 GästezimmerDZ 110 DM; Waldhaus 9-24 Uhr, DZ 160 DM).

Auf den Spuren der dissidierenden Rentner wandeln Sie, wenn Sie einen Spaziergang zum wunderschönen **Kunnerstein** wagen. 100 m über dem Zschopautal gelegen, ist dies ein geradezu prädestiniertes Örtchen zum Verdauen von schweren Buttercremetorten im milden Sonnenlicht. Und lustig zwitschert der Zeisig sein Lied dazu. Für einen ausführlicheren Bummel bietet sich unten im Zschopautal die Hennersdorfer Holzbrücke als Ziel an. Das 35 m lange überdachte Bauwerk wurde 1840 errichtet.

Doch widmen wir uns endlich der wahren Majestät: der **Augustusburg**. Das auf dem 515 m hohen Schellenberg gelegene Renaissanceschloß zählt zu den bedeutendsten Bauwerken Sachsens. Die erste Bebauung des Berghügels war eine Ritterburg, die wahrscheinlich Heinrich I. oder Otto I. zum Schutz gegen Einfälle der Sorbenwenden diente. Man vermutet auch, daß sie als Straßenburg fungierte, um den Handel mit den von Westen herangefahrenen Waren zu schützen. Im 13. Jh. befand sich dann hier schließlich ein gefürchtetes Raubritternest. 1547 fiel die Burg während eines schrecklichen Unwetters einem »Blitzstrahl« zum Opfer – lediglich der Folterturm blieb stehen. Nachdem die verwüstete Burg längere Zeit brachlag, entschloß sich 1567 Kurfürst August I. von Sachsen (1526-1586) zur Errichtung eines Jagd- und Lustschlosses. An der Seite Kaiser Maximilian II. hatte er einen triumphalen Sieg über seinen politischen Gegner Wilhelm von Grumbach errungen. Ein monumentales Schloß sollte diesen Sieg und die Macht des Hauses Wettin demonstrieren. Als Bauleiter wurde unter vielen Versprechungen der siebzigjährige Hieronymus *LOTTER* (1497-1580), amtierender Bürgermeister zu Leipzig und berühmter sächsischer Baumeister, gewonnen. Der herrische Kurfürst machte dem alten Mann den Aufenthalt auf dem Schellenberg zur Hölle. Ungleich erbärmlicher erging es den tausenden Fronarbeitern, die vom Kurfürsten zum Bau befohlen wurden. Schlecht bekleidet,barfuß und mit einer Erkennungsmarke um den Hals mußten sie von Aufpassern angetrieben die härtesten Arbeiten ausführen. Die übelste Knechtung erfuhren die Wilddiebe, die zum Brunnenbau verurteilt waren. In Eisen geschmiedet, mußten sie den Schacht solange in den harten Porphyrfels treiben, bis sie auf Wasser stießen. Sieben Jahre dauerte der Aberwitz.

Als 1568 dreien die Flucht gelingt, befiehlt der Kurfürst wutentbrannt seinem Baumeister, die Wilderer sollen »im Bronnen bleiben, darinnen liegen vnnd Ire notturft aus vnd einziehen lassenn biß sie wasser ersinken« (finden). Während der gesamten Bauzeit kommt es zu Unruhen und Aufständen. Der Kurfürst weist alle Bitten nach besseren Arbeitsbedingungen und mehr Lohn barsch zurück. Statt dessen drängt er ununterbrochen auf höheres Tempo. Mit der Begründung, daß sich der Bau unnötig hinzöge, wird die Vollendung des Schlosses schließlich in die Hände des Dresdner Baumeisters Graf Rochus von *LINAR* gelegt. Der brachiale Kurfürst hatte mit ausgeprochenem Rigorismus erwirkt, daß das imposante Bauwerk innerhalb von nur 4 Jahren errichtet wurde.

E.O. *SCHMIDT* – der berühmte sächsische Reiseschriftsteller, von dem sein sozialistischer Nachfolger H.H. Wille schrieb, daß er »mit Grafen und 'Ferschten' ebenso vertraut wie unserereins mit Postboten und Zeitungsträgern umging« – schrieb 1928 in seinen »Kursächsischen Streifzügen« über »Vater August«: »*Das Behagen hat die Züge Augusts gerundet, aus Augusts Auge spricht die Überzeugung von sich selbst und die Lust, sich auszuleben. Er ist der Vertreter der nüchternen Mittelmäßigkeit und einer gewissen peinlichen Rechtlichkeit, ja Rechthaberei, die ihn bis zur Grausamkeit führen konnte.*« Sein Drang, sich auszuleben,

Das mächtige Schloß Augustusburg

äußerte sich auch darin, an manchen Tagen dreißig Liter Bier in sich hineinzustürzen, turbulente Gelage zu veranstalten und den Annaberger Dirnen hohheitliche Besuche abzustatten. In seinem sechzigsten Lebensjahr ehelichte er die dreizehnjährige Prinzessin Agnes von Anhalt. Dies war offenbar für den Berserker zuviel. Er bezahlte die Flitterwochen mit seinem Leben – zum Glück für seine kursächsischen Untertanen, wie H.H.Wille süffisant anmerkt.

Bis in das 18. Jh. war Augustusburg Jagdsitz der sächsischen Kurfürsten. Nach August I. hielten hier Christian I., Christian II und Johann Georg I. Hof. Nach den Jagden waren ungestüme Feste, die oft tagelang währten, an der Tagesordnung. Die Kurfürsten und ihr Gefolge tafelten oft über sieben Stunden und gaben sich einer maßlosen Völlerei hin. Besonderes Vorbild war Christian II. – »ein wahres Unmaß an schier täglicher Vollsuffigkeit und Unflätigkeit«, wie im »Deutschen Fürstenspiegel« vermerkt ist. 1610 tauchte Christian am kaiserlichen Hof in Prag auf und verursachte einen Skandal sondersgleichen. Hinterher rühmte er sich, in der Kaiserstadt keine Stunde nüchtern gewesen zu sein. Ein Rätsel bleibt, wie die Kurfürsten bei diesem Lebenswandel es vermochten, Sachsen in einer durchaus gedeihlichen Weise zu regieren.

Sachsen gehörte im Spätmitttelalter zu den größten und mächtigsten deutschen Territorialstaaten. Der Wohlstand fußte keineswegs nur auf dem Silberbergbau, der 1572 allein im Freiberger Revier eine Ausbeute von 333 650 Silbermark einbrachte. Auch Wirtschaft, Wissenschaften und Künste standen in Blüte. Die sächsischen Kurfürsten waren dieser Entwicklung nicht hinderlich, im

Gegenteil, zu einem guten Teil ging sie direkt von ihnen aus. Der despotische August I. gehörte zu den wenigen deutschen Fürsten, die in der zweiten Häflte des 16 Jh. mit ihrer territorialstaatlichen Politik bürgerliche Elemente förderten und effiziente, frühkapitalistische Wirtschaftsformen vorantrieben. August trat als Förderer des Handwerks, des Handels und des Bergbaus auf, er setzte sich für die Hege der Wälder ebenso ein wie für den Aufbau einer straffen und effektiven Verwaltung. Die sächsische Staatsverwaltung mit dem Geheimen Rat an der Spitze und einer auf strenge Pflichterfüllung eingeschworenen Beamtenschaft war in Europa beispielgebend. Die von ihm erlassenen Bergordnungen garantierten den Grubengewerken Eigentum an Grube und Ausbeute und sicherte den Bergleuten stabilen Lohn. Er war selbst direkt an Berg- und Hammerwerken beteiligt. Bestrebungen des Adels, kleinere Bauerngüter zu usurpieren , hatte er mit einer Bauernschutzverfügung durchkreuzt.

Im Kursachen Augusts war alles bis ins kleinste Detail geregelt, und zwar in der Regel vom Landesherren persönlich. Bei der Besetzung der Ämter setzte er mit kalter Berechnung auf bürgerliche Fachleute und fähige Adlige – Adel allein verpflichtete ihn zu nichts. Der Fürst dürfe nur Vertrauenswürdigen Vertrauen schenken, wer es mißbrauche, dem könne weder Amt noch Gewalt gegeben werden, nicht unbedingt eine Selbstverständlichkeit an der europäischen Höfen. Vertrauensbrüche bestraft August mit der ihm eigenen Rigorosität – mit dem Tod. Geizig, klug und mit einer außergewöhnlichen Rechengabe befähigt, führt er Kursachsen wie den eigenen Hof zur Prosperität. Für den zu Müßiggang und Verschwendungssucht neigenden Hofstaat war exakt festgelegt, wieviel jede der über 100 Personen an Essen und Trinken und sonstigen Zuwendungen erhielt. Seine Regierung begann er mit einem Schuldenberg von 1,5 Mio Gulden. Nach seinem Tod befanden sich, in Kisten und Säcken verpackt, 2 Mio Taler in der Schatzkammer. Hinzu kamen gewaltige Einkünfte aus dem Bergregal, seinen Kammergütern, Bergbauunternehmen, Hütten und Fabriken. August konzentrierte sich ganz auf die Innenpolitik. Dies war ihm möglich durch ein bemerkenswertes Abkommen mit den Ständen. Bereits 1553/54 kam er mit dem Leipziger Landtag überein, kriegerische Auseinandersetzungen nach Möglichkeit zu vermeiden, keine Einmischung in die europäischen Machtkämpfe zu betreiben und absolutistische Experimente zu unterlassen. August entwickelte Sachsen in seiner dreiunddreißigjährigen Regierungszeit zu einem Musterland im deutschen Reich. Dabei konnte er die an großartigen Erfolge seines Bruders und Vorgängers Moritz anknüpfen. Moritz hatte den von ihm geschaffenen Kurstaat zu einer Großmacht unter den deutschen Ländern gemacht. Dergeniale und aufgeklärte Wettiner starb 1553 32jährig bei einem Gefecht als letzter regierender deutscher Fürst im Felde. August hat durch seine vernünftige, effiziente Politik das Vorbild für das sächsische Selbstverständis gegeben. Fleißig, geschäftig, pragmatisch, aber zugleich genügsam und bescheiden gilt seitdem als Ideal des »guten Sachsen«.

August der Starke

Die orgiastischen Gelage waren diesen Tugenden nicht im Wege. So sehr sich Kurfürstin Anna auch mühte, die verheerenden Saufereien zu unterbinden, stellten sie doch offensichtlich ein notwendiges und förderliches Regulativ zum streng und pedantisch geregelten Alltag des Herrschens dar. Wer nicht genießt, ist ungenießbar.

Aber diese Losung trifft ungleich mehr auf den vielleicht bekanntesten Wettiner zu: Friedrich August I., als König von Polen August II.(1670-1733), genannt *AUGUST DER STARKE*; in Hofhaltung, Körperkraft, Ausschweifung, Machtstreben und Kinderzeugung an den Höfen seiner Zeit kaum übertroffen. Die Polnische Krone geht ebenso auf sein Konto wie der Zwinger und das grüne Gewölbe in Dresden, die Erfindung des Meißner Porzellans durch Böttger sowie 30 Manufakturgründungen in Kursachsen. Angeblich soll er 354 Kinder gezeugt haben. Er vermochte Hufeisen zu brechen, Taler zu biegen und Kanonenrohre mit einer Hand hochzuheben. Unter seiner Herrschaft entwickelte Sachsen unter den deutschen Ländern die größte Konzentration an Handwerksproduktion. In der politischen Landschaft Europas des 18. Jh. war jedoch die Konsolidierung eines absolutischen Regimes ungleich schwerer, als es August in seinen hochfliegenden Ambitionen gewärtigwurde.Die außenpolitischen Abenteuer des schillernden Barockfürsten strapazierten das Kurfürstentum auf das Äußerste. Von der konzentrierten und besonnen Innenpolitik Augusts I. war nichts mehr zu spüren.

Im Augusteischen Zeitalter, wie die Herrschaft August II. und seines Sohnes, August III. genannt wird, vollzog sich jedoch ein ungeahnter kultureller Aufschwung in Sachsen. Dresden wurde zur einer Metropole von europäischem Rang. Damit wurde der zweite Grundpfeiler sächischen Selbstverständnisses gelegt. Was für Preußen der schneidige General, war für Sachsen der Zwinger, das grüne Gewölbe, das Meißner Porzellan. Daß der preußische General über das kulturvoll schwelgende Sachsen nicht nur im Siebenjähigen Krieg den Sieg davontrug, steht auf einem anderen Blatt.

Wer heute auf Augustusburg weilt, wird vergebens nach orgiastischen Festen Ausschau halten. Dieser bedauernswerte Mangel wird durch ein reichhaltiges kulturelles Angebot kompensiert. Neben einem Museum für Jagdtier- und Vogelkunde beherbergt das Schloß ein ausgezeichnetes Motorradmuseum mit vielen ingenieurtechnischen Raritäten. Unter anderem ist hier der Leistungsfähigkeit des in Zschopau ansässigen Motorradwerkes MZ ein Denkmal gesetzt (geöffnet 9-18.30 Uhr). Die zum Schloß gehörende Renaissancekirche besitzt einen von Lucas *CRANACH* d.J. bemalten Altar. In mehreren gastronomischen Einrichtungen gehört die regionale Küche zum weitgefächerten kulinarischen Angebot (Di-Fr 11-23 Uhr, Sa 11-1Uhr, So 11-17Uhr). Über das ganze Jahr bietet das Schloß mit Sonderveranstaltungen, z.B. Motorradwintertreffen, Konzerte etc., vielfältige Möglichkeiten der Freizeitgestaltung. Übernachten kann man auf der Burg lediglich in einer Jugendherberge (Tel. 037 291/256).

Am Schloßtor erinnert ein Pranger an die Methoden der Staatsräson im alten Kursachsen. Die Pein, die von einer solchen Stätte ausgeht, hat die gemütvollen Sachsen nicht gehindert, eine hübsche Geschichte von einer Person zu bewahren, die neben Wilddieben, Mördern und Kirchenräubern hier angekettet war.

Die Geschichte von »Prinz Lieschen« auf Augustusburg:

Sophie Sabine Apitz aus Lunzenau hatte einst in einem alten Buch die Geschichte eines kühnen Abenteurers gelesen. Dieser war arm in die Welt gegangen, hatte vielerlei merkwürdige Schicksale gehabt und war als reicher Mann in die Heimat zurückgekehrt, deren Wohltäter er wurde. Von der Erzählung begeistert, beschloß Sabine gleiches zu tun und reiste in der guten, schwarzen Festkleidung des Vaters ab. Dem gutgewachsenen Mädel stand die Kleidung, und sie erwarb das Vertrauen der Menschen, wenn sie vorsprach, um als fahrender Schulmeister angestellt zu werden. Eines Tages kam Sabine auf die Augustusburg und traf im Schloßhof auf den Oberfischmeister von Günther. Durch ihr zurückhaltendes Wesen getäuscht, glaubte er ihr das Märlein vom Schulmeister, vermutete aber den inkognito reisenden Kurprinzen Friedrich August zu erkennen. Da er untertänig bis zur

Dummheit war, warf er sich auf die Knie, bat sie, sein Gast zu sein und bewirtete sie auf das Beste. Es folgten Tage und Wochen angefüllt mit Diners, Soupers, Ringelrennen, Musik, Tanz und Gesang. Es wurden vier Diener engagiert, kostbare Anzüge angefertigt, eine Kutsche nebst vorzüglichen Pferden bereitgestellt, und das alles in der Hoffnung auf vielfache Vergütung. Sabine muß ihre Rolle vorzüglich gespielt haben, denn erst nach zwei Monaten nahte das Verhängnis, als ein Teilnehmer während einem der Gelage die Botschaft an den Dresdner Hof trug. Friedrich August sandte ein Kommando Soldaten ab, den Pseudo-Prinzen samt Oberfischmeister nach Dresden zu holen. Die Geschichte erregte viel Aufsehen und gab Anlaß zu Spott und Hohn über die genasführten Herrschaften. Seine Majestät selbst befahl, daß Prinz Lieschen, wie man sie von nun an nannte, alles behalten solle, was der Oberfischmeister ihr aufgedrängt hatte. Ferner habe sie täglich einen Reichstaler Unterhalt von ihm zu beziehen, dieses Geld aber im Zuchthaus Waldheim zu verzehren. Als sie die ihr als zusätzliche Strafe auferlegte halbe Stunde am Augustusburger Pranger verbrachte, wurden ihr Geld und Geschenke zu Füßen gelegt.

UNTERWEGS MIT DER FLÖHATALBAHN

Verläßt man Augustusburg westlich in Richtung Schellenberg, erreicht man nach wenigen Kilometern das **Flöhatal**. Die Flöha war in früheren Jahrhunderten ein bedeutender Transportweg, vor allem für die Holzflößerei, und infolge ihres Fischreichtums wichtige Nahrungsquelle für die Anlieger. In der »Meißnischen Land- und Bergchronik« von 1590 schreibt Petrus Albinus: »*Die Bäche im Gebirge sind so fischreich gewesen, daß die Köhler und Holzhauer, wenn sie sich bei Sommerszeit in Bächen gebadet, die Waldforellen mit den Händen gefangen haben.*« Außerdem laichten in der Flöha Lachse; 1850 wurde der letzte, 15 Pfund schwer, gefischt. Im Frühjahr, wenn die Schmelzwasser des Gebirges genügend Kraft besaßen, gingen die Flößer an ihre schwere Arbeit. Im 17. Jh. flößte man die Stämme sogar bis nach Mittwaida und Grimma. Nach dem Bau der Flöhatalbahn im Jahr 1875 wurde die Flößerei unrentabel.

Die Bahnlinie forcierte in den Flußtälern die Entwicklung der Kleinindustrie wie auch des Tourismus. Wenn im Flöhatal auch keine possierlichen Kleinbahnzüge wie von Cranzahl nach Oberwiesenthal verkehren, so ist eine Fahrt dennoch ein Erlebnis. Sie können von Flöha über Pockau-Lengefeld und Olbernhau bis nach Neuhausen fahren. Ein Abzweig führt über Zöblitz nach Marienberg. Die Züge aus 3 oder 4 Wagen zuckeln gemächlich ins Gebirge hoch; für die Strecke von Flöha nach Neuhausen lassen sie dem Fahrgast 90 Min. Zeit, die schöne und abwechslungsreiche Landschaft zu genießen.

Links und rechts des Tales finden Sie viele Ausflugsziele. Einige davon stellen wir im folgenden vor, ohne jedoch komplette Touren auszuarbeiten. Sie können ein Stück mit der Bahn fahren und die jeweiligen Ziele dann zu Fuß oder mit dem Rad erreichen. Hinweisen möchten wir auf die sehr steilen Aufstiege aus dem tief eingeschnittenen Flöhatal auf das gefällige Umland. Eine andere Möglichkeit ist, die Gegend mit Fahrrad oder Pkw zu bereisen und von dem einen oder anderen Ort aus eine Wanderung durch Bornwald, Heinzewald, das Neunzehnhainer Revier oder um die Saidenbachtalsperre zu unternehmen. Vielleicht bauen Sie in eine solche Tour eine kleine Bahnfahrt ein.

Folgt man der Flöha flußaufwärts, erreicht man nach Wünschendorf die Burg Rauenstein mit der Stadt Lengefeld.

Burg Rauenstein

Wann die **Burg Rauenstein** errichtet wurde, läßt sich nicht mehr genau feststellen. Wahrscheinlich ist sie im 13. Jh. zum Schutz der Furt am Nordzweig des Mittelerzgebirgischen Weges errichtet worden. Ebensowenig weiß man über den Erbauer oder Besitzer der ersten Burg, die wahrscheinlich nur ein stabiler Holzwachturm war. Seit Beginn des 19. Jh. befand sich die Burg im Besitz der Familie *HERDER*, aus der der große deutsche Philosoph Johann Gottfried Herder stammte. Der verdienstvolle Freiberger Bergrat Siegmund August Wolfgang von Herder war dessen Sohn. Die Nachfahren des wackeren Bergoberhauptes bewohnten die Burg bis 1945. Heute beherbergt Rauenstein ein Sanatorium. Nach vorheriger Absprache mit der Leitung ist eine Besichtigung möglich (Tel. 037 3677/22 37).

Für ihre Verblichenen bauten die Herders eine romantische Gruft unweit des Schlosses. Herders Ruhe bietet den toten Seelen einen ausgezeichneten Ausblick auf das mittlere Erzgebirge und die entsprechende Beschaulichkeit durch ein Naturschutzgebiet. Das Familiengrab lohnt einen kleinen Ausflug. Von der Burg läuft man ca. 300 m die Straße nach Lengefeld, bis ein Weg gegenüber einer kleinen Brücke die Straße nach links verläßt. Nach dem Anstieg im Wald gelangt man wieder auf freies Feld und sieht dann linker Hand die von hohen Bäumen gesäumte Gruft.

Lengefeld – das sächsische Clochemerle

Im 14 Jh. besiedelt, kam **Lengefeld** mit der Zuwanderung von Bergarbeitern im 16. Jh. zu Wohlstand. 1522 wurde sie zur Bergstadt ernannt. In den folgenden Jahrhunderten ist der Erzbergbau aber nie zu größerer Bedeutung gelangt. Im Zuge des industriellen Aufschwungs im 19. Jh. siedelten sich verschiedene Industriebetriebe an. Der wohl größte war die Firma Wittig und Schwabe aus Chemnitz, die heutige Leuchtenbau GmbH. Zu DDR-Zeiten der bedeutendste Arbeitgeber des Ortes, sieht die ehemals renommierte Firma einer ungeklärten Zukunft entgegen.

Auf früheren Wohlstand deutet eine sehr mondäne Jugendstilvilla mit

Das liebliche Flöhatal

großem Park nördlich des Lampenwerkes. Auch das Gebäude des ehemaligen Bankhauses Kretschmar vermittelt einen sehr gediegenen Eindruck. Dank der behutsamen Sanierung durch die heutige Nutzerin – die Sparkasse – sind die Außenansicht und das Interieur in ihrer ursprünglichen schlichten Schönheit erhalten geblieben. Etwas zu ambitioniert wirken hingegen die futuristischen Toiletten unmittelbar neben der Sparkasse. Die Lengefelder tuscheln, daß sie als eine architektonische Tretmine des Bürgermeisters im Zwist mit der Sparkasse zu verstehen seien. Offenbar verführen Kleinstadtidylle und überquellende Gemeindekassen zu solchen Raffinessen – Clochemerle läßt grüßen.

Auf reines Wasser stoßen wir im Umfeld des schnieken Städtchens. Werbebroschüren bezeichnen Lengefeld als »die Stadt zwischen den drei Talsperren«. Zu Recht. Obere und Untere Neunzenhainer Talsperre und Saidenbachtalsperre rahmen die Stadt geradezu ein. Die Obere Neunzenhainer Talsperre soll über das sauberste Wasser Mitteleuropas verfügen. Mag sein, daß auch dieser Superlativ dem Hirn eines verzweifelten Werbetexters entsprungen ist. Unstrittig ist, daß die 550 000 cbm, 3,3 Mio cbm und 21 Mio cbm großen Reservoirs die Großstadt Chemnitz mit erstklassigem Wasser versorgen.

Verläßt der Besucher Lengefeld in südwestlicher Richtung, so kommt er nach Obervorwerk. Hier lädt im Schatten einer alten Linde das schmucke Gasthaus »Waldesruh« zur Einkehr. Geradezu kultisch mutet bereits wenige Jahre nach der Wende das Interieur an – der DDR-Feriendienst läßt grüßen. Die Ästhetik der 60er Jahre gibt dem Raum Wärme, Ambiente und Prägnanz. Hoffen wir auf die

Trägheit der Bürokratie – solange die Eigentumsverhältnisse ungeklärt sind, wollen die Betreiber mit der Rekonstruktion warten. Die erzgebirgische Spezialitätenküche der Familie Nieschalk möchten wir Ihnen nachdrücklich empfehlen. Hier findet der Gourmet Gerichte, deren Rezeptur weitgehend vergessen ist. Auch der moderne Wohlstandsbürger kann sich hier die Armeleutekost des alten Erzgebirges munden lassen. Eine solche eigenwillige Rarität ist beispielsweise die »Zud'l-Supp« - rohe Kartoffeln werden in kochendes Wasser gerieben, aufgekocht und mit Pfeffer, Salz, Sellerie und Majoran oder Knoblauch abgeschmeckt. Statt des Selleries kann gekochtes Sauerkraut verwendet werden.

Geöffnet ist die Schänke ab 8 Uhr – um diese Zeit findet man sonst kaum eine Einkehrmöglichkeit (Mi Ruhetag, 30 Betten ab 29 DM, Tischtennisanlage, Fahrrad- und Skiverleih, Tel. 037 367/23 42).

Madonna untertage

Von Obervorwerk führt ein Weg durch den Wald direkt zum nächsten Ziel: **Kalkbergwerk Lengefeld**. Seit 1550 wurde hier dolomitischer Kalkstein gebrochen. Die aufblühenden erzgebirgischen Bergstädte hatten einen riesigen Bedarf an diesem Bauzuschlag- und Weißfarbstoff. 1975 wurde die Kalkbrennerei eingestellt, heute ist die Anlage als **Museum** zu besichtigen, inklusive einer Ausstellung zum bergmännischen Alltag vergangener Zeiten (geöffnet Apr.-Okt. 9-17 Uhr, Nov.-Mrz 9-16 Uhr, Mo geschlossen).

Nach 1945 erlangte das ehrwürdige Bergwerk Ruhm auf einem ganz ungewöhnlichen Feld. Die europäische Kunstszene debattierte über das Kalkwerk Lengefeld. Wie das?

Angesichts der anrückenden sowjetischen Truppen befahl der sächsische Gauleiter Mutschmann im April 1945, die auf der Albrechtsburg lagernden Schätze der Dresdner Gemäldegalerie »Alte Meister« hierher und nach Cotta umzulagern und zur Sprengung vorzubereiten. Raffaels Sixtinische Madonna fristete zusammen mit anderen Juwelen europäischer Kunstgeschichte ein jämmerliches Dasein in der feuchten und kalten Höhle. Die Bilder sollen unverpackt an den Wänden gelehnt haben. Die Wetterführung des Bergwerks sorgte für den entsprechenden Durchzug. Erst Ende Mai 1945 gelang es den Kunstoffizieren der 1. Ukrainischen Front, die unschätzbaren Kulturgüter zu bergen. Die Sowjets brachten sie nach Moskau und Leningrad und gaben sie 1955 restauriert an die DDR zurück.

Doch damit war die Sache keineswegs abgeschlossen. Ende der 70er Jahre erschien in verschiedenen regionalen Zeitschriften, etwa den »Sächsischen Heimatblättern«, ein Aufruf an die Bevölkerung. Die verdatterten Gebirgler wurden angehalten, nach Werken alter Meister Ausschau zu halten – außerhalb der Museen. Immer wieder wurden weltberühmte Gemälde in Altersheimen und nach Haushaltsauflösungen gefunden. In Tücher eingewickelt, hinter Schränken und auf Böden versteckt oder über dem Sofa hängend, kamen nach dem

Ableben älterer Leute des öfteren millionenschwere Kunstwerke zum Vorschein, die seit 1945 auf internationalen Fahndungslisten standen. Nach der Odyssee der Sammlung über Dresden, Meißen, Lengefeld, Cotta, Moskau und Leningrad blieben hunderte Bilder verschollen; von ihnen wurde bis heute nur ein kleiner Teil gefunden. Und so kursieren in den erzgebirgischen Gemeinden die unglaublichsten Gerüchte über den Verbleib der Werke. Falls Sie detektivische Ambitionen hegen, bietet sich hier ein weites Betätigungsfeld. Gleich neben dem Kalkwerk sollten Sie in einer ausgesprochen gemütlichen Kneipe bei einem zünftigen Rechenberger Bier mit Ihren Spekulationen beginnen.

Von hier aus können Sie eine schöne Wanderung nach **Lauterbach** unternehmen. Nachdem Sie südlich vom Kalkwerk den Lauterbacher Knochen passiert haben, geht es über sanftgewellte Wiesen hinab in jene Gemeinde, die dem berühmtesten aus der Schar der erzgebirgischen »Kreiderschnäps« den Namen gegeben hat.

Das grüne Gift

Zu Ostzeiten zirkulierte der »Lauterbacher Tropfen« neben Fliesenkacheln, Rindslenden und Trabantanmeldungen in der Welt der soliden Zweitwährungen. Mußten die anderen Äquivalente nach der Wende einen rapiden Wertverfall hinnehmen, steht der Lauterbacher nach wie vor ganz oben in der Käufergunst. Die altertümliche Lauterbacher »Schnapsbude« war dem »Spiegel« am 21. Februar 1994 immerhin einen Artikel wert, auch wenn der Schreiber meinte, das RFT-Radio sei das modernste, was in dem ganzen Laden zu finden wäre.

Der charaktervolle Magenbitter – vom Volksmund »grünes Gift« genannt – umschmeichelt keineswegs lieblich den Gaumen irgendeiner »gebrieften Zielgruppe«. Ungesüßt und schroff bringt der 40prozentige für den Pobershauer Holzfäller wie den Freiberger Akademieprofessor genau das, was jedermann von einem Magenbitter erwarten kann: nach einem kräftigem Mahl trocken den Geschmack zu löschen und den Magen für den nächsten Gang zu entspannen.

Nach der Wende rollten die »Underberger« in großen Karossen vor das Betriebstor und wollten freundlicherweise die Brennerei kaufen. Beim alten Ullmann bissen sie jedoch auf erzgebirgischen Granit. Für die Gesandten des westdeutschen Spritkonzerns schier unbegreiflich, nimmt Ullmann sein Geschäft durchaus gelassen. Ganz »Arzgebirgler«, schaut der Lauterbacher Unternehmer auf das Bewährte, macht es gut und besser und nimmt sich viel von dem, was heutzutage so knapp ist wie früher Zellstofftaschentücher: Zeit! Statt großer Expansion mit fremder Hilfe setzt er auf sich und seine Leute, auf traditionelle Verfahren und geheime Ingredienzen und baut auf diesen Festen sein Unternehmen und dessen respektables Image aus. »Lauterbacher« soll eine eigenwillige Marke bleiben.

Eigenwillig wie so vieles im Erzgebirge sind auch die Wehrkirchen, die man in dieser Gegend findet.

Wehrkirche Großrückerswalde

Die Wehrkirchen

Mit zunehmender Besiedlungsdichte des mittelalterlichen Erzgebirges war die Wehrhaftigkeit der Dörfer von großer Wichtigkeit. Man baute die Kirchen nicht mehr ausschließlich zu Zwecken des kultischen Lebens, sondern versah sie mit wehrhaften Anlagen. Wahrscheinlich ausgelöst durch die Hussitenkriege (1420-1434), errichtete man am Obergeschoß umlaufende Wehrgänge aus starken Eichenhölzern in Blockbauweise. Typisch für die wehrhaften Kirchen – und das waren im Mittelalter nahezu alle – ist die Lage auf einer Anhöhe und die in Pfeilschußweite umlaufende, massive Bruchsteinmauer. Im Ernstfall stand damit ein gestaffeltes Verteidigungssystem zur Verfügung, in das man sich zurückziehen konnte.

Entlang des Flöhatales sind in den Gemeinden Mittelsaida (Kreis Brand-Erbisdorf), Dörnthal, Lauterbach und Großrückerswalde solche Wehrgangkirchen erhalten geblieben. Wie wehrhaft die Bauernburgen errichtet wurden, zeigt die Mauerstärke der Kirche in Großrückerswalde. Die Wände haben Stärken von durchschnittlich 1,50 m und verjüngen sich nach oben. Volkskundlich besonders wertvoll, weil aussagekräftig, ist das Pestbild an der Westinnenseite. Es zeigt die dörfliche Ansiedlung um 1583 und ist eine der ältesten erhaltenen erzgebirgischen Dorfdarstellungen. Das Bild zeigt auch, daß die Wehrkirche sich seit 1583 bis auf kleinere Details im Aussehen nicht verändert hat.

Von Lauterbach aus haben Sie viele Möglichkeiten, Ihre Tour fortzusetzen. Mit dem Bus kann man schnell der Bergstadt Marienberg einen Besuch abstatten (siehe Kapitel 10). Nordöstlich von Lauterbach lädt der **Heinzewald** zu ausgiebigen Wanderungen in Stille und Waldeinsamkeit ein. Die ausgedehnten Wälder über Bornwald bis zum Neunzehnhainer Revier sind sanfthügelig und wenig besucht. Wer Ruhe und Entspannung will, wird hier ganz auf seine Kosten kommen. Im Waldesinneren befinden sich jedoch weder Gaststätten noch Pensionen. An der Außengrenze des Gebietes bieten Gasthöfe wie die »Heinzebank«, das bereits beschriebene »Waldesruh« in Obervorwerk sowie mehrere Gaststätten bei Börnichen und Wünschendorf ihre Dienste an. Ein Geheimtip war früher die »Bornwaldschänke« bei Krumhermersdorf. Doch auch hier verfielen die Betreiber – wie so oft im postsozialistischen Erzgebirge – auf die aberwitzige

Idee, das schöne alte Interieur samt Kanapee und Ölgemälde durch eine stereotype Einrichtung aus dem Katalog einer Innenausbaufirma zu ersetzen, die offenbar auf Kantinen und Sportlerheime spezialisiert war. Trotz unserer Trauer um den Verlust eines weiteren Stückes erzgebirgischer Identität empfehlen wir Ihnen einen Besuch in dem freistehenden Haus (11-22 Uhr, Tel. 037 25/30 95).

Pockau – Saidenbachtalsperre – Forchheim – Reifland

Die Flöha weiter flußaufwärts gelangt man nach **Pockau** an der Mündung des gleichnamigen Flusses. Der Ort liegt 420 m hoch und hat durch die Tallage ein relativ mildes Klima. Neben der Land- und Forstwirtschaft waren in dem ehemaligen Fischerdorf das Mühlengewerbe und die Holzverarbeitung ansässig. 1875 wurde Pockau an das Bahnnetz angeschlossen und ist heute der Knotenpunkt der Bahnlinien nach Neuhausen und Marienberg.

Ein ausgesprochener Leckerbissen für Liebhaber technischer Museen ist die **Ölmühle** in der Mühlengasse 8. Leider sind die Öffnungszeiten sehr exklusiv: Mai-Okt. Mi 15-16 Uhr, Sa 9-11 und 14-16 Uhr (Tel. 037 67/94 31). Die aus dem Jahr 1783 stammende Mühlenanlage ist von den Mitarbeitern des Mühlenkreises liebevoll restauriert worden. Das Ölpressen hat in der Gegend Tradition. Von den 12 Mühlen im Mündungsgebiet der Pockau ist sie die einzige, die noch voll funktionsfähig ist. Unter die Presse kamen Raps, Distel, Leinen und diverse Wolfmilchgewächse. Alle diese Pflanzen werden im kleinen Garten der Mühle heute noch angebaut. Vor allem Leinöl war im alten Erzgebirge ein wichtiges und gesundes »Volksnahrungsmittel«.

Jeder Technikfan wird in Pockau glänzende Augen bekommen. Die in dieser Art im mitteleuropäischen Raum einzigartige Ölpresse demonstriert die technologische Entwicklung eines Gewerbes über die Jahrhunderte. Man hat den Eindruck, als sei hier bis gestern noch produziert worden. Nichts ist hinter dickem Glas verborgen, nichts in edle Vitrinen gebannt, nichts der neugierigen Begutachtung entzogen. – Sehenswert ist darüber hinaus die Alte Amtsfischerei, ein Fachwerkbau aus dem 17. Jh.

MuseumÖlmühle in Pockau

Für den Wanderfreund bietet die Umgegend von Pockau eine Vielzahl von Wanderrouten. Einen Überblick aller ausgeschilderten Wanderwege findet man auf Schautafeln in der Nähe des

Die Saidenbachtalsperre

Busbahnhofes. Für eine größere Tageswanderung empfiehlt sich eine Tour um die **Saidenbachtalsperre**, die 1923-1933 zur Trinkwasserversorgung von Chemnitz errichtet wurde. Bei einer Wasserfläche von 146 ha und einer 48 m hohen Staumauer besitzt sie ein Stauvolumen von 22,4 Mio. cbm. Von hier aus lohnt sich ein Abstecher nach **Forchheim**. Neben dem Herrenhaus des ehemaligen Rittergutes Niederforchheim kann man die Kirche besichtigen. Sie wurde 1726 von Georg Bähr und Johann Gottfried Fähre mit kreuzförmigem Walmdach und zentralem Glockenturm erbaut. Die Orgel stammt von Gottfried Silbermann, dem genialen Meister der Orgelbaukunst.

Man kann nun die Wanderung über Lippersdorf nach Reifland fortsetzen. An der Straße von Lippersdorf nach Reifland befindet sich die **Pestsäule** aus der Zeit der großen Pestepidemien. Die Säule wurde dem Pfarrer von Lippersdorf zu Ehren errichtet, um seinen Einsatz für die Pestkranken zu würdigen. An dieser Stelle bekam er das Abendmahl und verstarb an der Seuche.

Bevor Sie von Reifland aus ins Tal der Flöha wandern, sollten Sie am Ortsausgang noch einen Blick auf die Postsäule zu Reifland werfen. Vom Bahnhof Reifland-Wünschendorf haben Sie alle zwei Stunden Gelegenheit, mit dem Zug nach Pockau zurückzufahren.

12 *FREIBERG: BERGSTADT – RESIDENZSTADT – UNIVERSITÄTSSTADT*

Kurzbeschreibung

Freiberg ist die älteste und bedeutendste Bergstadt des sächsischen Erzgebirges. Der Freiberger Silberbergbau und die damit verbundenen technischen, wirtschaftlichen und kulturellen Folgeerscheinungen setzten im gesamten Mittelalter Akzente in der europäischen Entwicklung. Der größte Teil der historischen Altstadt ist erhalten und vermittelt dem Besucher ein eindrucksvolles Bild jahrhundertealter Geschichte.

ANFAHRT

- von Chemnitz: B 173
- mit der Bahn: Freiberg liegt an der Strecke Chemnitz-Dresden und ist aufgrund der hohen Zugfrequenz gut zu erreichen
- mit dem Bus: Verbindungen vom Busbahnhof (Wernerstraße) in alle umliegenden größeren Orte; Chemnitz, Meißen und Leipzig werden mehrmals täglich angefahren.

AUSKÜNFTE

- Freiberg-Information, Burgstraße 1, 09599 Freiberg, Tel. 037 31/236 02
- Stadtverwaltung Freiberg, Fremdenverkehrsamt, Obermarkt 14, 09599 Freiberg, Tel. 037 31/27 32 65

HOTELS

- »Am Obermarkt«, Waisenhausstr. 2, 09599 Freiberg, Tel. 037 31/343 61 o. 343 38 (EZ 99 DM, DZ 180 DM)
- »Kronprinz«, Bahnhofstr. 19, 09599 Freiberg, Tel. 037 31/223 25 (EZ 95 DM; DZ 130 bis 180 DM)
- »Freiberger Hof«, Am Bahnhof 9, 09599 Freiberg, Tel. 037 31/220 29 (EZ 95 DM, DZ 145 DM)
- Hotel garni »Mauk'sches Gut«, Hornstraße 20, 09599 Freiberg, Tel. 037 31/339 78 (EZ 95 DM, DZ 135 DM)
- Hotel garni »Silberhof«, Silberhofstr. 1, 09599 Freiberg, Tel. 037 31/472 71 (EZ 75 DM, DZ 135 DM)
- Motel »Am Schachtweg«, Schachtweg 4, 09599 Freiberg, Tel. 037 31/239 84 (EZ 37 DM, DZ 74 DM)

PENSIONEN

- »Hubertushof«, Hubertusweg 2, 09599 Freiberg, Tel. 037 31/723 16 (EZ 60 DM, DZ 80 DM)
- »Seilerberg«, Käthe-Kollwitz-Str.22a, 09599 Freiberg, Tel. 037 31/718 54 (EZ 50 DM, DZ 50 bis 80 DM)
- Über die zentrale Zimmervermietung der Freiberg-Information werden Privatquartiere angeboten bzw. es kann ein Gastgeberverzeichnis angefordert werden.

GASTSTÄTTEN

Gutes Angebot vom Bistro bis zum Speiselokal, die Wahl sei dem Besucher vorbehalten.

FREIBERG – ERSTE FREIE BERGSTADT

1162 schenkte Markgraf Otto von Meißen dem Kloster Marienzell 800 Hufen frischgerodetes Land. Nach den Silberfunden des Jahres 1168 besann er sich jedoch sehr schnell wieder seiner regalen Rechte und löste die fündigen Gebiete des Schenkungslandes aus. Nach 1170 zogen niedersächsische Bergleute in großen Scharen ins Meißner Land, angelockt vom Ruf des »freien Berges«. Der Markgraf verfügte an jedermann das Recht, nach Erzen zu schürfen; er beanspruchte lediglich ein Funddrittel als Fronteil. Aus anfänglichen Eigenlehnergruben entwickelten sich rasch frühkapitalistische Produktionsformen.

Zwischen 1171 und 1175 legte Markgraf Otto eine Burg an, nebenher entstanden die Höfe der markgräflichen Ministerialien. Bereits um 1180 wurden auf dem Burglehen die Marien- und Nikolaikirche errichtet. Um die letztere entwikkelte sich eine befestigte Siedlung. Die älteste Bergbausiedlung befand sich in der Nähe des Donatsfriedhofes. In der Berggasse erinnert noch heute eine Gedenktafel an die erste Schurfstelle des Freiberger Revieres. Unter der Herrschaft von Markgraf Dietrich wurde die Siedlung um die Oberstadt mit dem Obermarkt und der Petrikirche erweitert. Die Gesamtstadt wird 1218 erstmals Fribersch genannt und hatte 5000 bis 6000 Einwohner.

In dieser Zeit entwickelte sich **Freiberg** zum Zentrum der Mark Meißen. Freibergs Ringmauern fanden 1233 erstmals urkundliche Erwähnung. Die Befestigung maß 2,7 km in der Länge und umschloß 46,4 ha Stadtgebiet. Schon 1224 verfügte Freiberg über das Hospital St. Johann, zu dem Mitte des 13. Jh. das Hospital St. Bartholomäus hinzukam. Das geförderte Silbererz schmolz man in der seit 1240 bestehenden landesherrlichen Münze aus. Freibergs Silber deckte den größten Teil des Bedarfes an Zahlungsmitteln in den europäischen Ländern und hatte maßgeblichen Anteil am Übergang von der Natural- zur Ware-Geld-Wirtschaft in Europa.

1255 erneuerte der Markgraf die »Rechte der Stadt und der Bergleute«. Zudem wurde die städtische Gerichtsbarkeit in Freiberg und den Bergwerken bestätigt. Zum Ende des 13. Jh. gerät die Stadt in den Machtkampf zwischen Königtum und Fürsten und wird vom deutschen König mit der Folge wechselnder Stadtherrschaft eingenommen.

Da sich die oberflächennahen Erze erschöpften, mußte der Bergbau in immer größere Tiefen vordringen und stand bald vor großen Problemen bei der Wasserhaltung. Das Anlegen der Stollen geschah von den Tälern aus und war mit hohenRisiken verbunden. Aus diesem Grund wurden die Stollengewerkschaften vom Kurfürsten von Fronteil und Nebenlehn befreit. Bemerkenswert ist die rasche Entwicklung eines Bergrechtes. Das »ius Freibergensis« wird 1233 in der Kulmer Handfeste des Deutschen Ritterordens erwähnt. Das ab 1307 geltende Bergrecht regelte komplizierte Rechtsvorgänge, etwa das Vermessen der Fundgruben.

So wurde Freiberg Ausgangspunkt des Erzbergbaus und Stütze des meißnisch-wettinischen Territorialstaates, außerdem erste deutsche freie Bergstadt und Oberhof des Bergrechts. Frühzeitig bildeten sich unter den Bergarbeitern Formen von Gewerkschaften heraus. Der »Büchsenpfennig«, eine Art frühkapitalistische Gewerkschaftskasse, unterstützte kranke, arme und alte Bergleute. 1453 streikten hier erstmals in einem deutschen Bergrevier Bergleute für besseren Lohn.

1505 erkor Herzog Heinrich die Stadt bis zu seiner Übersiedlung 1539 nach Dresden zur Residenzstadt. Heinrich der Fromme gestattete 1537 offiziell die Einführung der Reformation. Am 1. Januar predigte Jakob Schenk, Hofprediger Heinrichs und Schüler Luthers, im Dom erstmals evangelisch. Die finanzielle und wirtschaftliche Vormachtstellung verlor Freiberg im 15. Jh. an Leipzig. Nach Gründung der anderen obererzgebirgischen Bergstädte führte von dort übernommene Technik, etwa Wasserhebemaschinen (»Heinzenkünste«), nochmals zu einem größeren Aufblühen des Bergbaus. In der sächsischen Geschichte aber sollte die »Mutterstadt« des Silberbergbaus fortan nur eine untergeordnete Rolle spielen. Trotzdem begann 1500 die zweite Blüte des Freiberger Bergbaus. So wurden im Jahre 1524 1321 kg Silber, 1546 sogar 4826 kg Silber gewonnen.

Freibergs Geschichte ist aber auch von Niedergang und Krieg geprägt. Neben vier großen Bränden und verheerenden Pestepidemien nahm sie im Dreißigjährigen Krieg den größten Schaden. 1632 übergab Oberst Löser die schlecht auf eine Verteidigung vorbereitete Stadt Wallensteins Generälen. Freiberg mußte 30 000 Taler Kontribution zahlen und wurde ausgeplündert. 1639 kämpfte Freiberg wieder, diesmal gegen das 3100 Mann starke schwedische Heer. Mit Hilfe sächsischer Truppen konnte Freiberg dem zeitweise 20 000 Mann starken Schwedenheer trotzen. Drei Jahre später stand der Bergstadt wieder ein Angriff der Schweden bevor. Bei der Verteidigung leisteten die Berg- und Hüttenleute einen bedeutenden Beitrag, indem sie die Stadt über die untertägigen Grubenbaue mit Lebensmitteln versorgten und Verbindung zum sächsischen Hof hielten. Die Belagerer gaben nach 53 Tagen auf.

Freiberg und das Umland trugen grimmige Spuren von Tod und Verwüstung; es dauerte Jahrzehnte, die Kriegsfolgen zu beheben.

Als wissenschaftlich-geistiges Zentrum war Freiberg im gesamten Spätmittelalter präsent. 1500 erschien – noch vor Agricolas »De re metallica« – das »Nützlich Bergbüchlein« des Freiberger Stadtarztes und Bürgermeisters Ulrich Rülein von Calw, das erste zusammenfassende montanwissenschaftliche Werk in deutscher Sprache. Auch für die Künste war die Stadt von maßgeblicher Bedeutung. Neben Leipzig und Zwickau war Freiberg bedeutendes Zentrum spätgotischer Bildschnitzerei und Bildhauerei. Hier wirkten große Meister wie Franz *MAIDBURG*, Phillip *KOCH* und Hans *WITTEN*. Die Zunft der Goldschmiede und Zinngießer vermochte ihren guten Ruf bis in das 17. Jh. zu erhalten. Im Grünen Gewölbe zu Dresden findet sich der 1676 von dem Freiberger Samuel Klemm geschaffene Bergmannsschmuck des Kurfürsten Johann Georg II.

Das Schicksal Freibergs in den folgenden Jahrhunderten ähnelte dem anderer erzgebirgischer Bergstädte. Nach dem Dreißigjährigen Krieg konnte nicht mehr an frühere Bergbauerfolge angeknüpft werden.

Die Gründung der Bergakademie im Jahre 1765 war ein großes Glück für Freiberg. Für die Standortwahl der ersten Bergbauhochschule der Welt spielte die großartige Geschichte der Stadt sicherlich eine entscheidende Rolle. Die Leistungen der Hochschule in der Geologie, Mineralogie, Metallurgie und Chemie hatten Weltniveau. Im 18. und 19. Jh. studierten hier u.a. Heinrich Friedrich Karl *FREIHERR VOM STEIN*, Alexander von *HUMBOLDT* und Theodor *KÖRNER*. Ein bedeutender Lehrer war Wilhelm August Lampadius. Er entdeckte 1796 den Schwefelkohlenstoff und konstruierte 1815 im Amalgamierwerk Halsbrücke die erste Gasbeleuchtungsanlage des europäischen Festlands.

Im ausgehenden 19. Jh. wurden an der »Alma Mater Freibergensis« auf dem Gebiet der Chemie weitere bahnbrechende Leistungen erzielt. 1875 schuf Clemens *WINKLER* das erste brauchbare Kontaktverfahren für die Herstellung von Schwefelsäure. Schwefelsäure ist in der chemischen Industrie der wichtigste Rohstoff – ihr Produktionsvolumen gilt bis heute als Wirtschaftsbarometer. 1886 machte der Eisenhüttenkundeprofessor Winkler mit der Entdeckung des Elementes Germanium international Schlagzeilen. Winklers Entdeckung fundierte das von Mendelejew entwickelte Periodensystem der Elemente. 1894 ließ es sich der große russische Chemiker nicht nehmen, Winkler in der Akademie zu besuchen. 31 Jahre früher (1863) gelang es Ferdinand Reich und Theodor Richter in Freiberg, das chemische Element Indium herzustellen. An der Erkundung von Bodenschätzen in aller Welt – im Zuge der Kolonialisierung – können Freiberger Wissenschaftler großen Anteil für sich beanspruchen. Erzlagerstätten des Balkans und Mittelasiens prospektierte man mit der gleichen Routine, mit der man Afrikas Mineralien analysierte.

Der Donatsturm

Von 1806 bis 1813 stand Freiberg unter französischer Herrschaft. Die Stadt verschuldete sich mit den horrenden Ausgaben für die stationierten Truppen. Bis 1814 zogen 700 000 Mann durch die Bergstadt. Selbst Napoleon ließ sich sehen.

In die Mitte des 19. Jh. fällt der Bau des Rothschönberger Stollens, einer überragenden technischen Meisterleistung zur Entwässerung des Freiberger Bergbaureviers. Sein Mundloch befindet sich im Tribischtal oberhalb von Meißen. Der Stollenbau begann 1844; am 12. April 1877 konnte die Fertigstellung gefeiert werden. Der Hauptstollen hat eine Länge von 14 km, mit Seitenflügeln im Inneren des Freiberger Reviers 35 km. Die Gesamtherstellungskosten beliefen sich auf 11 301 700 Mark! Die Saigerteufe, die der Stollen unter dem früheren tiefsten Wasserabführungsstollen einbringt, beträgt durchschnittlich 125 m.

Sicherlich ist es auch ein Verdienst der Freiberger Bergwissenschaftler, daß der Bergbau durch fortwährenden Technikeinsatz bis 1913 weitergeführt werden konnte. Danach verhüttete man im benachbarten Muldenhütten nur noch Erze fremder Lagerstätten. Von 1945 bis 1969 nutzte die rohstoffarme DDR das Freiberger Revier; Muldenhütten spielte als Hüttenort auch danach eine wichtige Rolle. Allerdings war die Luftverschmutzung durch verschiedene Schwermetalle so hoch, daß die landwirtschaftlichen Erzeugnisse der Freiberger Gegend als ungenießbar galten.

Neben dem Bergbau bildeten sich lederverarbeitende Betriebe, leonische Produktionsstätten und das Gießereiwesen zu einem festen Bestandteil der Freiberger Industrie heraus. Um 1876 zählte die Stadt bereits 20 680 Einwohner. 1873 wurde die Goldwährung eingeführt, der Silberpreis verfiel – ein harter

Schlag für den Bergbau. Internationale Beachtung erlangte der Schornsteinbau zu Halsbrücke. 1889 wurde zur Reduzierung der von den Hütten verursachten Umweltschäden eine 140 m hohe Esse – damals der höchste Schornstein der Welt – gebaut. 1913 fuhr die vorläufig letzte Schicht im Freiberger Revier ein. Doch schon 1935 erschloß man die Grube Beihilfe bei Halsbrücke neu und beutete sie für die Rüstungsindustrie des faschistischen Deutschlands aus. Gleiches geschah mit der Grube Himmelfahrt ab 1944.

Parallel zu Bergbau und Metallurgie entwickelte sich im 19. Jh. in Freiberg eine kleine, aber leistungsstarke und vielfältige Industrie. Es wurden u.a. Präzisionswerkzeuge, Bestecke und Porzellan hergestellt. Während der bürgerlichen Revolution 1848/49 war die Stadt wichtiger sächsischer Etappenort. Das Dresdener Königshaus kam mächtig in Bedrängnis, als man für die bürgerlichen Rechte auf die Barrikaden ging. Der Architekt Gottfried Semper kämpfte mit dem Komponisten Richard Wagner und dem Freiberger Kreisamtmann Otto Leonhard Heubner für ein demokratisches Sachsen. Der Dresdener Aufstand wurde niedergeschlagen, 2000 Aufständische flohen nach Freiberg. Richard Wagner hatte das Glück, trotz Steckbriefes in einem Postwagen unerkannt in die Schweiz entkommen zu können. Heubner dagegen geriet mit seinem Kameraden Michail Bakunin, einem Vordenker des Anarchismus, in den Hinterhalt der Königstreuen. Das Todesurteil gegen beide wurde später revidiert.

Im 2. Weltkrieg wurde Freiberg durch die Königlich Englische Luftwaffe bombardiert, die Schäden hielten sich jedoch in Grenzen. Glücklicherweise mußte die Altstadt nicht das Schicksal von Dresden oder Chemnitz teilen. 1945 wurde im Hospital St. Johannis eine sowjetische Kommandantur errichtet, und die Entwicklung nahm ihren sozialistischen Lauf. Im Brander Gebiet übernahm die SDAG Wismut den Bergbau, der 1968 – wohl endgültig – eingestellt wurde. Die Bergakademie entwickelte sich zur bedeutendsten montanwissenschaftlichen Hochschule der DDR. Die Leistungen der Bergakademie erreichten in einigen Gebieten das frühere internationale Niveau. So machten sich die Professoren Karl Kegel und Erich Rammler einen Namen mit Braunkohlen-Brikettierverfahren und bei der Erfindung des Braunkohlen-Hochtemperaturkokses. Die leistungsfähige Freiberger Industrie trug mit ihren hochwertigen Produkten zur Beschaffung der knappen Devisen bei. Hier tat sich vor allem die Firma »Freiberger Präzisionsmechanik« hervor. Schon zweihundert Jahre lang exportierte diese Spezialfirma Kompasse und Sextanten in alle Welt. Den »Freiberger Kompaß«, einen Spezialkompaß für Geologen und Bergvermesser, erfand man hier, und noch heute ist sein Name weltweit gebräuchlich.

1986 wurde Freiberg 800 Jahre alt. In die verfallene Stadt zog Farbe ein. Umfangreiche Renovierungsarbeiten haben den Obermarkt und die angrenzenden Straßenzüge wieder ansehnlich gemacht; sie gaben der Stadt etwas von ihrem einstigen Glanz zurück. Die Freiberger belebten eine alteTradition: Zum Stadtjubiläum gab es nach langer Pause wieder die historische Berg- und

Hüttenparade. Seither ist sie fester Bestandteil des kulturellen Lebens und zieht jährlich tausende Schaulustige an. Aber auch das 86er Jubelfest konnte die sozialistische Stadtära nicht wesentlich verlängern. In der Gaststätte »Ofenblase« trafen sich regelmäßig die »Ausreisewilligen« der Stadt zum Erfahrungsaustausch. In dem gemütlichen Lokal war damals schwer Platz zu bekommen.

Wir können hier nur einen kleinen Teil der großartigen Stadtgeschichte beleuchten. In Freiberg haben Sie noch die Gelegenheit, ungeschönt die Geschichte einer berühmten Stadt zu erleben Vielleicht bleibt nach der großen Sanierungswelle nur deutsches Gepflegtsein à la Goslar übrig – ohne der schönen Harzstadt unrecht tun zu wollen.

Lehrgrube der Bergakademie

In Freiberg kann der Besucher seinen Interessen vielseitiger nachgehen als in den anderen erzgebirgischen Bergstädten. Ein Einkaufs- oder Kneipenbummel, ein traumhaftes Orgelkonzert im Dom, Besuche in den Museen oder Bergwerken, Kino und Theater – die sächsische Silberstadt erwartet Sie!

Unseren Stadtgang beginnen wir an den altehrwürdigen Gruben.

Zu den Bergwerksanlagen

Von der Dresdner oder Chemnitzer Straße kommend, olgen wir den Wegweisern zum Lehr- und Besucherbergwerk »Himmelfahrt Fundgrube«, um Bergmannsluft zu schnuppern. Am Schacht »Alte Elisabeth« sind ausreichend Parkmöglichkeiten vorhanden. Von der Bergwerksanlage hat man einen weiten Blick über Freiberg und die umgebende Bergbaulandschaft. Die »Alte Elisabeth« ist Ausgangspunkt für Führungen durch die übertägigen Bergwerksanlagen des 19. Jh. Von Mai bis Sept. werden einstündige bergbaukundliche Führungen angeboten (Beginn: werktags 13 Uhr, an Samstagen 10 und 14 Uhr, an Sonntagen 11 Uhr).

Die Existenz der Fundgrube »Alte Elisabeth« ist seit etwa 1500 bekannt. Im ältesten Bergbelehnungsbuch des Bergamtes Freiberg für die Jahre 1511-1520 heißt es: »Anno 1500 im 11. Jahre hab ich Donat Seyffner bergmeister v'lyhen Urban Fleischer dy neste mass nach Sand Elßbetten aufn Kypersberge den gewerken yn Sand Elysabetten...« Die Gewerke der »Sanct Elisabeth Fundgrube« erwarben also 1511 die angrenzende Grubenfelder. Um 1670 wurde sie mit

Betstube Alte Elisabeth

der Grube »Heylige Dreifaltigkeit« vereinigt. Die Gewerke bildeten eine Gesellschaft, in deren Rahmen die Bergwerksanlagen nun »Alte Elisabeth Fundgrube« genannt wurden. 1761 wurde die Grube ein Beilehnen der Fundgrube »Himmelfahrt samt Abraham«. Es war eine Zeit großer Investitionen, zu deren Zeugnissen die noch heute erhaltenen Tagesanlagen der »Alten Elisabeth« zählen. Die Anlagen stammen im wesentlichen aus dem 19. Jh. Die originalen Inneneinrichtungen sind auf der Hängebank, im Fördermaschinenhaus und in der Betstube zu sehen.

Wem es übertägig nicht abenteuerlich genug zugeht, der sollte sich dem eigentlichen Lehr- und Besucherbergwerk Schacht »Reiche Zeche« zuwenden. Die Zeche, weithin sichtbar durch ihren Förderturm, erreicht man mit dem Auto in wenigen Minuten. Untertageführungen im Silberbergwerk für Personen über 14 Jahre (Dauer ca. 2 Stunden) werden ganzjährig werktags 9.30 Uhr, Mai bis August auch samstags angeboten. In den übrigen Monaten gibt es Führungen an jedem ersten Sonnabend 7.30-8 Uhr und 10.30-11 Uhr. Die Lehrgrube bietet umfangreiche Sonderprogramme für angemeldete Gruppen ab 10 Personen. Nähere Auskünfte gibt die Freiberg-Information. Der Besuch des Bergwerkes ist eine zünftige Angelegenheit, die nicht in Absatzschuhen und Sonntagsmantel absolviert werden kann.

Selbstredend hat sich auch hier in den Zechen der Berggeist gezeigt. Auf dem Donat Spath im Bereich der Elisabeth-Fundgrube zu Freiberg wurde vor vielen

Jahren in der Nähe eines alten Schachtes der Name Hans in einen Stein gehauen, wohl, um das Andenken an einen Verunglückten zu bewahren. Man erzählt folgende Sage:

Vor Zeiten arbeitete auf dem Donat ein Bergknecht namens Hans. Dieser war so arm, daß er hätte manchmal verzweifeln können. Oftmals weinte er vor Kummer stundenlang in der Grube. Als er sich eines Tages gar keinen Rat mehr wußte, brach er in lautes Klagen aus. Da zerteilte sich der Felsen, und ein kleines Männchen trat hervor - der Berggeist. Dieser sagte: »Armer Hans, ich will dir helfen. Aber du mußt mir dafür jede Schicht ein Pfennigbrot und ein Pfennniglicht geben und ewiges Schweigen geloben.« Hans, der sich bald von seinem Schrecken erholt hatte, versprach alles mit Freuden. Daraufhin verschwand der Berggeist und ließ eine Menge Silber zurück. Nun war Hans ein gemachter Mann, der schon ein paar Groschen ausgeben konnte. Niemand konnte jedoch begreifen, woher er das viele Geld hatte, und Hans nahm sich wohl in acht, davon zu plaudern. Aber dann gab es das Stollenbier. Auch Hans sprach dem Glase wacker zu. Bald war er berauscht und konnte in der Lust des Herzens das Geheimnis nicht länger verschweigen. Als aber am nächsten Tag sein Taumel verflogen war und die Freunde ihm erzählten, was er geplaudert habe, erschrak er gewaltig. Mit Zittern und Zagen fuhr er an. In der Grube war seine Aufgabe, den Knechten, die am Haspel standen, die erforderlichen Zeichen zu geben. Lange warteten sie an diesem Tag vergeblich. Auch als sie ihn riefen, antwortete er nicht. Da zuckte es plötzlich rasch am Seil, und ein helles Licht erglänzte in der Teufe. Die Haspelknechte wußten nicht, was dies zu bedeuten hatte. In banger Erwartung drehten sie eilig den Rundbaum. Bald war der Kübel zutage gefördert. Rings auf dem Rand desselben brannten Pfenniglichte. Drinnen aber lag Hans tot, mit blauem Gesicht, wie ein Erdrosselter. Der Berggeist hatte ihn umgebracht.

Vom Donatsturm zum Obermarkt

Unsere Schicht unter Tage ist beendet – laßt uns in die alte Bergstadt ziehen! Wir fahren den Weg von den Zechen geradewegs zurück. Links erblicken wir den alten Donats-Friedhof, er wurde von Ulrich Rülein von Calw als Pestfriedhof außerhalb der Stadtmauern angelegt.

Nahe dem Friedhofseingang, an der Jakobikirche, befindet sich eine Parkmöglichkeit, von der aus sich die Stadt günstig zu Fuß erschließen läßt. Man überquert den Donatsring und steht am **Donatstor**, einem imposanten Teil der Stadtbefestigung. Hier, im Bereich der Donatsgasse und Pfarrgasse, soll das erste Silber gefunden worden sein. Die Jahreszahlen der alten Hausportale zeigen, wie weit man die Stadtgeschichte zurückverfolgen kann. Schlendert man die Donatsgasse entlang, so stößt man am Ende auf die Gaststätte »Bräustübel«. Diese auch nach ihrer Renovierung gemütliche Kneipe bietet Sommergästen einen zünftigen Biergarten. Apropos Gastronomie – das bürgerliche Vorkriegs-

Obermarkt

Freiberg stand in puncto Wirtshausleben ganz oben. Im Gegensatz zur Bezirksmetropole Karl-Marx-Stadt konnte Freiberg diesen Ruf bis in die 80er Jahre halten. Das gilt auch heute noch – nur die Preise sind meist alles andere als provinziell.

Biegt man über die Wasserturmstraße in die Aschgasse ein, so gelangt man zum **Stadttheater**, das seit 1993, nach langjährigen Rekonstruktionsarbeiten, wieder geöffnet hat. Am 24. November 1800 wurde hier die Oper »Das stumme Waldmädchen« von Carl Maria von *WEBER* uraufgeführt – allerdings ohne großen Erfolg.

Die **Nikolaikirche** besteht seit 1225, damals eine von fünf Pfarrkirchen des jungen Freiberg. Noch vor wenigen Jahren schien dem alten Bauwerk der Verfall ein Ende bereiten zu wollen – eine engagierte und wachsame Denkmalspflege verhinderte dies. Die Nikolaikirche steht stolz und noch ein wenig unfertig am schönen Stadttheater. Schlendert man weiter durch die Weingasse, so stößt man auf Freibergs Promeniermeile, die **Erbische Straße**, mit netten Geschäften, Restaurants und Cafés.

Weiter geht es zum **Obermarkt**. Versperrt nicht buntes Markttreiben die Sicht, so steht der Stadtgründer, Otto der Reiche, direkt vor uns. Die Brunnenfigur, umgeben von vier kräftigen Löwen, errichteten die Freiberger zu Beginn dieses Jahrhunderts. Anno dazumal mußten sich die neuen Semester bei den Kommilitonen Respekt verschaffen – mit dem traditionellen Löwenreiten. Die Studenten schwangen sich auf die bronzenen Rücken, meist im Bierrausch, und grölten und sangen, bis es den hohen Herrn im nahen Rathaus zu viel wurde und sie Strafzettel an die Ruhestörer verteilten. Auch heute soll man hin und wieder Studenten auf den Löwen reiten sehen. Ob die Freiberger Polizei die Banausen mit einem Strafmandat zu beehren vermag, ist unbekannt – die Beamten haben sicher andere Sorgen.

Die Freiberger Bürger sind grölende Semester gewohnt. In der Trinkhochburg der Studiosi, »Schwemme Winklerstraße«, stand man bereits um 17 Uhr an und erwartete das Anzapfen der Fässer. Heute wirkt das Domizil um diese Zeit ziemlich verwaist. Aber kommen wir zurück zur renommierten Stadtgeschichte. Am Markt erwartet uns wieder eine mittelalterliche Begebenheit. Hier hat Kunz von Kauffungen sein unrühmliches Ende gefunden - seinen Untaten waren wir bereits im Schneeberger Raum begegnet. Unter den Augen der Freiberger Bürger wurde er am 14. Juli 1455 enthauptet. Das Ereignis soll ein wahres Volksfest gewesen sein - einen echten Ritter hat man in Freiberg nicht alle Tage sterben sehen. Sein Kopf blickt heute steinern vom Erker des Rathauses geradewegs auf den Köpfstein. Manche Studiosi behaupten, es bringe Glück, am Abend vor den Examina auf den schwarzen Stein zu spucken.

Die meisten der spätgotischen Häuser am Obermarkt mit Satteldächern und Rundportalen sind in der ersten Hälfte des 16. Jh. entstanden. Die Ausnahme bildet das Haus Nr. 4, das ehemalige Handelshaus, das dem Barock zugeordnet werden kann. Interessant ist auch das Haus Nr. 17. Es ist über 30 m hoch und überragt mit seinem Satteldach viele Häuser der Stadt. Vis-à-vis vom Rathaus steht die **Petrikirche**, die ursprünglich direkt am Markt erbaut war. Sie wird erstmals 1225 erwähnt und besteht in ihrer heutigen Gestalt seit 1734. Nach dem Stadtbrand von 1448 wurde ihr eine ganze Häuserzeile vorgebaut, was dem Bild des Marktes sicher zugute kam; die Kirche überragte ohnehin die ganze Innenstadt. Um die Petrikirche herum haben nun auch die Rekonstruktionsarbeiten begonnen, und manches alte Haus leuchtet in frischen Farben.

Der Obermarkt ist der geeignete Ausgangspunkt für bequeme Einkaufsbummel durch die beiden schönen Fußgängerzonen, die Erbische Straße und die Petersstraße. Wem der Sinn nicht nach Konsum steht, wird mit den historischen Gebäuden und ihren vielen bergbaulichen Details zufrieden sein. Die Konditorei Hartmann bietet eine berühmte Spezialität – den »Bauerhasen«. Diese Kreation aus Hefeteig, gespickt mit Rosinen und gewürzt mit Kardamom, Zimt und Mandeln, hat ihren Ursprung im Mittelalter. Das Leckermaul Markgraf Friedrich mit der gebissenen Wange (1257-1323) konnte in der Fastenzeit nicht ohne Hasenbraten auskommen. Ein Burgkoch namens Bauer erfand zur großen Freude seines Landesherren des Teighasen. Die »älteste Bauerhasenbäckerei« hat heute noch diesen Renner im Angebot.

Von Schloß Freudenstein zum Untermarkt

Als zweiten Ausgangspunkt für einen Stadtrundgang bietet sich die Parkmöglichkeit am Schloßplatz nahe Schloß Freudenstein an. Er ist direkt von der Chemnitzer Straße über die Wallstraße, die Leipziger Straße und von Halsbrücke kommend über den Meißnerring erreichbar.

Der Name Freudenstein scheint für das derbe Schloß nicht zu passen. Errichtet wurde es von 1566 bis 1577 auf dem Baugrund einer zuvor abgerissenen Burg aus dem 12. Jh. Das heutige Aussehen erhielt **Schloß Freudenstein** zwischen 1784 und 1805, als es in ein Militärmagazin umgewandelt wurde. Tatsächlich ähnelt das Schloß seither mehr einem riesigen Speicher als einer Residenz.

Wendet man sich vom Schloßplatz aus der nüchternen Rückseite des Schlosses zu, entdeckt man das Denkmal von Gottlob Abraham *WERNER*, dem Vater der modernen Geologie, sowie das Restaurant »Schloßkeller« (täglich ab 11 Uhr geöffnet). Die Gaststätte befindet sich im tiefen Schloßgewölbe und ist einen Besuch wert. Vor der Eröffnung hatte man die Schloßwand um den Eingangsbereich geweißt, was dem Restaurant zu dem Spitznamen »der weiße Fleck« verhalf. Freudenstein beherbergt einen sympathischen Jugendclub, was den Namen dann doch ein wenig rechtfertigt.

Den Rundgang kann man von der Burgstraße (Fußgängerzone) aus beginnen. Wen die Ursprünge der **Bergakademie** interessieren, sollte rechts in die Prüfergasse einbiegen. Hier zeigt sich Freibergs allgegenwärtiges Problem, der Verfall historischer Bausubstanz. Von der Prüfergasse gelangen Sie in die Nonnengasse. Links sehen Sie das Akademiegebäude. Die »Churfürstl. Sächs. Bergakademie zu Freiberg« wurde 1765 gegründet und nahm Pfingsten 1766 im Gebäude der Akademiestraße 6 den Lehrbetrieb auf. Heute befindet sich hier das Rektorat der Hochschule.

Überquert man am Ende der Akademiestraße die Fußgängerzone und biegt in die Thielestraße ein, steht man wieder vor bröckeliger Substanz. Stoßen Sie eines der alten Haustore auf, so werden Sie hinter den mürben Fassaden manch interessantes Kleinod erblicken. Eine Ahnung von alter Schönheit wird wach. In der Thielestraße befindet sich die »Geologenschänke«, die besonders bei Studenten beliebt ist. Allerdings sind die Öffnungszeiten etwas eigenwillig (Mo-So 11-14 Uhr und Di-Fr 17-23 Uhr).

Halten Sie sich nun links und durchqueren die Domgasse, erblicken Sie bald den Stolz der alten Stadt: den Freiberger Dom. Zuvor kann man einen Abstecher in die Kirchgasse machen. Hier befindet sich das historische Gebäude des Oberbergamtes, in dem das Bergarchiv untergebracht ist.

Der **Dom** ist das berühmteste und bedeutendste Bauwerk Freibergs. Als Pfarrkirche des Burglehens und der Freiberger Burg wurde hier im Auftrag des Markgrafen Otto von Meißen 1180 die Marienkirche errichtet. 1480, Freiberg war zur reichsten Stadt der Mark Meißen aufgerückt, wurde die Marienkirche zum Dom geweiht. Nach dem großen Stadtbrand des Jahres 1484 errichtete der Baumeister Johann Falkenwald im Auftrag des 1480 gegründeten Kollegiat-

Die Goldene Pforte

kapitels an Stelle der spätromanischen Basilika eine Hallenkirche. Nach dem Brand waren von der Basilika der Chorraum, die Goldene Pforte, die Kreuzigungsgruppe sowie die Pieta erhalten geblieben und wurden in den Neubau integriert. Für die Ausstattung des Domes mit Altären und Bildwerken wurden nicht nur Freiberger Künstler herangezogen; den Auftrag für eine Festtagskanzel erhielt etwa der bedeutende Chemnitzer Bildhauer Hans *WITTEN*. Seine **Tulpenkanzel** ist eine aus dem Kirchenboden aufwachsende Blume mit marianischer

Symbolik, zu der Elemente der Legende um den Bergbauheiligen Daniel hinzutreten.

Über die in ihrer Gestalt einzigartige Kanzel werden verschiedene Sagen und Geschichten erzählt. Sowohl der Meister als auch der Geselle sollen eine Kanzel entworfen und gebaut haben. Nachdem sich das Werk des Gesellen als das gelungenere erwies, wurde er vom Meister kurzerhand erschlagen. Diese Sage sollte wohl begründen, weshalb kaum von der Kanzel gepredigt wurde. Sie ist ein ausgesprochen filigranes Kunstwerk aus durchbrochenem Stein, dem jeder Rückhalt fehlt; vielleicht ist sie deshalb für Predigten nicht geeignet. 1538 hat Nikolaus *HUSMANN*, ein Freund Martin Luthers, auf der Kanzel der Schlag getroffen. Danach soll kein Geistlicher mehr dieTulpenkanzel bestiegen haben. Der Dom verfügt allerdings noch über eine zweite Kanzel, so daß es mit den Predigten keine Schwierigkeiten gab.

Herzog Heinrich (in Freiberg 1505-1539) suchte den Dom regelmäßig als »Hofkirche« auf. Der Fürst hatte 1539 im Land der albertinischen Linie der Wettiner die Reformation eingeführt und wollte im Dom zu Freiberg begraben werden. Heinrich der Fromme brach damit die hundertjährige Tradition seiner Vorfahren, im Dom zu Meißen beerdigt zu werden. In der Folge wurde der Chorraum des Domes abgetrennt und als Grablege für das Haus Wettin bestimmt. Mit dem Übertritt August des Starken zum katholischen Glauben – als Preis für die polnische Königskrone – wurde die Dresdener Hofkirche zur Grabstätte der Wettiner.

Zum Freiberger Dom müßte man eine größere Abhandlung schreiben, aber es ist sicher interessanter, sich alles vor Ort anzuschauen und die historischen Schätze durch eine Führung kennenzulernen. Domführungen finden von November bis April täglich 11, 14 und 15 Uhr statt. Von Mai bis Oktober werden Montag bis Samstag Führungen 10, 11, 14, 15 und 16 Uhr angeboten sowie an Sonntagen 11, 14, 15 und 16 Uhr.

Gottfried Silbermann

Berühmt ist der Dom vor allem durch seine große **Silbermann-Orgel**. Gottfried *SILBERMANN* war der Meister seines Faches im Zeitalter Bachs. Er wurde am 14. Januar 1683 in Kleinbobritzsch bei Frauenstein als letzter Sprößling einer Zimmermannsfamilie geboren. Daß er aus der »ansonsten doch so anständigen Familie« herausragt, läßt sich aus der Beurteilung seines Lehrers in Kleinbobritzsch ableiten, er würde auf die Zukunft des Jungen keinen Pfifferling geben. Der Vater hat große Schwierigkeiten, den unruhigen, unsteten Kerl einer geregelten Ausbildung zuzuführen. Nachdem die Versuche des Vaters, Gottfried in der eigenen Werkstatt auszubilden, gescheitert waren, nahm er ihn mit auf Reisen - unter anderem zu Vetter Jobst, der in Seiffen eine Spielzeugwerkstatt betrieb und die Lehre des jungen Silbermann übernehmen sollte. Schon am nächsten Tag quittierte Gottfried die Anfeindungen des Vetters, indem er bei

Nacht und Nebel Seiffen verließ, um einige Tage später wieder an die väterliche Tür zu klopfen.

Eine Lehre bei Buchbinder Fröbel in Frauenstein endete mit drei Tagen Arrest wegen groben Unfugs. Nach der Flucht aus der Dachkammer des Gemeindedieners besuchte der renitente Friedl Vetter Müller in Böhmisch-Einsiedel. Mit dessen Unterstützung begannen die Wanderjahre Silbermanns, die ihn durch ganz Deutschland führten. Bei seinem Bruder Andreas, der in Straßburg zu einem geachteten Orgelbauer geworden war, verwandelte sich Gottfried plötzlich ein einen arbeitsamen und produktiven Menschen. Er hatte sein Metier gefunden. Silbermann hat über 100 Orgeln gebaut. Die letzte, der Höhepunkt seiner Orgelbauwerke in der Hofkirche in Dresden, für die er 20 000 Taler veranschlagt bekam, hat er nicht mehr gehört. Silbermann verstarb beim Stimmen der Orgelpfeifen am 4. August 1753.

Die Domorgel baute Silbermann in den Jahren 1711-14 in seiner Freiberger Werkstatt. Von Mai bis Okt. kann man jeden Donnerstag um 14 und um 20 Uhr bei einem Orgelkonzert dem Klang des herrlichen Instrumentes lauschen. Sonntags und an kirchlichen Feiertagen (auch Nov. bis Apr.) wird die Orgel um 11 Uhr gespielt. Für Gruppenanmeldungen/Kartenbestellungen wende man sich an den Ev.-luth. Dom St. Marien, 09599 Freiberg, Untermarkt 1 (Tel. 037 31/225 98).

Wo es einen Obermarkt gibt, kann der Untermarkt nicht weit sein – der Dom führt bereits diese Adresse. Der **Untermarkt**, einst wild gewachsen, wird der Altstadt zugeordnet, wobei die Neustadt (mit dem Obermarkt) gerade 50 bis 70 Jahre später, dafür aber planvoll angelegt entstand. Die meisten der ihn umstehenden Bürgerhäuser sind eher schlicht, auffällig ist jedoch die Marktseite mit Dom und Domherrenhaus, das Ende des 15. Jh. im spätgotischen Stil errichtet wurde und heute das Stadt- und Bergbaumuseum beherbergt (geöffnet 9-17 Uhr, Einlaß bis 16 Uhr; Mo geschlossen). Auch der Untermarkt fungiert als Parkmöglichkeit, was der Ästhetik schadet, aber für Besucher der Innenstadt bequem ist. Da die Stadt gut zu Fuß zu erkunden ist und der Autoverkehr in den engen Gassen und Straßen die Anwohner belastet, sollten Autos außerhalb des Stadtkerns geparkt werden.

Wer nach so viel Kultur Hunger und Durst verspürt, überquere den Markt in Richtung Meißner Gasse. In diesem Gäßchen wird man wieder verblüfft die Jahreszahlen an den Hausportalen lesen. Noch vor kurzem hätte man glauben mögen, daß es hier keine Zukunft gibt, so elend war der allgemeine bauliche Zustand. Aber die **Meißner Gasse** hat sich schnell erholt. Mehrere Restaurants wurden eröffnet. Die Küche ist international; es gibt eine Pizzeria und ein chinesisches Lokal, und in der gelungen ausgebauten Gerberpassage neben kleineren Geschäften und einem Supermarkt auch eine griechische Gaststätte. Wem der Sinn nach erzgebirgischer Volkskunst steht, findet in einem kleinen Laden ein gutes Angebot.

Untermarkt

Gestärkt können Sie nun der **Mineralogischen Sammlung** der Bergakademie Freiberg einen Besuch abstatten. Sie befindet sich im Gottlob-Abraham-Werner-Bau, einem Lehrgebäude der Hochschule. Gottlob Abraham Werner wurde 1775 an den Lehrstuhl der Mineralogie berufen und begründete hier die Geologie als selbständige Wissenschaft. Alexander von Humboldt und Georg Forster haben bei Werner gelernt, und Novalis schrieb: »*Alle Bergleute verehrten ihren Vater in ihm.*« Die mineralogische Lehrsammlung der Bergakademie Freiberg erlangte internationale Berühmtheit. Sie gilt als eine der größten und schönsten Europas. Neben der hervorragenden mineralogischen Sammlung ist eine petrologische und lagerstättenkundliche Sammlung zu sehen. (April-September Mi und Do 8-11 und 14-16 Uhr, Fr 8-11 Uhr; Oktober-März an den Vormittagen von 10-12 Uhr). Der Wernerbau befindet sich in der Brennhausgasse und ist vom Untermarkt in einer Minute durch die Geschwister-Scholl-Straße zu erreichen.

Von Freiberg ins Zuger Bergbaugebiet

Wer einen kleinen Abstecher in die nähere Umgebung machen will, dem sei das Zuger Bergbaurevier empfohlen. Wir fahren von Freiberg aus in Richtung Brand-Erbisdorf. Wer wandern möchte – die gesündere und erlebnisreichere Variante –, beginnt am Freiberger Bahnhof. Für den Wanderer lohnt sich die Anschaffung des Freiberger Wanderheftes Nr. 2 (in der Freiberg-Information oder an der Alten Elisabeth). Das Heftchen gibt einen guten Überblick über die günstigsten Wegstrecken und die Sehenswürdigkeiten.

Die drei riesigen Holzkreuze sieht man bald, nachdem man das Wohngebiet Seilerberg passiert hat. In den Chroniken werden die ominösen Kreuze bereits um 1500 erwähnt und hängen wohl mit dem umfangreichen Bergbau südlich von Freiberg zusammen. Als Zeichen des Kalvarienberges symbolisieren sie die Allgegenwart des Erlösers - Gottes Schutz und Segen für den Bergbau. 1740/43 wurden die stark beschädigten Kreuze durch den Zimmermeister Johann Gottlieb Ohndorff instandgesetzt. Das Oberbergamt wandte sich 1740 mit der Befürchtung an den Stadtrat von Freiberg, die Lage der drei Kreuze könne in Vergessenheit geraten, es könne *»viele unentbehrliche Nachricht zum größten Nachteil des Bergbaus und gemeiner Stadt in Ungewißheit gesetzt werden«.*

An der Gaststätte »Zum letzten Dreier« kann man parken und sich im Restaurant stärken. Von hier aus lassen sich schöne Spaziergänge von beliebiger Länge unternehmen. Auf dem Weg kann man den Daniel Zug oder Alt Rosenkranz Zug, anschließend den Hohe Birker Zug und Kröner Zug überqueren und zahlreiche bergbaukundliche Denkmäler entdecken. Hingewiesen sei auf den »Hohbirker Kunstgraben«, der 1589/90 angelegt wurde. Er ist Teil eines ausgeklügelt angelegten Wassersystems, bestehend aus Teichen, Kunstgräben und Röschen. Dieses System sollte unter Ausnutzung des geringsten Gefälles Wasser für Gruben, Wäschen und Schmelzhütten heranführen. Wasser für die Gruben? Als hätten die davon nicht genug gehabt! Aber genau das ist der springende Punkt. Die Entwässerung gehörte zu den größten Problemen des Bergbaus. So wurde Wasser über die Kunstgräben zum Antrieb großer Wasserräder, also zur Entwässerungsarbeit in die Gruben geleitet. In trockenen Jahren, heißt es, seien die Bergwerke abgesoffen. Das Grabensystem ist 70 km lang und mit hölzernen Abdeckungen versehen, um Verschmutzung zu vermeiden; das Fassungsvermögen der Teiche beträgt 5 Mio. cbm.

Rund um Freiberg gibt es noch ungleich mehr entdeckenswerte Orte. Vielleicht begeben Sie sich selbst einmal auf Abenteuertour. Abschrecken lassen sollten Sie sich nicht von manch verfallenem Gemäuer und mach verwildertem Gelände. Hinter dem Grau verbirgt sich oft eine jahrhundertealte Geschichte und viele erstaunliche Begebenheiten wird der erfahren, der sich einzulassen vermag auf diesen eigentümlichen Landstrich. Die an vielen Feriendomizilen der Welt übel vermerkte Unfähigkeit moderner Touristen, sich den dortigen Sitten und Gepflogenheiten zuzuwenden, versperrt die Ankunft in der Fremde.

Die westliche Demokratie ist eine Repräsentationsgesellschaft. Kein Sein ohne Schein. Und irgendwann haben wir uns einfach daran gewöhnt, das Unbekannte nach seinem Schein zu taxieren, gemessen an den Mustern, mit denen wir unseren Alltag regeln. Wer wirklich sehen will, muß seine Sicht vergessen.

IV LITERATUR – BILDNACHWEIS

Agricola, Georg (1556): De re metallica libri XII (Zwölf Bücher vom Berg- und Hüttenwesen). Reprint 1977. dtv München

Arnold, Johannes (1979): Erzgebirge – Krusné hory. Greifenverlag Rudolstadt

Autorenkollektiv (1981): Historische Führer – Bezirke Leipzig und Karl-Marx-Stadt. Urania-Verlag Leipzig

Berlet, Bruno (1913): Wegweiser durch das Erzgebirge. Grasers Verlag Annaberg

Blechschmidt, Manfred/**Walther**, Klaus (1980): Böhmische Spaziergänge. VEB F.A.Brockhaus Verlag Leipzig

Chevallier, Gabriel (1934): Clochemerle. Presses Universitaire de France Paris

Fellmann, Walter (1992): Sachsens letzter König Friedrich August III. Koehler & Amelang Berlin Leipzig

Fischer, Kurt (1985): Sächische Volkssagen – Sagen aus dem Kreis Annaberg. Kulturbund der DDR Karl-Marx-Stadt

Köhler, Friedrich (1938): Vom silbernen Erzgebirge, Kreis Annaberg. Glückauf-Verlag, Schwarzenberg

Lang, Gerhard (1993): Rittersgrün im Wandel der Zeit. Geiger Verlag Horb am Neckar

Lehmann, Christian (1679): Chronicon Scheibenbergense. Reprint 1992. Hg. Lutz Mahnke, Scheibenberg

Meyers Reiseführer (1921): Erzgebirge. Bibliographisches Institut Leipzig und Wien

Müller, Frank u.a. (1990): Seilfahrt. Doris Bode Verlag Haltern

Pfannstiel, Margot (1980): Die Tulpenkanzel. Urania-Verlag Leipzig

Pietzonka, Johannes (1992): Karl Stülpner. Legende und Wirklichkeit. Sachsenbuch Leipzig

Roitzsch, Paul (1929): Auf wilder Wurzel. Erzgebirgische Natur- und Kulturbilder. Glückauf-Verlag Schwarzenberg

Schicker, Gotthard (1991): Gutgusch'n. Das Kochbuch aus dem Erzgebirge. Verlag Erzgebirgs Rundschau Annaberg

Schmidt, Otto Eduard (1928): Aus dem Erzgebirge (Reihe Kursächsiche Streifzüge). Verlag der v.-Baensch-Stiftung Dresden

Straubel, Rolf/**Weiß**, Ulman, Hg. (1991): Kaiser-König-Kardinal. Deutsche Fürsten 1500-1800. Urania Verlag Leipzig Jena Berlin

Tourist-Reisehandbuch (1980): Erzgebirge – Vogtland. VEB Tourist Verlag Berlin u. Leipzig

Wagenbreth, Ottfried/**Wächtler**, Eberhard, Hg. (1990): Bergbau im Erzgebirge. Technische Denkmale und Geschichte. Deutscher Verlag für Grundstoffindustrie Leipzig

Werner, Dietmar (1985): Bergmannssagen aus dem sächsischen Erzgebirge. VEB Deutscher Verlag für Grundstoffindustrie Leipzig
Wille, Hermann Heinz (1958): Silbernes Erzgebirge. Sachsenverlag Dresden
Zimmermann, Ingo (1990): Sachsens Markgrafen, Kurfürsten und Könige. Berliner Verlagsanstalt Union
Reihe »**Werte unserer Heimat**« Akademie Verlag Berlin, Bände 11; 13; 20; 28; 31; 41; 43
»**Glück Auf**«. Zeitschrift des Erzgebirgsvereins. Schwarzenberg 1881-1943

Farbteil (S. 113-120)

1	Natzschuntgtal bei Olbernhau
2	Waldhufen bei Königswalde
3	Platten (Horni Blatna)
4	Blick vom Fichtelberg nach Norden
5	Schwarzenberger Schloß
6	Altstadt Schwarzenberg
7	Preßnitztalbahn bei Jöhstadt
8	Spielzeugmacher in Seiffen
9	Spielzeugproduktion
10	Miniatur-Spielzeug
11	Weihnachtsmann-Endmontage
12	Modellbergwerk im Museum Schneeberg
13	Detail des Modellbergwerks
13	Szene aus der Silberbergbauzeit
14	Bergleute im Museum Schneeberg
15	Lichterfest in Schneeberg
16	Förderturm Grube »Svornost« in Joachimsthal
17	Große Kirchgasse in Annaberg
18	Winterlandschaft bei Albertham (Albertamy)
19	Kammlage zwischen Gottesgab (Bozi Dar) und Platten (Horni Blatna)

Bildautoren:
s/w-Fotos: Olaf Kretschmar, Frank-Michael Lange, Katharina Hübner (Freiberg)
Farbteil: Michael Schneeberger
Umschlag: Michael Schneeberger

V GLOSSAR

Amalgamation: Hüttenprozeß, bei dem die Gewinnung des Silbers und Goldes aus Erzen und Hüttenprodukten mit Hilfe von Quecksilber erfolgt

Aufschluß: Situation, in der die geologischen Verhältnisse deutlich zu erkennen sind, z.B. an die Erdoberfläche tretender geologischer Untergrund

aufwältigen: alte, verstürzte Stollen neu in Betrieb nehmen

ausstreichen Austritt von Gesteins- oder Erzgängen an die Oberfläche

Bergregal: Belehnung des Landesfürsten durch den Kaiser mit dem Eigentumsrecht an allen Bodenschätzen, die Bergleute ihrerseits mußten bei den Bergbeamten des Landesherren um Schürfrecht nachsuchen und dafür einen Zehnt zahlen

Bergstreittag: der 22. Juli; erster von den Bergleuten erzwungener Feiertag ohne religiösen Hintergrund, geht auf einen Schneeberger Streik zurück

Bewetterung: Belüftung des Schachtes

Binge/Pinge: meist trichterförmige Vertiefung der Erdoberfläche, die durch Zusammenbrechen unterirdischer bergmännischer Baue entstanden ist, siehe S. 46

Clochemerle: benannt nach einem Roman von Gabriel Chevallier aus dem Jahre 1934

Eigenlehner/Eigenlöhner: Bergmann, der allein und auf eigene Faust Bergbau betreibt und lediglich einen Fundzins zahlt

Einfahren: Betreten des Bergwerkes

Exulant: aus Glaubensgründen vertriebene Protestanten

FDGB: Freier Deutscher Gewerkschaftsbund

Glazialrelikt: Eiszeitrelikt, Pflanzen, beheimatet in nordischen Breiten, die sich nach dem Rückzug des Eises aufgrund eines rauhen Lokalklimas erhalten konnten

Göpel: Schachtförderanlage, betrieben durch Pferde- oder Wasserkraft

Huthaus: Sitz des Hutmannes, der Erze und Gezähe (Werkzeuge) hütete. Zugleich Versammlungsort und Verwaltungsgebäude der Bergleute

Kunstgezeug/Kunst: Umtriebsmaschine in Verbindung mit Pumpen und Schachtgestänge zum Wasserheben

Kunstgraben: dient der Wasseranfuhr in wasserarme Bergwerksgebiete, um das Grubenwasser zu heben

Kuxe: Bergwerksaktie

Leonische Waren: Fabrikate aus vergoldeten oder versilberten Kupfer- oder Eisendrähten

Lichtloch: kleiner Schacht, der der Bewetterung, aber auch der Förderung dient

LPG: Landwirtschaftliche Produktionsgenossenschaft

Montanwissenschaften: Bergbauwissenschaften

Pascher: professioneller Schmuggler

Posamenten: Borten, Tressen und Litzen

Rösche: untertägige Kunstgrabenführung

Schacht: vertikale Auffahrung

Schwibbogen: nachempfundenes Stollenmundloch

SDAG Wismut: Sowjetisch Deutsche Aktiengesellschaft, hervorgegangen aus der SAG Wismut, Hauptzweck: Uranbergbau

Stollen: untertägige horizontale Auffahrung zur Wasserabfuhr, mit Hilfe der Stollen ist Vordringen in größere Tiefen möglich gewesen

Strecke: untertägige horizontale Auffahrung, in der Erz gebrochen wird

tambourieren: Sticken mit einer Häkelnadel, seit 1775 im Erzgebirge eingeführt

tonnenlägischer Schacht: schräg verlaufender Schacht

Varietät: die gleiche chemische Verbindung tritt in verschiedenen Kristallformen oder Farben auf

VEB: Volkseigener Betrieb

Vergesellschaftung: Auftreten bestimmter Mineralien nebeneinander als Folge geochemischer Bildungsbedingungen

Weitung: große Hohlräume im Gneis und Granit in Folge des Feuersetzens, da die Zinnerze nicht in Gängen, sondern fein verteilt im Gestein angereichert sind

Wetter/Wetterführung: Be- und Entlüftung des Bergwerkes

Wetterschacht: dient nur der Bewetterung

VI ORTSVERZEICHNIS